国家自然科学基金项目(71272191)资助
黑龙江省省属高等学校基本科研业务费项目(2022-KYYWF-0569)资助
黑龙江省省属高等学校基本科研业务费项目(2023-KYYWF-0508)资助

云计算产业联盟
知识资本增值机制研究

洪　亮　刘兴丽　著

中国矿业大学出版社
·徐州·

内 容 提 要

由于云计算技术具有与以往 IT 技术不同的新特点,导致已有的知识资本增值的相关机制不能很好地与云计算产业联盟相匹配。本书基于马克思产业资本循环理论和知识资本论,从知识资本溢出、投资与整合、存量势差演化等角度分析了云计算产业联盟知识资本增值机理,构建了以知识资本获取、生产及积累三个知识资本增值循环阶段为核心的云计算产业联盟知识资本增值机制总体框架。同时,以煤矿安全领域发明型专利知识资本、财务科目标准化软件著作型两种不同领域的典型知识资本为例,阐述云计算环境下知识资本领域图谱管理机制对知识资本增值的有效性。

本书可供经济、管理等相关专业高年级本科生和研究生阅读学习,也可为产业联盟、知识资本相关领域学者开展更为系统深入的研究提供参考。

图书在版编目(C I P)数据

云计算产业联盟知识资本增值机制研究 / 洪亮,刘兴丽著. —徐州:中国矿业大学出版社,2024.3

ISBN 978 - 7 - 5646 - 6201 - 1

Ⅰ. ①云… Ⅱ. ①洪… ②刘… Ⅲ. ①云计算—高技术产业—知识管理—研究 Ⅳ. ①F490.2

中国国家版本馆 CIP 数据核字(2024)第 063188 号

书 名	云计算产业联盟知识资本增值机制研究	
著 者	洪 亮 刘兴丽	
责任编辑	马晓彦	
出版发行	中国矿业大学出版社有限责任公司	
	(江苏省徐州市解放南路 邮编 221008)	
营销热线	(0516)83885370 83884103	
出版服务	(0516)83995789 83884920	
网 址	http://www.cumtp.com E-mail:cumtpvip@cumtp.com	
印 刷	江苏凤凰数码印务有限公司	
开 本	787 mm×1092 mm 1/16 **印张** 14.25 **字数** 272 千字	
版次印次	2024 年 3 月第 1 版 2024 年 3 月第 1 次印刷	
定 价	64.00 元	

(图书出现印装质量问题,本社负责调换)

前　言

随着云计算产业的快速发展,其技术生命周期短、研发成本高、创新风险大等特点凸显,企业间由于缺乏合作而导致的技术锁定效应和创新能力不足等问题也逐步显现出来,单纯依靠企业自身力量并非企业长远发展的理想选择,由此云计算产业联盟(Cloud Computing Industry Alliance,CCIA)应运而生。云计算产业联盟的知识密集性特征决定了知识资本是其核心竞争力,知识资本增值的状态决定了联盟核心竞争力的强弱。由于云计算技术具备与以往 IT 技术不同的新特点,使云计算产业联盟呈现出与其他联盟形式的多种差异特征,导致已有的知识资本增值的相关机制不能很好地与云计算产业联盟相匹配。因此,构建一套能够体现云计算产业联盟特征的知识资本增值机制,促进云计算产业联盟知识资本增值,对推进云计算产业联盟的可持续发展具有重要意义。

本书在分析了相关研究现状的基础上,首先阐明了云计算产业联盟的含义、成因及特征,将知识资本引入云计算产业联盟中;界定了云计算产业联盟知识资本的内涵、构成,并分析了其特征;在对云计算产业联盟知识资本增值内涵进行界定的基础上,基于马克思产业资本循环理论和知识资本论,从知识资本溢出、投资与整合、存量势差演化等角度分析了云计算产业联盟知识资本增值机理,并在此基础上构建了以知识资本获取、生产及积累三个知识资本增值循环阶段为核心的云计算产业联盟知识资本增值机制总体框架。

依据云计算产业联盟知识资本获取的内涵及途径,构建了云计算产业联盟知识资本获取机制,为云计算产业联盟知识资本生产提供知识性原材料准备,主要内容包括:基于系统动力学和传染病模型分别构建了知识资本源的供给动力和传递模型,得出影响知识资本源供给动力及传递效率的主要因素;基于协同理论、Shapley 值法和交叉补贴原理,建立了云计算产业联盟知识资本源供给动力机制;从构建智慧云平台和强关系网络角度,建立了云计算产业联盟知识资本源传递机制;提出了云水平及云完全信息环境的概念,并利用 Markov 链、AHP 及动态博弈方法,建立了云计算产业联盟知识资本获取的保障机制。

依据云计算产业联盟知识资本生产的内涵及实现途径,构建了云计算产业联盟知识资本生产机制,以促进知识资本生产效率的提升,主要内容包括:以结构资本整合的选择和融合两个核心过程为出发点,基于云平台,运用知识地图建立了结构资本选择机制,提出通用云界面的理念,建立了结构资本融合机制,从而建立了云计算产业联盟结构资本整合机制;将泛在学习、虚拟人力资本的理念与人力资本投资相结合,建立了云计算产业联盟人力资本投资机制;基于云计算产业联盟知识资本生产系统的构成要素,建立了评价指标体系,采用模糊一致偏好关系、模糊综合评价方法确定了指标权重及评价方法,从而建立了云计算产业联盟知识资本生产能力评价机制。

依据云计算产业联盟知识资本积累的内涵及途径,构建了云计算产业联盟知识资本积累机制,以增加联盟知识资本的存量和提升联盟知识资本的质量,为下一轮知识资本增值循环奠定基础,主要内容包括:从降低云计算产业联盟知识资本流失水平的角度出发,基于人力资本产权组织化、隐性人力资本显性化及结构资本知识产权保护,建立了云计算产业联盟知识资本存量增长机制;从价值对应关系、成本收益、转化方向及主动淘汰四个方面优化知识资本结构,从人力资本与结构资本之间的匹配程度出发,提出了人力资本与技术选择的适配策略,从而建立了云计算产业联盟知识资本质量提升机制。

依据云计算环境知识资本增值的知识组织与知识获取需求,以煤矿安全领域发明型专利知识资本、财务科目标准化软件著作型两种不同领域的典型知识资本为例,阐述云计算环境下知识资本领域图谱管理机制对知识资本增值的有效性。主要内容包括两个方面:一是构建了云计算环境下的知识资本领域知识图谱管理机制;二是构建了知识资本人机交互智能推荐机制。前者重点从知识资本领域本体、领域知识图谱的知识库构建出发,结合文本领域知识库,为知识资本领域知识智能推荐提供知识来源;后者从知识图谱智能问答知识库平台开发,到基于大模型的智能问答知识检索方法,完成人机交互智能推荐机制,从而支持知识资本增值的知识高效获取需求。

在上述研究的基础上,以中关村云计算产业联盟为实证研究对象,验证了云计算产业联盟知识资本增值机制的合理性与可行性。对云计算产业联盟知识资本增值机制的研究,旨在为云计算产业联盟知识资本增值提供一套管理方案,对促进云计算产业联盟的发展具有重要的理论价值和现实意义。

本书共 7 章。黑龙江科技大学洪亮教授负责前言、第 1 章、第 2 章、第 3 章及 4.1 节和 4.2 节内容的撰写,并对全书各章节进行了统稿;黑龙江科技大学刘兴丽教授负责 4.3 节、4.4 节、第 5 章、第 6 章、第 7 章内容的撰写,以及参考文献的整理工作。

本书得到了国家自然科学基金项目(71272191)"基于'云环境'的IT 产业联盟知识转移与共享机制研究"、黑龙江省省属高等学校基本科研业务费项目(2022-KYYWF-0569)"矿井致灾因素知识图谱构建与智能决策支持服务平台"、黑龙江省省属高等学校基本科研业务费项目(2023-KYYWF-0508)"矿井致灾要素智能网络问答关键技术研究及实现"的支持。

本书内容为阶段性的研究成果,部分内容仍处在探索阶段,由于著者水平有限,书中难免存在疏漏之处,恳请广大读者和专家批评指正。

著　者

2024 年 2 月

目　录

第1章 绪 论

1.1 研究背景

在经济全球化、知识化、信息化的时代背景下,信息网络技术正在全球范围内以崭新的形式蓬勃发展,云计算作为新一代信息技术发展的重要成果,以其独特的优势,正在深刻地改变着世界信息技术(IT)产业的发展格局,推动企业生产方式、商业模式发生重大革命性变化,云计算时代正向我们迎面走来。随着"工业 4.0""互联网+"及《中国制造 2025》《促进大数据发展行动纲要》等相关国家发展战略的出炉,云计算必将带来不可估量的巨大价值,IT 产业也必将迎来新的历史发展机遇。IT 产业具有产品更新速度快、技术生命周期短、研发成本高、创新风险大等特点,IT 企业单纯依靠自身力量并非长远发展的理想选择,因此当"联盟"这一组织形式出现时,它便成为众多 IT 企业的不二选择。该组织形式能够最大限度地弥补知识缺口,降低研发成本,实现优势互补,显著提升企业竞争力和产业的持续竞争优势。

随着云计算技术研究的深入和应用的逐渐成熟,其巨大的经济价值已逐步显现,成为 IT 产业及相关行业新的经济增长点。为了更好地发挥云计算技术的虚拟化、弹性、可扩展、按需付费等优势[1],需要将云计算产业链中不同主体的资源进行整合,以获取技术创新的外部性、规模经济性和协同效应,而发展云计算产业联盟是满足这一需求的必然选择。本书将云计算产业联盟界定为:云计算产业联盟是以云计算产业价值链为合作基础,在政府支持下,云计算产业链上下游重点企业、科研院所、中介组织及行业用户等成员之间,为了实现优势互补、知识共享,通过契约方式组成的知识密集型网络组织。

云计算产业联盟是在云计算领域内以知识为连接纽带,以知识创新为核心目标的不同组织类别在网络空间的集聚。云计算产业联盟的知识密集性特征决定了知识资本是其核心竞争力,知识资本对知识密集型组织的重要作用已得到学术界的普遍认可,被认为是联盟获取竞争优势的关键和价值创造的不竭动力。在云计算产业联盟中,知识资本已体现出有别于以往传统物质资本的强大作用和优势,知识资本增值的状态决定了联盟核心竞争力的强弱。因此,要想充分利用知识资本的独特竞争优势,使云计算产业联盟在复杂多变的内外环境中持续创造价值,立于不败之地,必然要聚焦于云计算产业联盟知识资本增值机制的研究[2]。

目前,国内外学者对于以联盟为主体研究知识资本增值机制的成果较少,大多集中在以企业为主的个体组织或区域,研究成果主要集中在知识资本的含义、构成维度、评估方法、财务衡量指标及对组织绩效的影响因素等方面,对以联盟为主体的知识资本增值机理、机制的分析尚存在不足,对云计算产业联盟这一新出现的组织形式的知识资本增值机制的研究尚未广泛开展。

本书以云计算产业联盟为研究主体,结合云计算产业联盟的特征,以知识资本增值的循环过程为研究框架,构建以知识资本获取、知识资本生产、知识资本积累为核心的云计算产业联盟知识资本增值机制,从全过程角度对云计算产业联盟知识资本增值机制进行深入研究,为云计算产业联盟的知识资本增值管理提供理论支持,形成完善的云计算产业联盟知识资本增值机制与策略。本书的研究具有重大的理论和现实意义。

1.2 研究目的及意义

1.2.1 研究目的

知识资本是云计算产业联盟最为重要的生产要素,如何使知识资本快速、高效、可持续增值成为云计算产业联盟及其联盟成员的核心使命。云计算技术带来了与以往 IT 技术不同的新特点,使云计算产业联盟呈现出区别于其他联盟形式的多种差异性特征,导致已有的知识资本增值的相关机制不能很好地与云计算产业联盟相匹配。基于以上分析,本书的研究目的是保障云计算产业联盟知识资本增值高效运作,构建由知识资本获取、知识资本生产、知识资本积累三个连续循环阶段构成的云计算产业联盟知识资本增值机制,为云计算产业联盟的实际运行提供指导。

1.2.2 研究意义

本书丰富了云计算理论、产业联盟理论和知识资本增值理论,进一步明确了云计算产业联盟这一新型联盟组织的知识资本增值机理,构建了云计算产业联盟知识资本增值机制框架,基于云计算产业联盟的优势特征,从制度和策略角度提出了云计算产业联盟知识资本增值在不同阶段的实现和优化途径,对提升云计算产业联盟成员的竞争力和联盟整体竞争优势,实现云计算产业联盟的可持续发展具有重要的理论和实践意义。

1.3 国内外研究现状及评述

云计算产业联盟发展过程中的知识资本增值机制问题目前在国内外的研究较少,但在云计算、产业联盟和知识资本等相关理论和应用方面,学术界进行了一定探讨,对本书的研究能够起到支撑和借鉴作用。本书将对与选题相关的主要研究内容进行梳理。

1.3.1 云计算研究现状

自 2006 年年末 Google 公司首席执行官埃里克·施密特在搜索引擎大会上首次正式提出云计算概念以来,云计算技术得到了飞速发展,目前,已在世界范围内得到了广泛应用,云计算无可争议地成为与之相关的各领域研究的热点问题。如何从管理科学的视角最大限度地发挥云计算的优势特征,实现其产业价值链知识价值的持续增值,国内外学者从不同侧重点进行了深入研究,主要表现在以下几个方面。

1.3.1.1 云计算概念及优势特征的研究现状

(1)云计算概念研究现状。基于关注的侧重点不同,可将云计算概念大体划分为如下几类:一是从云计算用户的角度,强调云计算是一种基于互联网的按需收费的服务模式。如美国国家标准和技术研究院认为云计算是一种可以通过网络接入虚拟资源池,只需要投入较少的管理工作就能实现用户便利且按需使用资源的计算资源获取模式[3]。二是从云计算供应商的角度,强调云计算是一个巨大的资源池,具有弹性、可扩展、使用便捷等特性。如中国电子学会云计算专家委员会认为云计算是一种基于互联网的、大众参与的计算模式,其计算资源是动态、可伸缩、虚拟化的,且以服务的方式提供[4]。三是从云计算内部实现机制的角度,强调如何从技术层面实现云计算的服务功能。如 Buyya 等[5]认为云计算是一组虚拟化的计算机相互连接组成的并行与分布式系统,通过服务水平协议实现资源的动态配置;刘鹏[6]认为云计算是一种商业计算模型,它将计算任务分配到大量计算机构成的资源池上,使用户能够按需获取计算、存储和信息服务。四是从云计算应用的角度,强调云计算的效用、经济性及商业模式创新。如网格计算之父 Foster 等[7]认为云计算是一种基于网络,由规模经济效应驱动的大规模分布式计算模式,向用户提供动态扩展的计算、存储及带宽服务等资源,强调云计算是效用计算的商业实现。

(2)云计算优势特征研究现状。云计算之所以能够对传统 IT 产业产生革命性的变化并催生新的商业服务模式,要归因于其与传统的 IT 技术相比,具备了众多的优势特征。基于对相关文献的梳理,采用归纳法将云计算的主要优势特征划分为技术优势特征、使用优势特征、管理优势特征和经济优势特征四类,具体如表 1-1 所示。

表 1-1　云计算的主要优势特征

类型	优势特征	优势特征说明
技术优势特征	虚拟资源池	利用虚拟技术将计算、存储等各类资源形成虚拟资源池,实现了海量数据的存储和计算,提供了基础设施及服务[8]
	弹性伸缩	云中的各种资源可随业务需求的增减而弹性改变,自动适应业务负载的动态变化[9]
	泛在接入	用户可以利用各种终端设备,基于特定的标准通过 Internet 随时随地获取云服务[10]
	通用性	可以有效兼容各种不同种类的硬件和软件基础资源[11]
	资源共享	实现了异地、同时、多人、不同设备间的数据共享[12]
使用优势特征	按需自助	用户可以根据自身的业务需求,选择相应的云服务[13]
	安全性	通过数据多副本容错、计算节点同构可互换等技术手段保障服务的安全性,用户不用担心数据丢失或损坏等问题[14]
	用户友好	信息终端技术为云端用户便捷地使用云计算服务提供了友好的人机交互环境,操作简单[15]
	可定制	用户可以根据自己的需求或偏好,定制相应的云服务[16]
管理优势特征	自动化管理	通过高度可信赖的计算平台、容灾中心、数据复制与备份及网络安全威胁防范,实现端到端的统一管理[17]
	资源使用计量	可对服务类型及服务水平进行测量、自动监控和优化,并根据资源的使用情况确定交易费用[18]
经济优势特征	按需支付	用户只需根据资源的实际使用情况付费,资源使用的时间和规模可快速伸缩[19]
	低成本	降低了用户的 IT 基础设施投资及运营成本,提高了资源复用率,并利用规模经济降低服务企业运行成本[20]
	绿色节能	通过减少运行中的物理机器而大幅度地节省电能消耗、空间等[21]

1.3.1.2　云计算价值创造的研究现状

伴随着近年来云计算应用的不断深入,其巨大价值也逐渐得以体现,使人们切实感受到了云计算带来的深刻变化。

（1）云计算价值体现形式的研究现状。云计算最直接影响的就是 IT 资源的整体利用效率，云计算的虚拟性、低成本等特征，促进了各类组织对云计算的使用。中国电子信息产业发展研究院的樊会文[22]阐明了云计算能够集中信息技术资源和服务，大幅度提高 IT 的应用效率[22]。在商业价值挖掘方面，云计算使大数据应用成为可能[23]。在生产方式方面，云计算有力地支撑了智能制造、网络制造等新型生产方式，推动了生产方式变革[24]。在智慧管理与服务方面，云计算实现了信息系统的综合集成，智慧管理与服务的程度随之提高[25]。

（2）云计算价值生成机理的研究现状。部分学者从知识价值增值的角度对云计算价值生成机理进行了研究。云计算作为一种新的计算模式，可在组织知识获取、知识转移等方面带来突破创新。如 Rezaei 等[26]以高等教育为例，研究发现云计算应用于知识管理信息系统能够对组织知识价值提升起到促进作用；Navimipour 等[27]为了提高人力资源的知识共享效率，基于云计算构建了专家云平台，研究认为该平台能够有效提高人力资源利用率，用户满意度较高；董晓霞等[28]对云环境下影响组织间知识共享的因素进行了仿真分析，认为云计算的应用水平是影响组织间知识共享的重要因素。还有学者从市场环境改变的角度对云计算价值生成机理进行了研究。云计算与大数据的结合，逐渐使市场经济中原本属于不完全信息条件下的交易行为转变为完全信息条件下的交易行为，改变了经济行为的信用环境。如樊会文[22]运用博弈论论证了云计算环境下能够形成诚信自律的市场环境；周佳军等[29]从新技术与新工业革命内在关系的角度，说明了云计算的"可定制"技术特征能够满足现代市场中客户的个性化需求。

1.3.1.3 云计算服务应用的研究现状

根据服务类型和层次的不同，普遍将云计算服务应用分为软件即服务（Software as a Service，SaaS）、平台即服务（Platform as a Service，PaaS）和基础设施即服务（Infrastructure as a Service，IaaS）三种，从现有国内外文献来看，相关研究成果较多。

SaaS 是云计算催生的一种创新的软件应用模式。采用 SaaS 模式，用户无须购买软件，云服务提供商负责相应的硬件、软件和维护服务，用户只需根据需求，从云服务提供商租用所需软件即可[30]。目前业界认可的 SaaS 应用包括办公自动化（OA）、客户关系管理（CRM）、供应链管理（SCM）、财务管理、电子商务等方面，典型应用如 Salesforce CRM、Google Apps、用友畅捷通、金蝶云之家、八百客 CRM 等[31]。

PaaS 是基于云计算基础资源，将软件研发的基础平台、相关技术支持等作为一种服务，以 SaaS 的模式提交给用户应用。国内外很多云服务提供商都先后推出了自己的 PaaS 平台,以满足用户的多元化和定制化需求[32]。目前业界最为认可的 PaaS 应用包括谷歌应用引擎(Google App Engine)、Amazon Elastic Beanstalk、Microsoft Azure、百度应用引擎(Baidu App Engine)、新浪应用引擎(Sina App Engine)等。

IaaS 是指将计算基础设施通过网络为用户提供存储、计算等资源应用。用户无须购买服务器、计算或存储设备,租用虚拟基础设施就可以构建自己的操作系统、应用系统及网络组件等[33]。目前典型的 IaaS 应用包括 Amazon EC2、IBM(蓝云)、GoGrid、中国移动(大云)等。

1.3.2 产业联盟研究现状

从已有文献来看,产业联盟的研究主要集中在联盟的形成动因、联盟的运行机制等方面。

1.3.2.1 产业联盟形成动因研究现状

从研究成果来看,产业联盟的形成动因主要涉及的理论视角包括交易成本理论、组织学习理论、价值链理论等。经济学家 Coase 将交易成本概念引入对组织形式的考察,认为产业联盟的组织形式能够节约交易费用[34];Judge 等[35]基于交易成本视角研究了战略联盟的产出,提出联盟成员可通过签订契约来阻止投机行为,降低交易成本。Hamel[36]从组织学习角度对跨国联盟进行了研究,认为组建跨国联盟有利于企业学习外国先进技术和隐性知识;Inkpen[37]认为知识联盟是获取隐性知识的良好途径,联盟伙伴通过互动学习或零和博弈,各方都会获得知识增长。Dyer 等[38]指出价值链是企业间的合作和分工,相关企业进行合作可以以价值链来获得竞争优势。还有一些学者从其他理论视角对联盟成因进行了研究。如Prahalad 等[39]运用企业核心能力理论,认为联盟可以帮助企业进行有形或无形资源的互补,有利于扩大企业的核心能力边界;王宏起等[40]运用创新优势理论,提出战略联盟伙伴可以获取互补性的技术和知识,从而提升企业综合优势。

1.3.2.2 产业联盟运行机制研究现状

产业联盟是一种长期合作模式,联盟各方必须按照科学、合理的组建及运行机制科学发展,才能为联盟伙伴带来预期效益。因此,对产业联盟运行机制的研究自然成为学者们关注的热点。

从文献来看,国内外多数学者都是研究产业联盟运行管理过程中的某一单一机制,有少量国内学者从综合角度研究了联盟运行机制,一些研究成果得到了广泛认可,被引用次数较多,如王雪原等[41]以产学研联盟为研究对象,认为产学研联盟的运行机制主要包括动力机制、伙伴选择机制、学习机制和利益分配机制等;苏靖[42]系统分析了联盟的资源整合与优化配置机制、风险共担与利益共享机制、成果扩散机制、人才培养机制等。归纳学者们对产业联盟运行机制的总体分类可以看出,微观层面的核心机制主要涉及产业联盟伙伴选择机制、学习机制、利益分配机制等。

(1)产业联盟伙伴选择机制研究。从现有文献来看,研究集中在联盟伙伴选择指标体系优化、模型构建、伙伴关系等方面,涉及的研究方法包括神经网络法、层次分析法(AHP)、数据包络法等。如 Garg[43]基于 AHP 建立了战略联盟合作伙伴选择模糊技术评价模型,并实证分析了模型的鲁棒性;刘力钢等[44]将大数据的影响因素融入联盟选择合作伙伴的指标体系,并建立了选择模型;王发明等[45]根据合作伙伴对联盟效益的贡献度,利用 Shapley 值法建立了综合效益转移机制,实现了合作主体的互利共生。

(2)产业联盟学习机制研究。相关文献主要集中在不同联盟类型学习效果的影响因素、知识吸收、知识获取与共享等方面。如 Bouncken 等[46]研究了联盟类型、网络规模对企业从合作伙伴获取知识水平的影响,得出更大数量的联盟伙伴可更快获取知识;舒成利等[47]通过实证研究,得出联盟企业单独或同时开展应用性和探索性学习均对联盟知识获取有促进作用。

(3)产业联盟利益分配机制研究。从国内外文献来看,研究主要基于委托-代理理论、博弈论等理论视角及用于解决多人合作对策问题的 Shapley 值法、模糊综合评价法等。如 Shen 等[48]利用博弈论研究了协同创新联盟收益分配机制,提出企业在联盟中采用的创新资源的权重会影响收益分配机制;汪翔等[49]优化了传统的 Shapley 值法,设计了不确定性条件下研发联盟收入分配机制;曾德明等[50]采用模型方法对高技术产业技术创新联盟有形和无形利益分配进行了研究,建立了利益分配模型,通过实例验证了模型的可行性。

1.3.3 知识资本增值研究现状

从本书的研究目的出发,对国内外研究文献进行了梳理,特别从知识资本增值机理、增值过程的核心机制、产业联盟和集群知识资本的研究等多方面进行归纳,以掌握知识资本增值的研究现状。

1.3.3.1 知识资本增值机理的研究现状

从现有文献来看,论述知识资本增值机理的成果不多,大多数成果是围绕马克思的资本论、资源基础理论及知识资本生产过程等视角展开的。

(1)资本论视角的知识资本增值机理研究。马克思在《资本论》中详细论述了资本增值的原理,提出资本在流通领域中表现出 G—W—G′的形式,出现了价值增值[51]。一些学者对《资本论》进行了拓展研究,逐层递进地论述了知识与知识资本的关系、知识资本与资本的关系、知识资本循环、知识资本增值的机理。如陈则孚[52]认为,知识资本的运行总公式依然符合 G—W—G′,只不过"W"中知识商品占主要地位。

(2) 资源基础论视角的知识资本增值机理研究。采用该视角的学者都基于一些共同的前提:一是认为企业是独特资源的组合,当一种资源具有价值性、稀缺性、不可模仿性等特质时,该资源就能为企业带来竞争优势,保持价值创造能力,如Teece[53]认为知识资本可以嵌在公司的产品、服务、工作流程及品牌中,并转化成有用的资源为公司确立竞争优势;二是认为知识是企业资源中的重要组成部分,是形成及保持差异化的核心,如李玲娟等[54]认为知识作为一种资本性资源投入组织,通过人的智能运作创造价值和剩余价值成为新型资本。

(3) 知识资本生产过程视角的知识资本增值机理研究。学者们主要从三个方面研究了知识资本增值一些关键节点的机理。一是知识资本溢出机理。如Romer[55]指出非竞争性是知识的内在特性,会产生溢出;Morone 等[56]认为知识溢出与网络结构的关系符合"小世界网络"特征;杨皎平等[57]基于知识势能理论和C-D生产函数分析了知识溢出的机理,得出知识溢出与集群创新绩效存在倒 U 形关系。二是知识资本整合机理,主要是关注知识整合的核心过程,即知识选择和知识融合问题。如 Hung 等[58]提出了知识整合的过程模型,将知识整合过程分为新问题的产生、问题确认和知识需要、知识获取及合并、设计四个阶段;高畅[59]认为通过与知识资本存量的整合、重构产生新知识,就实现了知识资本的价值增值;唐晓波等[60]构建了大数据环境下的知识融合框架模型。三是知识资本存量增长机理,研究侧重知识存量增长的影响因素和途径。如 Carrillo 等[61]将知识存量结构分为宽度和深度两个维度,认为宽度来自知识的异质性,深度表现为知识的专业化程度;夏立明等[62]结合扎根理论和共生理论,建立了工程咨询企业知识存量增长机理的概念模型。

1.3.3.2   知识资本增值过程核心机制的研究现状

从现有文献来看,由于对知识资本增值过程关注的环节不同,建立的相关机制较多,有些机制存在重复、交叉、包含等关系,但主要集中在知识资本的获取机制、生产机制、积累机制等方面。

(1) 知识资本获取机制的研究现状。从现有文献来看,相关成果集中在知识获取的影响因素、知识溢出动力机制及知识传导机制等方面。知识获取影响因素的研究成果集中在三个方面:一是组织战略角度,如 Inkpen 等[63]以联盟为研究对象,认为企业应该选择适当的控制机制,可以提高从联盟伙伴处获取知识的效率。

二是组织学习能力视角,如 Tsang 等[64]研究了学习意愿、关系质量等因素对联盟企业知识获取的影响。三是组织关系视角,如 Lin 等[65]研究认为,网络成员应采用强连接关系,有利于企业间知识获取。知识溢出动力机制研究的成果集中在动力影响因素的判别方面。如高长元等[66]以高技术虚拟产业集群为研究对象,认为知识溢出的主要影响因素包括溢出主体的意愿、知识差距、地理距离、文化差距及集群的开放性等方面;王凤莲等[67]以集群为研究对象,从成本、补偿和学费支出等角度研究了集群知识溢出动力。知识传导机制的研究成果集中在两个方面:一是知识的传导模式研究,如 Szulanski[68]提出了包含模仿、实施、冲刺和整合的知识传导四阶段模型。二是知识传导路径方面,如单子丹等[69]分析了高技术产业创新网络中知识云传播过程和特征,建立了知识云传播的传染病动力学模型,通过仿真得出知识云传播模式能正确反映云环境下的知识传播趋势,并能较为准确地描述知识云传播过程。

（2）知识资本生产机制的研究现状。知识资本生产机制的研究主要体现在知识资本整合、人力资本投资及知识资本生产能力评价等方面。知识资本整合机制的研究主要关注整合途径、影响因素等方面。如 Chirico 等[70]研究了内部社会资本、关系冲突和主观承诺对企业成员间知识整合的影响;孙彪等[71]以技术创新联盟为例,将知识整合机制分为独立整合机制和合作整合机制,研究了不确定性对这两种整合机制的影响。从现有研究成果来看,多数文献研究知识整合的相关内容,研究对象多以单个企业为主,少数涉及行业或集群。人力资本投资机制的研究主要涉及人力资本投资方式、投资激励等方面。如 Campbell 等[72]认为人力资本成为企业持续竞争优势的来源,必须建立专用性人力资本的投资;郭丹等[73]从信息充分度、配置适合度、收益合理度和保障完善度四个方面研究了人力资本产权激励实现策略;赵振宽等[74]基于契约理论,从企业剩余控制权和剩余索取权统一的角度,探讨了新常态下的人力资本投资策略。知识资本生产能力评价机制的研究主要涉及评价指标体系的构建和评价方法的选择。如 Ngai 等[75]基于层次分析法构建了软件市场的知识评价体系;张月花等[76]结合知识产权能力评价理论,构建了高新技术产业知识产权能力评价指标体系。

（3）知识资本积累机制的研究现状。关于知识资本存量提升机制的研究主要涉及数量和质量两个方面。利用不同理论建模是知识资本存量增长机制的主要研究方法。如 Gorovaia 等[77]通过模型研究,发现异质性知识有助于企业形成关键驻点知识序列,从而拓宽其知识范围;曾德明等[78]基于协同理论构建了供应链企业知识存量增长模型,认为知识协同机制能够增加供应链企业的知识存量;李从东等[79]对云制造环境下的知识产权问题进行了研究,分析了知识产权云服务的特征和运作模式,构建了知识产权云服务平台的基本架构。知识资本存量的质量提升机制的研究成果主要集中在知识资本结构优化和适配度提升方面,如杨爽[80]从经济增长理论、人力资本理论与知识资本理论出发,利用综合评价方法构建了人力资本知识积累适配度指数,研究了人力资本在地区知识积累中的合适性;姜雨等[81]构建了技术选择与人力资本相互作用的动态适配模型,得出二者间存在动态适配关系和多重适配均衡,并据此提出了相应的政策建议。

1.3.3.3 产业联盟和集群知识资本研究的现状

近年来,国内外学者对知识资本的研究主体已不局限于企业个体,跨企业边界的知识资本研究得到发展,其中以产业联盟和集群为主体的知识资本相关研究成为热点。

从产业集群角度,赵静杰等[82]基于知识价值链理论分析了知识资本与企业创新集群成长的作用机理,提出了企业创新集群成长的五种主要模式;Macke 等[83]以巴西葡萄酒产业集群为例,分析了组织间的社会资本元素和合作网络竞争力的关系,得出结构和关系维度与竞争力之间的相关性较强;何晓燕[84]以高技术虚拟产业集群为研究对象,从知识资本价值创造、价值提取和价值评估三个方面研究了集群知识资本增值机制,并进行了实证分析。

从传统产业联盟角度,Liu 等[85]通过大样本数据和模型,探讨了关系资本对联盟伙伴间知识获取的影响,认为信任和互动是联盟伙伴知识获取的基础;付向梅等[86]采用模型及实证方法,认为通过知识螺旋的中介和调节作用可以实现结构资本对产学研联盟创新绩效的正向影响。

从云计算产业联盟角度,董晓霞[87]基于云环境对跨组织知识共享的影响,对云环境影响因素、决策机制等内容进行了研究,提出了改进云环境下跨组织知识共享的行为机制;王嵘冰[88]从企业管理的视角出发,通过对组织变革理论及云计算特性的研究,推导并实证检验了云计算应用对企业组织变革的影响;高长元等[89]以云环境下 IT 产业联盟为研究对象,构建了基于加权知识网络的联盟知识存量表示模型,从联盟知识的广度、深度以及联盟知识间距离三个角度对联盟知识网络进行度量,通过实证分析,验证了该模型的有效性;郭萌等[90]借鉴场论思想,构建了利润场模型,研究合作伙伴选择问题,通过设置企业进入退出联盟临界点,形成了基于利润场的云联盟动态进入退出机制。

1.3.4 相关研究评述

1.3.4.1 云计算研究评述

通过对国内外文献的梳理可以发现:① 现有研究在云计算的内涵、技术特征、服务层次等方面已基本达成共识,研究较成熟,为云计算产业的发展提供了坚实基础;② 国内外学者肯定了云计算产业发展能够给经济社会发展带来巨大价值,从IT 资源利用、生产方式变革、组织智慧管理与服务、大数据价值挖掘等方面明确了云计算价值创造的体现形式;③ 从云计算价值生成过程中涉及的要素、要素之间的相互关系及作用路径等方面阐述了云计算价值生成的机理,表明了云计算可以在组织知识获取、知识共享、知识管理等方面带来突破创新,且在信用、供需等方面均改变了原有市场环境,从而促进了组织知识价值增值效率提升;④ 国内外出现了以知识为连接纽带、以知识创新为核心目标的云计算产业联盟,这是一种新的组织形式,关于其发展的研究逐渐增多,如何使云计算产业联盟的知识资本高效、可持续增值成为未来的研究方向之一,有待深入研究。

1.3.4.2 产业联盟研究评述

从已有文献来看,对产业联盟的研究已取得部分共识:① 产业联盟运行管理涉及的核心机制主要包括联盟伙伴选择机制、学习机制、利益分配机制等;② 相关研究肯定了知识资本对联盟发展的重要作用,特别是针对知识密集型联盟,但如何通过知识资本管理提升联盟竞争力的研究还涉及得很少;③ 针对云计算产业联盟特点研究知识资本增值问题的成果较为稀缺;④ 以云计算产业联盟为对象,研究知识资本增值机制的实证研究鲜有述及。

1.3.4.3 知识资本增值研究评述

随着知识资本研究的深入,学者们通过设立不同研究目标,从不同视角对知识资本增值机制进行剖析,用以完成不同的工作任务需要,从研究成果来看,有以下几点值得借鉴:① 知识经济时代,知识资本在社会价值的创造过程中扮演着越来越重要的角色,用于解释知识资本增值机理的资本论、资源基础论、价值链理论等理论的新发展越来越受到重视,相关理论的发展完善在社会生产领域所起的指导作用得到肯定;② 明确了知识和知识资本的关系,知识资本蕴藏于知识中,以知识形态存在和运行,当知识以知识商品的形式存在,并且成为生产和流通过程中价值形成和增值的手段或载体时,知识就成为知识资本;③ 知识资本增值过程可以划分成不同阶段,每个阶段应该设计与之相适应的增值机制,以提高整体增值效率和稳定性;④ 不同的组织类型,其特点及优势会有所差异,知识资本的增值机理也会产生区别,知识资本增值机制应与增值机理及组织特点相匹配;⑤ 对新兴松散组织的知识资本增值研究有待深入,系统研究该类组织知识资本增值机理、机制及实证分析的成果很少,需要引起重视。

1.3.4.4 综合评述

根据上文云计算、产业联盟和知识资本增值的文献资料综合来看:云计算产业联盟是产业联盟的一种新形式,对于推动云计算产业发展具有重要的战略价值。

云计算产业联盟的知识密集性特征决定了"知识资本"是其核心竞争力、知识资本增值的状态,以及联盟核心竞争力的强弱。对云计算产业联盟知识资本增值机制的研究,既可以完善相关理论,又可以有效指导云计算产业联盟伙伴成员利用知识资本获得独特竞争优势,同时,使云计算产业联盟获得持续发展,为经济社会创造更大价值。然而,现有的对知识资本增值机制的研究成果虽值得借鉴,但多数都是零散的、片段化的研究,缺乏全面、系统、综合的联盟知识资本增值机制来有效地指导联盟知识管理活动。另外,由于云计算产业联盟是新兴的联盟组织形式,有其独特特征,基于云计算产业联盟特征的知识资本增值机制更为缺乏。因此,结合云计算产业联盟的特征和知识资本增值机理,从全过程角度构建云计算产业联盟知识资本增值机制,对提升云计算产业联盟及成员竞争优势,实现云计算产业的可持续发展具有重要作用。

1.4 主要内容与研究方法

1.4.1 主要内容

本书首先分析云计算产业联盟、云计算产业联盟知识资本及云计算产业联盟知识资本增值的含义和特征,在此基础上,揭示云计算产业联盟知识资本增值机理,提出增值机制总体框架;其次,分别从云计算产业联盟知识资本获取机制、生产机制和积累机制三个方面对云计算产业联盟的知识资本增值机制展开研究;最后,设计了云计算环境下知识资本领域图谱管理机制和知识资本智能推荐机制。

1.4.2 研究方法

(1) 采用文献综述法,对国内外云计算、产业联盟、知识资本增值等相关文献进行深入分析、比较与评述,对云计算产业联盟知识资本增值机制研究涉及的相关研究成果进行综述。

(2) 基于马克思的资本循环理论、产业联盟理论、知识位势理论、凯尼尔斯蜂巢模型、小世界网络等分析云计算产业联盟知识资本增值机理及机制框架。

(3) 基于系统动力学理论、传染病模型、马尔可夫(Markov)链和 AHP、动态博弈理论、社会网络理论等分析云计算产业联盟知识资本获取机制。

(4) 基于知识整合理论、人力资本投资理论、组织学习理论、模糊综合评价方法等分析云计算产业联盟知识资本生产机制。

(5) 基于知识存量理论、知识转化理论、知识产权保护理论等分析云计算产业联盟知识资本积累机制。

(6) 应用实证研究法,以中关村云计算产业联盟为实证对象,验证云计算产业联盟知识资本增值机制的实用性与合理性。

1.4.3　技术路线

本书研究的技术路线见图 1-1。

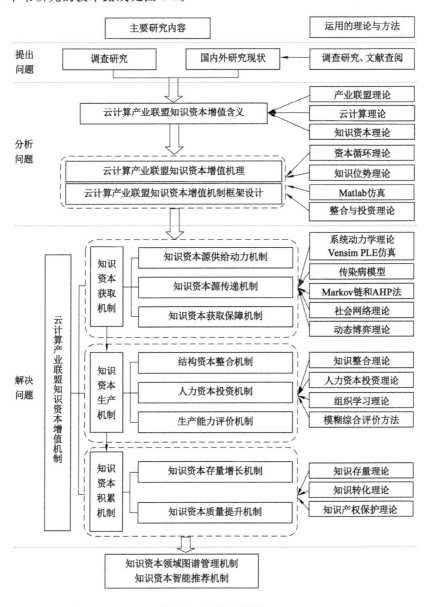

图 1-1　技术路线图

第2章 云计算产业联盟知识资本增值机理与机制框架

2.1 云计算产业联盟的界定及特征

20世纪80年代以来,随着产业联盟理论和实践的不断深入发展,产业联盟对于经济发展的重大意义得到了国内外各界的空前重视,其为了解决产业共性问题的核心目标及优势互补、资源共享等联盟优势特征也被参与主体所普遍认可,产业联盟竞争开始代替企业竞争而成为理论研究的主流。

2.1.1 云计算产业联盟的界定及形成动因

2.1.1.1 云计算产业联盟的概念界定

产业联盟是知识经济时代产业发展的强大驱动力,已成为世界各国备受重视的组织形式。

本书将云计算产业联盟界定为:云计算产业联盟是以云计算产业价值链为合作基础,在政府支持下,云计算产业链上下游重点企业、科研院所、中介组织及行业用户等成员之间,为了实现优势互补、知识共享,通过契约方式组成的知识密集型网络组织。云计算产业联盟的构成如图2-1所示。

云计算产业联盟成立的目的是基于联盟整体化发展优势,凝聚产业价值链上下游知识资源,以共享知识为主线,高效利用联盟知识资本,以提升联盟及成员核心竞争力,推动云计算产业发展。云计算产业联盟的核心成员由云平台提供商、云系统集成商、云应用开发商、云服务运营商、行业用户、科研机构及中介机构等组成[91]。

2.1.1.2 云计算产业联盟的构建条件

云计算产业联盟围绕云计算产业发展的共性问题开展合作,实现知识资源的整合、创新及存量提升。要实现上述功能,构建高效的云计算产业联盟,就要以政府支持政策为导向,以重点企业为主体,围绕产业价值链,运用契约机制实现成员有效结合,故基本构建条件如下:

(1)由多个独立法人组成。云计算产业联盟由云计算产业链上下游企业、

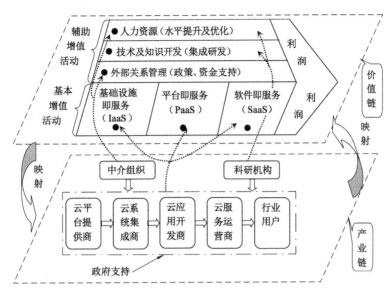

图 2-1　云计算产业联盟构成框架

相关研究机构、中介组织及行业用户中的个体成员组成。联盟成员中各主体所处地位和作用不同,其中:企业处于核心骨干地位,决定联盟中各种资源的投入方向以及配置方式等,是联盟目标实现程度的决定性因素;科研机构知识储备雄厚,在云计算相关技术领域具有前沿水平,能够引领产业技术发展方向,发挥着知识创新的主力军作用;中介机构等可结合各自优势,发挥咨询、培训等作用。

　　(2)具有法律约束力的联盟契约。各独立法人自愿加入联盟,但利益动机存在差异。作为理性经济人,联盟成员往往具有潜在的机会主义行为和道德风险,因此,要实现联盟可持续发展,就必须有约束联盟各方行为的契约,明确成员的权利义务,建立有效的决策与执行机制,通过法律约束力,对各种可能发生的机会主义行为和道德风险制定有效的控制措施,既保障联盟成员利益,又明确联盟成员责任担当。

　　(3)具有制度明确的管理体系。云计算产业联盟作为一种经济组织,需要对外承担联盟主体责任。联盟需要设立决策、咨询和执行等组织机构,明确各机构的职责,配备必要的专职人员,负责联盟运行的日常事务。

2.1.1.3　云计算产业联盟的形成动因

　　云计算产业联盟形成的动因是指各独立法人自愿加入联盟的主观和客观驱动力量,主要体现在以下方面:

　　(1)满足知识获取需求。云计算产业提供的云服务商品主要是 IaaS、PaaS

和 SaaS 三种,这三种产品既独立,又具有技术上的特定结构关系,与一般传统产品相比具有特殊性,基于云计算产业链的知识完整性要求刚性更强,三种服务产品知识间的互补性、耦合性更强,有些知识具有不可或缺性,单个企业难以依靠自身知识存量及更新水平满足综合性的知识需求。因此,为了满足组织自身发展的相关知识需求,组织有强烈的加入云计算产业联盟的意愿。

(2)提高云计算知识创新能力。知识创新能力是云计算产业可持续发展的核心。云计算产业根植于传统 IT 产业,技术发展规律也会符合摩尔定律,即"IT 产品两年性能翻一倍,价格下降 50%"。这意味着,现有的云计算知识会随着时间快速贬值。因此,对于云计算产业中的相关企业来说,知识创新能力的提升更为迫切。云计算产业联盟的建立正是基于以知识为纽带的紧密协作关系的,提供多维互动的知识学习环境,通过联盟契约,保障成员间知识的获取、共享、整合等环节得以实现,从而使成员自身的知识创新能力得以快速提高。

(3)分担云计算技术创新成本。云计算作为新兴产业,技术创新的高投入是相关企业的基本特征。一项云计算技术的研发或推广,往往涉及基础硬件、成套解决方案、商业模式推广等,需要投入巨大成本。除巨额的研发成本外,还涉及市场化运营过程中的交易成本、学习成本及时间成本等。如果企业加入联盟,可以获得联盟的协同效应,扩大企业资源优化配置的范围,优势互补共同研发,获得如节约投资支出、缩短研发周期等竞争优势。

(4)降低云计算技术创新风险。云计算作为新兴产业,在技术创新方向、技术研发、技术应用等方面没有历史经验可以借鉴,同时,技术创新面对的市场环境越来越复杂,企业很难完全依靠自身力量有效地把握技术创新的不确定性,面临着各种风险。通过加入联盟,依靠联盟的特有优势和成员间的协同,避免企业在技术创新活动中的盲目性,提高创新成功率、有效性及发展定位的准确性,降低企业个体技术创新风险。

2.1.2 云计算产业联盟的特征

云计算产业联盟作为产业联盟发展的一种新的组织形式,具备传统产业联盟的一般特征,主要可以概括为动态性、互补性、复杂性、竞争与合作等方面。此外,云计算产业联盟还具有自身的独特性。

1. 知识密集性

联盟成员的员工主要由知识型人员构成,拥有大量高、尖的技术设备设施,在生产过程中,对技术和知识要素的依赖大大超过对其他生产要素的依赖,成员的无形资产占有相当的比重。

2. 成员互补与依赖性

IaaS、PaaS 及 SaaS 三种云产品具有技术和服务上的强关联性,要求联盟内的企业为弥补各自的技术薄弱环节,通过合作达到资源优势互补的目标,同时也导致彼此的经济利益紧密联系,从而在成员之间体现出一定的客观依赖性。

3. 云服务产品应用广泛

联盟成员均为云计算产业核心企业或密切相关组织,既有成果和创新成果的应用相比其他联盟或组织更具广泛性。可以说,云计算产业联盟既是云计算技术的"创造者",又是云计算技术优势的"受益者",客观具有应用云计算服务产品的主动意愿。相关云服务产品的广泛应用,也给联盟的知识获取、知识生产、知识积累等各个环节带来了前所未有的积极改变。

4. 智慧性的知识管理

云计算产业联盟的知识管理可以通过"知识云服务平台"实现,其智慧性主要体现在两个方面:一是联盟知识管理的技术平台和软件能够实现持续的自动更新;二是联盟知识存量的不断更新。在云计算环境下,知识云服务平台的用户可以低成本享受到云端相应的平台、软件等的自动维护和升级服务,使用户知识管理的支撑技术始终处于先进水平。

5. 个性化的知识服务

传统的知识服务难以满足用户的个性化需求,而联盟利用云计算技术能够提供可定制、按需自助的个性化知识服务。基于云环境下的 SaaS 服务模式,可以将知识以多种服务的方式提供给联盟,知识的获取、整合、利用等环节都兼具目标驱动和需求导向两个特征,个性化知识服务的实现使联盟成员的个性化管理、异质性生产等成为可能。

6. 便捷的知识服务方式

联盟利用云计算的通用性、泛在接入性及用户友好性等特征,使知识服务的方式更为便捷。云计算可以有效兼容各种硬件和软件基础资源,多种信息终端都可以随时随地获取云服务,同时,云计算服务提供了友好的人机交互环境,操作简单。联盟可以通过知识服务云平台,通过各种终端设备,随时随地地访问知识资源,降低了知识服务的复杂程度。

7. 知识服务成本低

在云计算环境下,联盟可将知识服务的应用迁移到云上,可节约大量软硬件、基础设施构建及运营成本。此外,低成本还体现在知识获取、使用费用的降低。云计算技术革新了传统"一次性付费"的方式,提供了"按需使用、按需付费"

的知识服务模式,联盟可根据使用时间或使用量来付费,大大降低了知识服务成本。

2.2　云计算产业联盟知识资本增值的内涵

2.2.1　云计算产业联盟知识资本的内涵

关于知识资本概念的界定,因研究角度及目的的不同,定义内容有所差异,虽尚无统一解释,但并无对错之分。基于本书的研究目的,延续马克思《资本论》中对物质资本的分析思路,认为从知识资本价值实现路径的角度对知识资本进行定义更为合适,更能体现资本的"增值"特性,即知识资本是资本的一种形态,以知识形态存在和运行,由知识在一定条件下转化而成,在商品货币关系中作为一种关键的生产要素,能够带来价值增值的所有知识要素的集合。本书中的"知识",除了包括传统的自然和社会科学外,还包括能力、技术和管理等。

深入全面理解知识资本的含义,有必要进一步明确以下几点,即"知识和资本的关系""知识资本的形成过程""知识和知识资本的关系"。

1. 知识和资本的关系

马克思认为资本是能够带来剩余价值的价值。知识在知识经济中开始具备了资本的特性,成为知识经济的第一生产要素,两者相融产生了知识资本。知识因具有增值性、流动性、累积性等资本的共同特征,而与资本表现出相当的同一性。知识作为生产要素的最主要特征,具备了"可带来剩余价值的价值"的资本特性,并兼具了资本和劳动这两种要素的经济特征,从而具有了资本的自然属性(本身有价值、运动特质、增值性)与社会属性(所有权与稀缺性)的两重性。

2. 知识资本的形成过程

在知识向知识资本转化的过程中,需要劳动者(主要是脑力劳动者)对知识本身进行智能化运作,通过适当载体以知识商品形式进入流通领域,通过交换实现使用价值,此时,原有知识和附加的人力劳动实现了保值和增值,知识商品成为价值增值的手段,知识成功转化为知识资本。知识资本价值有两种体现方式:一是外化为消费品,直接转化为货币;二是内化为生产要素进行知识再生产,通过一定途径生产出新知识,且新知识会被继续投入知识的积累和循环运转中。知识资本的形成过程如图 2-2 所示。

3. 知识和知识资本的关系

知识资本蕴藏于知识之中,当知识用于交换,并成为商品生产和流通过程中价值形成和增值的手段或载体时,就等同于知识资本。可见,并非所有的知识都

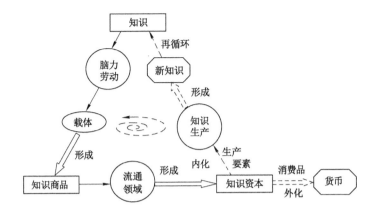

图 2-2　知识资本的形成过程

能成为知识资本,无助于价值增值的知识不能作为知识资本。在组织运营管理实践中,知识管理和知识资本管理会有重叠,对于满足知识资本转化条件的知识的管理就等同于对组织知识资本的管理。

　　云计算产业联盟作为一种经济组织形式,其知识资本与一般企业知识资本具有同质性,但在构成层次和管理范围方面存在区别。云计算产业联盟知识资本是指联盟拥有或控制的,具有价值增值功能的所有知识要素的总称,是联盟发展的核心要素,反映联盟及其成员整体的发展水平和发展潜力。在构成层次方面,云计算产业联盟知识资本可以分为两个层次:一是成员层知识资本,用简单的数量关系表示即所有成员某一时刻知识资本存量的总和;二是联盟层知识资本,是专属于联盟整体所特有的,主要为促进联盟成员知识资本存量数量增加和质量提升发挥作用的知识资本,表现为联盟的制度、组织结构、知识管理设施、品牌声誉等。在管理范围方面,联盟通过契约管理组织成员的知识资本,协调成员之间的利益冲突、个体目标与联盟整体目标的差异,搭建合作平台等,管理范围主要是组织间问题;而一般企业的知识资本管理主要针对企业内部知识资本,是按照企业战略目标设计,利用严格的层级关系执行的企业内问题。

2.2.2　云计算产业联盟知识资本的构成

　　从现有文献来看,对知识资本的结构划分有多种观点,但以"多元说""三元说"和"二元说"最具代表性。

　　"多元说"观点以英国学者布鲁金(Brooking)提出的 M-I-H-I 结构为主要代表,从企业财务管理的实用性角度出发,将知识资本等同于无形资产,提出"企业总价值＝有形资产＋知识资本",并进一步指出知识资本可细分为市场资本

(Market Capital)、知识产权资本(Intellectual Property Capital)、人才资本(Human Capital)和基础结构资本(Infrastructure Capital)等方面。

"三元说"观点以瑞典学者斯维比(Sveiby)提出的 E-I-E 结构和美国学者斯图尔特(Stewart)提出的 H-S-C 结构为代表。斯维比将知识资本划分为雇员能力(Employee Capability)、内部结构(Inter Structure)和外部结构(Extra Structure),雇员能力是基础,内部结构是支持体系,外部结构为知识最大化提供保障。斯图尔特提出企业知识资本由人力资本(Human Capital)、结构资本(Structure Capital)和顾客资本(Customer Capital)构成,三者相互作用,共同促进知识资本增值。

"二元说"观点以瑞典学者埃德文森(Edvinsson)和美国学者沙利文(Sullivan)提出的 H-S 结构为主要代表。两位学者认为知识资本是人力资本(Human Capital)和结构资本(Structure Capital)两部分的耦合,人力资本是价值的创造者,结构资本辅助人力资本实现其价值。

无论哪种观点,基本都囊括了知识资本涉及的对价值增值起直接或间接的主要发展要素,在本质上并不冲突,区别主要是对除人力资本以外的其他要素的划分维度不同。在承认知识资本的增值属性,并坚持用马克思的资本论来研究知识资本增值的前提下,为了进一步揭示知识资本的不同构成要素在其价值增值过程中发挥的不同作用,最优选择就是根据马克思的可变资本(劳动力)和不变资本(生产资料)的划分角度对知识资本进行结构划分。

根据可变资本和不变资本的特性将知识资本的构成要素进行划分,则人力资本属于可变资本,除人力资本以外的其他要素可归结为结构资本,属于不变资本;人力资本是知识资本价值形成和增值的本源,结构资本为人力资本价值形成和增值提供不可或缺的支撑条件。这种对知识资本的划分方法从形式上与埃德文森和沙利文提出的"二元说"趋于一致,是最接近从资本价值增值的本源上进行划分的方法,因此,本书将云计算产业联盟知识资本划分成两部分,即人力资本和结构资本,如图 2-3 所示。

1. 云计算产业联盟人力资本

云计算产业联盟人力资本是联盟所拥有、有使用价值的,依附于劳动者个体的知识、能力、技术、经验及态度等的总称。联盟人力资本与一般组织人力资本并无本质差异,但在投资途径、价值实现领域等方面有所限定。联盟人力资本强调充分利用云计算技术及环境,通过联盟学习、培训等相关机制设计而优化投资过程或拓展途径,不断提高联盟人力资本水平。

2. 云计算产业联盟结构资本

云计算产业联盟结构资本是指依附在联盟组织中,能够促进联盟人力资本

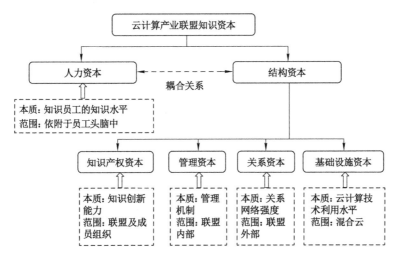

图 2-3　云计算产业联盟知识资本构成

发挥作用的所有支持性知识要素及设施的总称。结合本书的研究目的,有利于
云计算产业联盟知识资本增值的结构资本可分为四个维度:一是以技术发明、专
利、商标、品牌、论文等为代表的联盟知识产权资本;二是以联盟战略、组织结构、
运营流程、企业文化、规章制度等为代表的联盟管理资本;三是以信息技术系统、
网络系统、知识管理设施等为代表的联盟基础设施资本;四是联盟与客户、政府、
社会公众等利益相关者的有益关系,即联盟关系资本。

　　人力资本与结构资本之间具有耦合关系。当二者能够适当匹配时,会相互
促进,正向影响,提升彼此水平。否则,会产生负向影响,造成双方使用价值无法
充分发挥作用、价值贬值、闲置浪费等问题。

2.2.3　云计算产业联盟知识资本的特征

　　云计算产业联盟知识资本具有一般组织知识资本的共性特征,如无形性、依
附性、非竞争性及部分排他性等,此外,由于联盟的特点及云计算技术、环境特征
产生的一些特殊性,形成了自身突出特点,如图 2-4 所示。

　　1. 知识资本的高增值性

　　促进知识资本增值是成员加入联盟的目标之一,因此,联盟具有充足的追求
知识资本增值的动力。联盟人力资本增值受人力资源知识水平的直接影响,而
联盟人力资源的类型以知识型人力资源为主,这为联盟人力资本自身增值提供
了良好基础。联盟具有的智慧性的知识管理、个性化的知识服务等特征,为联盟
结构知识资本增值提供了有利条件,能够拓展知识资本共享来源和渠道、提高知

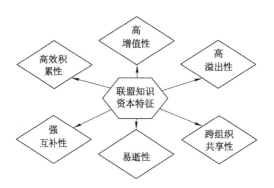

图 2-4　云计算产业联盟知识资本特征

识资本传递速度、提升结构知识资本生产效率和质量。从上述分析来看,云计算产业联盟知识资本具有高增值性。

2. 知识资本的高溢出性

知识资本溢出是指知识资本的生产者得不到补偿、获取者无须付费或付出成本不足以弥补生产成本的一种外部性现象。联盟知识资本溢出能够使成员获得溢出效应,实现联盟成员无成本或低成本获得知识资本生产原材料。云计算产业联盟是知识密集型网络组织,能够极大提高技术转让、合作创新等主动溢出效率,促进人力资本流动、知识模仿等被动溢出效率,同时,利用云计算的虚拟化等特性会拓展联盟成员私下交流的形式,提高公共数据资源的利用效率,从而提高非正式溢出的效率。因此,云计算产业联盟的知识资本具有高溢出性特征。

3. 知识资本的强互补性

在云计算产业联盟中,由于其核心成员均与云服务提供紧密相关,同属于同一价值链,具有客观的不可分割性,而成员拥有的知识资本都具有局限性,因此,成员之间的知识资本互补性很强。正是由于联盟知识资本的强互补性,使联盟成员提高了专业化学习效率,降低了获取新知识的成本,互补存在的多样性也使联盟成员具有了异质性竞争优势,同时,知识资本的互补性可以带来边际收益和规模报酬递增,这也是成员加入云计算产业联盟的重要原因之一。

4. 知识资本的易逝性

知识资本具有因为有形和无形损耗而使其价值逐渐衰减的特性,因此,知识资本具有易逝性。对于云计算产业联盟来说,其核心成员技术更新日新月异,人员流动频繁是其各行业典型特征,联盟知识资本的有形及无形损耗均很大,知识资本的新旧更迭速度很快,因此具有明显的易逝性。

5. 知识资本的跨组织共享性

跨组织知识共享就是基于竞合思想,利用适当机制应对组织边界障碍和时空限制,优化组织间知识保护与共享之间的最佳平衡点。通过跨组织知识共享,优化联盟整体知识重建过程,从而提升联盟整体知识创新效率。云计算产业联盟通过利用云计算技术和环境的相关因素,可以实现联盟成员间的知识共享渠道更加低成本、高效、便捷,可以满足联盟知识共享的不同层次需求,允许个体组织按需自助或以定制的方式从联盟内外获取知识,这种新的知识服务方式拓宽了知识共享的内容,提高了知识共享的效率和便捷性。

6. 知识资本的高效积累性

云计算产业联盟作为知识密集型组织,必须通过对知识资本的有效运用和循环增值才能提升产业竞争力,但其前提是拥有一定的知识资本存量,存量取决于积累。外部交易及内部衍生是知识资本积累的两种路径,云计算技术大大提升了联盟知识资本积累的效率。

云计算产业联盟知识资本的上述特征决定了联盟知识资本价值增值的能力,也为联盟设计和制定相关知识资本增值机制提供了依据。

2.2.4　云计算产业联盟知识资本增值的界定

增值是知识资本的本质属性,知识资本是云计算产业联盟发展的核心要素,因此,云计算产业联盟核心竞争力的培育必然聚焦于知识资本增值。

知识资本是一种知识性的活动,是一种动态的资本,其价值有两种转化形式:一是知识资本的内转化,即作为生产资料,人力资本与基础设施资本、知识产权资本等知识性生产要素相结合,通过智能运作进行知识的再生产,实现其价值转化,表现在知识产权数量的增加、组织结构的优化、知识生产效率的提高、员工知识水平的提升等方面,实质是知识创新,其增值体现为有使用价值的新知识的产生;二是知识资本的外转化,即知识的商业化应用,以知识产品的形式通过市场化的途径,实现知识资本的价值转化,表现在具有更高知识含量的新商品的出现、市场占有率的提升等方面,实质是知识资本转为直接创造物质财富的市场价值,其增值体现为以货币为表现形式的利润的增加。

知识资本的两种转化形式都体现了增值,但外转化主要是实现了知识资本的货币表现形式,增值体现为知识资本拥有者货币数量的增加,而内转化的增值实现是外转化增值实现的前提和基础,是外转化增值实现的必要条件;只有知识资本参与到知识生产循环过程中,不断产生新知识,充实到知识资本存量中,为外转化提供源源不断的新的增值源泉,创造出新的生产力,外转化才能实现可持续增值。因此,对知识资本的内转化过程的研究具有更加重要的意义和价值。

马克思对资本增值的定义中指出:原预付价值不仅在流通中保存下来,而且在流通中改变了自己的价值,加上了一个剩余价值,或者说增值了[92]。借鉴上述研究成果,可以将知识资本增值的含义理解为:知识的运用过程就是劳动的过程,在劳动过程中,知识不仅能够创造出自身价值,即补偿知识消耗的价值,而且能够创造出比自身价值更大的价值,也就是所说的知识创造新的知识或新的知识资本,结果使价值增值,即剩余价值。

通过以上分析,本书对云计算产业联盟知识资本增值的研究基于知识资本内转化的角度,即研究云计算产业联盟知识资本循环过程中的增值机理及相关机制。本书将云计算产业联盟知识资本增值界定为:以云计算产业联盟某一时刻的知识资本存量为基础,充分利用云计算环境及技术,通过知识资本的生产循环过程,使联盟产生新的知识资本,最终表现为联盟人力资本和结构资本存量在数量及质量上得到提升和优化,即视为云计算产业联盟知识资本增值。

2.3   云计算产业联盟知识资本增值机理

资本的生命在于永不停息的运动,资本只有在运动中才能实现增值。马克思的产业资本循环理论分析与揭示了剩余价值的实现过程,展现了剩余价值生产及实现的不同阶段、资本的不同职能形式和相互关系,从而揭示了资本增值的本质。知识资本作为资本的一种独立存在形态,当然具有资本的运动增值属性,研究知识资本增值机理必然以马克思的产业资本循环理论为基础,而本书对于云计算产业联盟知识资本增值机理的研究,是对知识资本增值机理的进一步细化。

2.3.1   马克思产业资本循环理论分析

马克思认为“循环”是产业资本的运动规律和表现形式,资本运动总是在一个不断回转的循环上,每一个节点既是出发点,又是复归点。资本从某一形态出发,依次经过各个阶段和职能转换又回到最初形态的运动过程就是资本的循环。资本必须进行不断地循环,才能实现增值目标。

2.3.1.1   产业资本循环的不同阶段和职能形式

根据马克思产业资本循环的总公式 G—W—G′,产业资本循环可分为三个不同阶段,即原材料购买阶段、商品生产阶段和商品销售阶段,如图 2-5 所示。其中,G 代表货币,W 代表商品,A 代表劳动力,P_m 代表生产资料,P 代表生产,W′ 代表包含剩余价值的新商品,G′ 代表包含剩余价值的货币,g 代表货币增值的数量,"—"表示流通及买卖,"…"表示流通过程的中断。

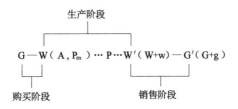

图 2-5　产业资本循环阶段

　　第一阶段为原材料购买阶段,表现为图 2-5 中的"G—W(A,P$_m$)",企业将货币投入商品和劳动力市场,用于购买劳动力(A)和生产资料(P$_m$),并使二者在数量、质量等方面保持匹配;第二阶段为商品生产阶段,表现为图 2-5 中的"W(A,P$_m$)…P…W$'$(W+w)",企业将购买的劳动力(A)和生产资料(P$_m$)投入生产环节,通过生产资料的价值转移和劳动力的投入,生产出包含剩余价值的新商品[W$'$(W+w)];第三阶段为商品销售阶段,表现为图 2-5 中的"W$'$(W+w)—G$'$(G+g)",企业将新商品通过市场进行销售,将新商品价值转化为货币形式,这一过程是资本增值最直接的体现。上述分析也表明了马克思资本论中的一个观点,即资本只有在生产阶段才能产生资本价值的增值,而在购买阶段和销售阶段都不产生增值。

　　在上述三个阶段中,产业资本呈现了三种不同的职能形态,即货币资本、生产资本和商品资本。在原材料购买阶段,货币为资本价值的承担者,货币资本的职能在于购买劳动力和生产资料,为剩余价值的生产做准备,此时,货币资本转化为生产资本;在商品生产阶段,购买的原材料投入生产过程用于生产,生产资本的职能就是将生产资料和劳动力作为不变和可变资本发挥作用,生产出包含预付价值和剩余价值的新商品,此时,生产资本即转化为商品资本;在商品销售阶段,商品资本的职能是实现资本的价值和剩余价值。上述过程就是产业资本的职能形态变化。

　　产业资本循环必须依次从一个阶段过渡到下一个阶段,同时伴随着资本职能形态的相继转换。由于单个产业资本的每一种职能形态的次序循环,使产业资本循环产生了货币资本循环、生产资本循环和商品资本循环三种不同的循环形式,如图 2-6 所示。

　　货币资本循环表现为图 2-6 中的"G—W(A,P$_m$)…P…W$'$(W+w)—G$'$(G+g)"。货币资本循环是产业资本循环中最直观、最能表现增值结果的循环过程,其出发点是准备增值的货币资本 G,终点是取得增值的货币资本 G$'$(G+g),增值数量为 g,这一过程明确暴露了资本运动的目的——追逐不断增多的剩余价值 g,但

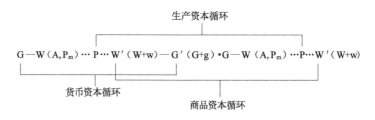

图 2-6 产业资本循环职能形态

这一过程的资本价值增值只是在货币资本形态上表现出来,未体现剩余价值产生的本质,体现了一定的片面性。

生产资本循环表现为图 2-6 中的"P…W′(W+w)—G′(G+g)·G—W(A,Pₘ)…P"。这一形态表示产业资本的不断再生产,实质是剩余价值的生产或再生产过程。根据剩余价值是否积累,生产资本的循环又分为扩大再生产和简单再生产两种情况,如果剩余价值全部或部分转化为追加的生产资本,则视为扩大再生产,相反,如果剩余价值全部用于消费,则为简单再生产,二者的区别体现在生产资本循环中的货币资本"G′(G+g)"包含的剩余价值"g"的用途,如果全部进入一般商品流通环节,则为简单生产,如果全部或部分转化为货币资本,则为扩大再生产。生产资本循环也有一定的片面性,体现在商品流通环节处于两个生产阶段之间,只体现为再生产的媒介,而货币资本仅表现为维持再生产的手段,因而,从生产资本循环的形式上看未体现出资本追逐剩余价值的本质,更多地体现为生产本身的延续。

商品资本循环表现为图 2-6 中的"W′(W+w)—G′(G+g)·G—W(A,Pₘ)…P…W′(W+w)"。在这一循环中,起点是已经取得增值的新商品,包含预付价值和剩余价值,人们更多关注商品的销售实现问题,因此,商品资本循环同样具有片面性,弱化了生产环节,未体现商品不断增值的原因,也未反映生产环节中的消费和流通环节中消费的区别,更多地体现了资本循环就是为了满足社会消费需求,但商品的循环生产并非资本运动的目的。

马克思指出这三种资本循环形式的共同点,即都是以价值的增值为目的。从图 2-6 中也可以看出,每一种特殊形式的循环,都包含着其他两种形式的循环,任何一个单个产业资本的运动,都是同时处于这三种形式的循环之中,依靠产业资本三种职能在空间上的并存性和时间上的继起性实现三种循环形式的统一,进而保持产业资本循环的连续性,形成产业资本的总循环。

2.3.1.2 产业资本循环与知识资本循环的关系

知识资本发展成为资本的一种独立形态后,产业资本逐渐处于从属地位。

资本运行的总公式依然是 $G—W(A,P_m)\cdots P\cdots W'(W+w)—G'(G+g)$，货币资本仍表现为知识资本的初始推动力，商品 W 的内涵更丰富，不再指一般的物质商品，而主要是知识商品，生产资本要素构成及生产过程也发生了一定的变化，但总体来说，产业资本的循环公式除了内容有所变化外，其形式并未改变。因此，马克思关于产业资本循环的一般规律仍适用于知识资本循环过程。

2.3.2　知识资本增值循环

在知识经济中，知识资本占统治地位，知识商品的生产和消费占据主体地位，知识资本运动的总公式可以直接表示为：$G—K(A,k_m)\cdots PK\cdots K'(K+k)—G'(G+g)$，或简单表示为 $G—K—G'$。

知识资本增值循环仍可以分为三个阶段，为了突出知识资本增值过程的特殊性，本书将三个阶段界定为知识资本源获取阶段、知识资本生产阶段和知识资本积累阶段，与产业资本循环的对应关系为：知识资本源获取阶段——原材料购买阶段；知识资本生产阶段——商品生产阶段；知识资本积累阶段——商品销售阶段。

知识资本增值循环的三个阶段如图 2-7 所示。知识资本增值循环三个阶段体现的内容与产业资本既体现了一致性，又因知识资本自身特点，体现了一定的差异性。其中，G 代表货币，K 代表知识商品，A 代表劳动力，K_m 代表知识性生产资料，PK 代表知识生产，K' 代表包含剩余价值的新知识商品，G' 代表增值了的货币，g 代表货币增值的数量，"—"表示流通及买卖，"…"表示流通过程的中断。

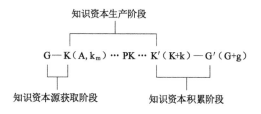

图 2-7　知识资本增值循环的三个阶段

第一阶段为知识资本源获取阶段，表现为图 2-7 中的"$G—K(A,k_m)$"。本阶段资本仍首先以货币的表现形式履行货币资本职能，获取知识资本生产或再生产的来源。由于知识成为"生产力第一要素"，因此，货币获取的并非一般体力劳动者和物质生产资料，而是"知识型员工"及"知识性生产资料"。知识型员工是指那些掌握并运用符号和概念，利用知识或信息工作的人，如科技人员、专家、学者等；知识性生产资料是指知识型员工可以利用的，用于改变或影响劳动对象的科学、技术、知识产品、人力智能等知识性因素和条件,又可分为知识性劳动资料和知识性劳动对象两类。生产过程中的知识性生产资料还应包括知识资本存量,但本部分不视为购买内容;知识性劳动对象是指劳动中被加工的对象是知识,也即知识是知识生产的对象,被再次创造和加工。

第二阶段为知识资本生产阶段,表现为图 2-7 中的"$K(A,k_m)\cdots PK\cdots K'(K+k)$"。知识资本生产即知识资本的增加,也就是新知识资本的生产。知识生产组织将获取的知识资本源投入生产环节,通过适当途径的结构资本和人力资本的再生产,最终形成新的组织显性和隐性知识资本,并累积到下一个知识资本生产过程中。知识资本生产过程的实质就是知识创新,这个过程伴随着知识资本增值,剩余价值产生的来源就是知识型员工的高智力投入,体现为包含剩余价值的新知识商品 $K'(K+k)$ 的产生,表现为人力资本和各类结构资本。

第三阶段为知识资本积累阶段,表现为图 2-7 中的"$K'(K+k)—G'(G+g)$"。本阶段对应产业资本循环的销售阶段,但与其有较大区别。产业资本的增值实现主要体现在通过市场机制实现货币化一条途径,而知识资本的增值实现有外转化和内转化两条途径。外转化途径与产业资本的增值实现途径雷同,即将新增知识资本的价值以某种载体形式体现或物化于实体商品中,通过市场机制实现货币转化;内转化则是由于知识资本的共享性、积累性及部分非排他性等特征,新增知识资本价值无论是否转化成货币形式,其生产者都可以通过积累实现知识资本存量增加,作为再生产的生产资料。

同产业资本循环一样,知识资本的循环既是三个阶段的统一,又是三个循环的统一。知识资本在循环的连续进行中,作为整体是同时地、空间上并列地处在三个阶段及与各阶段相适应的职能形式上,但从部分角度来看,每一个部分是依次由一个阶段过渡到下一个阶段,执行下一种职能,从而在三个阶段和三种职能形式的反复循环中实现知识资本的增值功能。

2.3.3　云计算产业联盟知识资本增值循环过程

通过对产业资本循环和知识资本增值循环的分析,为研究云计算产业联盟知识资本增值循环过程打下了坚实的基础。云计算产业联盟知识资本增值循环过程符合前文所述的知识资本增值循环的一般规律,仍然可以分为三个阶段,但又具备自身的特殊性,主要由联盟所处的云计算环境、联盟特点等产生。同时,云计算产业联盟参与增值循环的知识资本类别也具有明显的云计算产业属性,与云服务紧密相关,主要包括云基础设施知识资本、云平台知识资本、云软件知识资本及云服务运营知识资本等,具体如图 2-8 所示。

第一个阶段为云计算产业联盟知识资本源获取阶段。"云计算产业联盟知

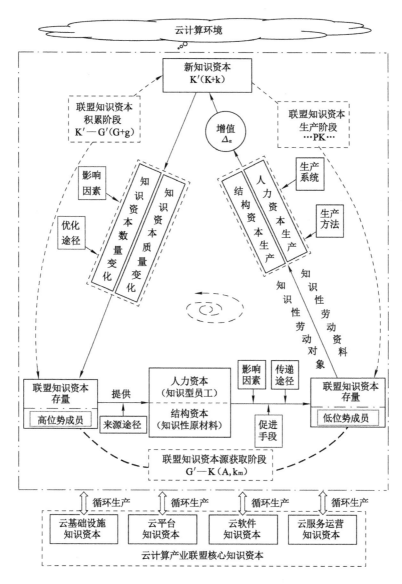

图 2-8　云计算产业联盟知识资本增值循环过程

识资本获取"即联盟中处于知识资本存量低位势的成员通过一定的途径和手段，取得高位势成员的知识资本资源,作为知识资本生产所需的知识性原材料的过程,对应产业资本循环的"原材料购买"阶段或知识资本循环的"$G'—K(A,k_m)$"阶段。其中,A 主要代表联盟中直接从事与云计算技术开发及运营相关的知识型员工,也即本书界定的人力资本的主体;k_m 主要表示联盟中与云服务提供紧密相关的知识及设施,也即本书界定的结构资本。云计算产业联盟将获取的知识资本资源作为原材料投入知识资本的生产创造,主要涉及在云计算环境下联盟知识资本资源的来源、影响因素、促进手段及传递途径等方面。

第二个阶段为云计算产业联盟知识资本生产阶段。"云计算产业联盟知识资本生产"即在云环境下,联盟构建适当的生产系统,采用科学的生产方法,将从知识资本源获取的知识性原材料(知识性劳动资料＋知识性劳动对象)进行生产加工,以制造新知识资本的活动,其实质是知识资本增值过程,对应产业资本循环的"商品生产"阶段或知识资本循环的"…PK…"阶段。根据知识资本生产的本质,联盟人力资本增值依靠教育、培训、流动等投资方式获得,结构资本增值依靠选择、融合等整合过程实现。人力资本增值是结构资本增值的源泉,结构资本增值是人力资本增值的重要支撑和原材料,二者相辅相成,相互促进,是一个螺旋转化的系统。

第三个阶段为云计算产业联盟知识资本积累阶段。马克思指出资本积累就是指把增值价值的部分或全部作为资本来使用,投入资本再生产,使生产规模不断扩大并循环进行。借鉴马克思的观点,结合本书的研究范畴,"云计算产业联盟知识资本积累"即联盟为了知识资本增值的需要,将已增值部分及外部性获取的具有使用价值的知识资本全部或部分作为联盟知识资本再生产的原材料来使用,使联盟知识资本生产在不断扩大的规模上重复进行,对应产业资本循环的"商品销售"阶段或知识资本循环的"$K'(K+k)—G'(G+g)$"阶段。云计算产业联盟知识资本积累动态过程表现为每一轮生产循环中增值部分的累积、外部性获取以及发展过程中知识资本的流出、淘汰;静态含义表现为某一时点联盟知识资本存量的数量及质量的水平。

2.3.4　基于溢出的云计算产业联盟知识资本源获取

云计算产业联盟知识资本源获取是指联盟中知识资本存量处于低位势的成员从高位势成员获取知识资本来源。云计算核心产业中的龙头企业或重点企业拥有的知识资本存量多处于高位势,规模较小企业多处于低位势,低位势成员通过高位势成员的知识资本溢出而获得所需知识资本源,这既符合联盟组建的动机,也充分利用了联盟知识资本的高溢出性特征。通过对云计算产业联盟知识资本源获取过程及知识资本溢出效应一般规律的分析,可以反映云计算产业联盟知识资本源获取的基本原理。

2.3.4.1　联盟知识资本溢出

知识资本溢出的根源是知识资本的非竞争性和部分排他性特征,溢出能够带来外部性,是组织个体加入联盟的重要动机。云计算产业联盟知识资本溢出是指知识资本通过一定的途径,依靠一定的手段,以人力资本或结构资本的形式,从溢出源向潜在使用者运动的过程。

2.3.4.2　联盟知识资本源获取的过程

知识资本溢出过程主要包括 5 个方面:知识资本溢出源、溢出途径、影响因素、支持手段和溢出知识资本类别,具体如图 2-9 所示。

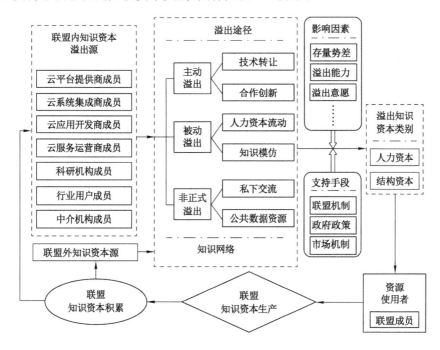

图 2-9　基于溢出的联盟知识资本源获取过程

图 2-9 中,知识资本溢出源包括联盟内部和外部两方面,内部溢出是主要来源,从知识位势角度看,获取来源于联盟知识资本高位势成员的溢出,主要包括提供云服务的云平台提供商、云系统集成商、云应用开发商及云服务运营商之间的横向或纵向溢出,内部溢出与云计算发展的专业性、互补性、及时性等特征关联紧密,同时,通过网络连接的联盟外部知识资本资源可以作为联盟知识资本获取的辅助来源。

联盟知识资本源获取的途径可等同于联盟高位势成员知识资本的溢出途径,溢出途径主要包括主动溢出、被动溢出和非正式溢出三类。其中,人力资本的获取主要包括人力资本流动、私下交流等,结构资本的获取主要包括技术转让、合作创新、知识模仿及公共数据资源等,云计算技术并没有对传统溢出途径进行本质的改变,但提高了效率,降低了溢出成本,特别是对于外部溢出源,通过云计算技术对公共数据资源的分析挖掘,可以形成与决策、营销等相关的结构资本。

学者们对于溢出影响因素的研究较多,对于一些主要影响因素(包括存量势差、溢出能力、溢出意愿等)的观点基本一致,云计算的出现也未能改变其重要性;为了在合理范围内最大限度地获取知识资本溢出的外部性,必然需要一些调节手段,从宏观层面主要包括政府政策、市场机制及联盟机制等,从微观层面涉及联盟云平台建设水平、云虚拟技术、云计算创造的完全信息环境等;溢出知识资本类别包括人力资本和结构资本,在传递过程中体现出知识载体的隐性和显性区别。

2.3.4.3 基于凯尼尔斯蜂巢模型的联盟知识资本溢出效应一般规律

通过对凯尼尔斯空间知识溢出蜂巢模型的适当改造,可以很好地说明云计算产业联盟知识资本溢出效应的一般规律,并从中得出促进联盟知识资本溢出相关机制设计的出发点。

(1)凯尼尔斯空间知识溢出蜂巢模型为:

$$S_{ij} = \frac{\delta_i}{\gamma_{ij}} e^{-\left(\frac{1}{\delta_i} G_{ij} - \mu_{ij}\right)^2} \tag{2-1}$$

式中:S_{ij} 为处于知识资本存量低位势的联盟成员 i 接受处于高位势的溢出成员 j 的知识资本溢出效应;δ_i 为成员 i 的学习能力;γ_{ij} 为成员 i 与成员 j 的地理距离;G_{ij} 为成员 i 与成员 j 的知识资本存量差距;μ_{ij} 为技术追赶系数,指两者技术追赶实现情况下的知识存量差距。

如果扩展到 $N(N \geqslant 2)$ 个成员,则每个成员接受知识资本溢出的总和为:

$$S_i = \sum_{j=1}^{N-1} \frac{\delta_i}{\gamma_{ij}} e^{-\left(\frac{1}{\delta_i} G_{ij} - \mu_{ij}\right)^2} \tag{2-2}$$

凯尼尔斯蜂巢模型反映了存量势差、地理距离、使用方的学习能力等知识溢出的主要因素对溢出效果的影响,由此说明知识溢出的一般规律[93]。但用该模型分析云计算产业联盟的知识溢出效应,需要补充一些必要的影响因素,包括溢出源的溢出动力、溢出能力等。

(2)改进的凯尼尔斯蜂巢模型。在云计算环境下,对联盟成员的信任程度、空间距离、利益分配、激励措施等都发生了较大或本质的变化,这些因素可以概括为溢出动力因素;云计算技术也改变了知识资本表达能力和溢出途径,提高了效率,丰富了形式,可以说提高了溢出能力。因此,本书引入知识资本溢出效率函数 $F(\gamma_{ij})$,表示云计算产业联盟中知识资本使用方对溢出的知识资本的接受程度。公式为:

$$S_{ij} = \delta_i e^{-\left(\frac{1}{\delta_i} G_{ij} - \mu_{ij}\right)^2} F(\gamma_{ij}) \tag{2-3}$$

式中,$F(\gamma_{ij})$ 包含溢出动力 D_j 和溢出能力 A_j 两个指标,即:

$$F(\gamma_{ij}) = (\gamma_{ij}, D_j, A_j) = \frac{D_j^{a_1} A_j^{a_2}}{\gamma_{ij}} \tag{2-4}$$

式中:D_j 和 A_j 与知识资本溢出效应 S_{ij} 呈正相关关系;γ_{ij} 与 S_{ij} 呈负相关关系;α_1, α_2 为常数。

（3）基于改进的凯尼尔斯模型的知识资本溢出效应分析。首先以知识资本存量势差对知识资本溢出效应的影响为例进行分析。以 G_{ij} 为变量,其余影响因素为常量,对 G_{ij} 求偏导,得:

$$\frac{\partial S_{ij}}{\partial G_{ij}} = F(\gamma_{ij}) \mathrm{e}^{-\left(\frac{1}{\delta_i} G_{ij} - \mu_{ij}\right)^2} \left[-2\left(\frac{1}{\delta_i} G_{ij} - \mu_{ij}\right)\right] \tag{2-5}$$

令式（2-5）为 0,可求得驻点:

$$G_{ij} = \delta_i \mu_{ij} \tag{2-6}$$

对 G_{ij} 求二次偏导,可得:

$$\frac{\partial^2 S_{ij}}{\partial G_{ij}^2} = -2F(\gamma_{ij})\left[\mathrm{e}^{-\left(\frac{1}{\delta_i} G_{ij} - \mu_{ij}\right)^2}\left(-2\frac{1}{\delta_i}\right)\left(\frac{1}{\delta_i} G_{ij} - \mu_{ij}\right) + \mathrm{e}^{-\left(\frac{1}{\delta_i} G_{ij} - \mu_{ij}\right)^2}\frac{1}{\delta_i}\right] \tag{2-7}$$

将式（2-6）代入式（2-7）,可得:

$$\frac{\partial^2 S_{ij}}{\partial G_{ij}^2} = -2\frac{1}{\delta_i} F(\gamma_{ij}) < 0 \tag{2-8}$$

因此,S_{ij} 具有最大值,最大值为:

$$S_{ij\max} = \delta_i F(\gamma_{ij}) \tag{2-9}$$

由知识资本势差 G_{ij} 变化引起的溢出效应 S_{ij} 的变化趋势可用曲线表示,如图 2-10 中的曲线 1 所示。

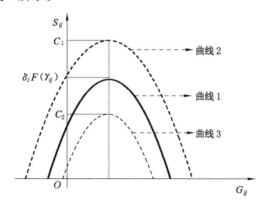

图 2-10　基于凯尼尔斯蜂巢模型的联盟知识资本溢出效应

由于溢出动力 D_j 和溢出能力 A_j 与 S_{ij} 呈正相关关系,增加其一或二者同时增加,可使 $S_{ij\max}$ 增大,假定为 C_1,其趋势如图 2-10 中的曲线 2 所示;γ_{ij} 与 S_{ij} 呈负相关关系,其增大可使 $S_{ij\max}$ 减小,假定为 C_2,其趋势如图 2-10 中的曲线 3 所示。

通过对云计算产业联盟知识资本源获取过程及溢出效应规律的分析,可以得出知识资本溢出是联盟获取知识资本源的有效形式,在云计算环境下,如何提高知识资本溢出动力、设计知识资本溢出途径及相应保障措施应该成为云计算产业联盟知识资本源获取机制研究的重点。

2.3.5 基于投资与整合的云计算产业联盟知识资本生产

分析云计算产业联盟知识资本生产机理,即分析联盟在第一阶段获取知识性生产资料后,进行知识资本生产,创造知识资本增值的方式及过程。借鉴野中郁次郎(Nonaka)的经典"SECI"知识创造模型,创建改进的知识资本创造模型"II-SECI",用以说明云计算产业联盟知识资本生产的整体过程,包括以"投资"方式进行的联盟人力资本生产和以"整合"方式进行的联盟结构资本生产。

2.3.5.1 "SECI"知识创造模型及其不足

在知识生产理论方面,Nonaka 提出的知识创造 SECI 模型具有广泛的学术影响。Nonaka 将知识分为隐性知识和显性知识两类,从二者的相互转化关系出发,提出知识创新就是在这种相互转化的过程中实现的。SECI 模型分为社会化(Socialization)、外在化(Externalization)、组合化(Combination)和内在化(Internalization)4 种模式,这 4 种模式依次转换,使得组织知识创造过程呈螺旋式上升发展。同时提出"巴(Ba)"的概念,认为知识转化的每种模式都在不同功能的"巴"中完成,具体如图 2-11 所示。

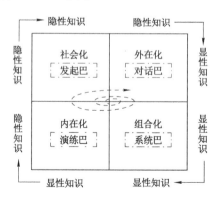

图 2-11 SECI 知识创造螺旋模型

图 2-11 中:社会化是个体在一定情景下,通过彼此交流、感知及体会等方式,交换或共享各自隐性知识的过程;外在化是指将隐性知识通过编码表达成显性知识的过程,通过隐喻、类比、演绎等手段,这也是生成新的显性知识的最直接途径;组合化是组织内部显性知识间的相互转化,是将分散的、不连续的显性知识碎片加以整理,形成系统化的显性知识的过程;内在化是组织生成的新显性知识转变成组织成员个体隐性知识的过程,延伸、重构了组织成员的隐性知识,是成员生成新的隐性知识的又一重要途径;巴(Ba)是指促进上述四种转化过程的组织知识共享、创造和使用的环境,主要涉及场所和软件平台。

SECI 模型较直观地解释了个体组织层面知识生产的一般过程,但如果用于说明联盟这种组织形式的知识生产还存在一些不足之处。一是 SECI 模型没有考虑外部知识来源的影响;二是对于隐性知识及显性知识如何进行知识再生产的过程、手段及途径没有说明;三是没有反映出在一个大的系统中,个体组织与其他组织间知识生产的关系;四是没有明确"巴"的属性。因此,出于本书研究目的,有必要对 SECI 模型进行改造。

2.3.5.2　知识资本创造模型"Ⅱ-SECI"

根据 Nonaka 对知识的分类和界定,隐性知识与本书的人力资本相对应,当然,隐性知识也包含部分组织的隐性知识,以组织整体形式体现,但对于个体隐性知识的形成有直接影响,是个体隐性知识再生产的原材料来源之一;显性知识中的有价值的部分与本书的结构资本相对应,作为主要的知识性原材料参与知识资本生产创造。根据云计算产业联盟知识资本生产的基本过程,本书对 SECI 模型进行了改进,构建了基于投入(Investment)及整合(Integration)的知识资本生产螺旋模型,即 Ⅱ-SECI 模型,如图 2-12 所示。

Ⅱ-SECI 模型能够准确反映云计算产业联盟知识资本生产的一般规律。Ⅱ-SECI 模型明确了在社会化、内在化过程中个体隐性知识增长的实质——人力资本投资,基于联盟所处的云计算环境,可设计基于云泛在学习环境的人力资本培训投资、基于虚拟人力资本的人力资本流动投资。在社会化和内在化的过程中,知识型劳动者通过脑力劳动,都可以使人力资本产生增值。Ⅱ-SECI 模型也进一步明确了显性知识的增长实质——结构资本整合,通过一定的技术手段,对外在化和组织化两个阶段的显性知识进行以选择和融合为核心的新的显性知识的生产,基于联盟云计算技术应用广泛性特征,可利用基于云平台的知识地图进行知识资本选择,构建通用云界面实现知识资本融合,从而实现知识资本增值。

模型中提出了"云巴(Cloud-Ba)"的概念,主要说明联盟知识资本生产的过程是在云计算环境下进行的,云计算技术使人们知识交流的空间形式、效率、成

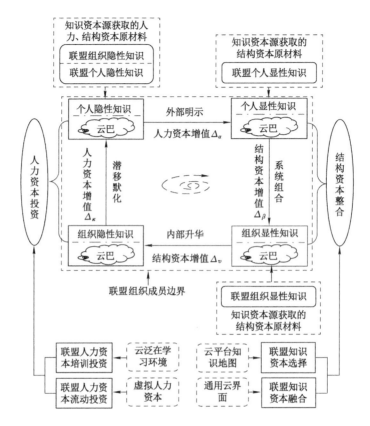

图 2-12　云计算产业联盟知识资本生产Ⅱ-SECI 模型

本等发生了改变,同时,知识整合的工具也更加多样,质量和效率也得到提升。另外,该模型也很好地与联盟知识资本源获取阶段进行了联结,反映了获取到的知识性原材料的投入地点及作用,使联盟知识资本生产过程更为直观。

　　通过对云计算产业联盟知识资本生产过程的分析,可以为联盟知识资本生产机制的设计提供理论支持。人力资本投资和结构资本整合的过程需要优化,有利于提高效率;同时,联盟的学习、文化、激励措施及技术支持等方面都需要建立保障措施;另外,存在一些主要因素会对联盟知识资本创造能力产生影响,应该对其建立评价机制,适当调整相关影响因素,使其向有利于联盟知识资本生产的方向改进。

2.3.6　基于存量势差演化的云计算产业联盟知识资本增值积累

　　分析云计算产业联盟知识资本增值积累的机理,即分析积累的结果——联盟整体知识资本存量水平提升的内在逻辑和规律。准确反映云计算产业联盟知识资本增值积累的运行规则和原理,需要从联盟的组织结构特征、知识资本存量水平提升的动因、构成要素、演化路径等方面进行分析。

从本书对云计算产业联盟的定义可知,云计算产业联盟是由具有知识资本存量势差的一群成员组成的一种知识网络组织。联盟成员之间由于知识资本的运动存在着广泛而复杂的连接关系,大量研究表明,知识网络组织具有典型的小世界网络特征。联盟成员具有由多维度代表的知识资本存量水平,客观上存在势差,正是在势差的作用下,成员知识资本存量作为生产资料参与联盟知识资本生产,增值价值的积累使得成员之间知识资本势差不断缩小,最终表现为联盟整体知识资本存量水平的提升。结合联盟组织特征,分析成员间知识资本存量势差缩小的过程,就可以反映联盟整体知识资本存量提升的演化路径和总体规律。因此,可以通过构建基于知识网络结构的联盟知识资本存量演化规律模型,揭示联盟知识资本增值积累机理[94]。

2.3.6.1　联盟知识资本存量势差构成维度

联盟知识资本存量势差由知识资本存量宽度势差、知识资本存量深度势差和知识资本存量强度势差组成。

(1) 宽度势差。知识资本存量宽度势差是指联盟成员所拥有的知识资本存量在种类、领域上的差距,即知识资本存量的异质性或多样性,也是知识资本存量在结构上的体现。成员间知识资本存量异质性越大,则联盟的宽度势差越大。云计算产业联盟由多个云服务领域中的成员个体组成,所以必然存在宽度势差,但异质性越大,成员间认知、获取及整合知识资本的能力会越低,需要成员投入更大的努力和资源,增加了知识资本创造的成本。因此,缩小宽度势差有利于联盟发展。

(2) 深度势差。知识资本存量深度势差是指联盟成员所拥有的知识资本存量在某一领域内专业化水平的差距,反映在知识链上单一知识面所处的相对位置,也是知识资本存量在数量上的体现。成员的专业化水平差距越大,则联盟的深度势差越大。在云计算产业联盟中,同一领域的联盟成员知识资本存量水平也会存在差异,处于高位势的成员自然有进行知识资本再创造的优势,处于低位势的成员有向高位势发展的自发学习动力,拉近与高位势成员之间的距离,从而提高整个产业竞争力。因此,缩小深度势差有利于联盟发展。

(3) 强度势差。知识资本存量强度势差是指联盟成员所拥有的知识资本存量在凝聚力上的差距,反映成员的行业地位、知名度等方面的差异,处于高位势的成员,也会处于专业水平的高位势,同时具有优化的知识资本存量结构,综合质量较高。成员的凝聚力差距越大,则联盟的强度势差越大。在云计算产业联盟中,个别成员的凝聚力强,意味着节点之间集团化程度高,出现了少数行业领军成员,与其他成员联系密切,有利于降低交易成本和进行知识共享,有利于增强联盟整体竞争力。因此,扩大强度势差有利于联盟发展。

2.3.6.2 基于小世界网络分析对联盟知识资本存量势差的影响

如果用小世界网络来分析知识资本存量势差的影响因素,那么"节点"代表联盟成员,"边"代表成员间的知识资本交流关系,用特征路径长度、网络密度和聚集度等特性指标对联盟知识资本存量势差的不同构成维度的影响进行分析。

(1)网络密度。网络密度 D 反映知识网络中各节点间联结的紧密程度,在网络规模不变的情况下,节点间联结越多,则网络密度越大。用数量关系表示为节点间实际建立的关系数量与理论上最大关系数量的比例,公式为:

$$D = \frac{E}{N(N-1)/2} \qquad (2\text{-}10)$$

式中:E 为知识网络中实际存在的边数;N 为网络节点数。

对云计算产业联盟来说,网络密度代表成员之间实际交流合作的程度,若联盟规模不变,增加 E,即提高成员间的知识交流机会,有利于互补性知识学习,缩小成员间知识资本存量的异质性,当异质性降低在一个合理范围内时,更能够促进知识资本流动和创新。显然,网络密度能够对知识资本存量宽度势差产生影响,随着密度变大,异质性逐渐降低,宽度势差逐步变小,二者呈负相关关系。

(2)特征路径长度。根据小世界网络模型的定义,特征路径长度 L 表示网络中任意两个节点之间的最短路径的平均值,公式为:

$$L = \frac{1}{N(N-1)/2} \sum_{i \neq j} d_{ij} \qquad (2\text{-}11)$$

式中:i 和 j 表示节点;d_{ij} 表示联结两个节点 (i,j) 最短路径的边数,即两个节点之间的最短距离。

在联盟中,两个节点之间的距离代表两个成员的接近程度,若两个节点间的最短关系距离 d_{ij} 较短,则两个节点接近程度高,交流频率也高,这便于知识资本在两个成员间的流动,促进知识资本创造和存量提升,有利于缩小节点间知识资本存量深度势差。与此对应,如联盟整体的特征路径长度 L 越小,则联盟整体的知识资本存量深度势差越小。基于上述分析,可以得出联盟的特征路径长度与知识资本存量深度势差呈正相关关系。

(3)聚集度。聚集度用来描述知识网络的局部特征,衡量网络结构中是否存在相对稳定的子系统,反映单个节点或一组节点在网络中的位置及其重要程度,可用聚集系数来表示,任意节点 i 的局部聚集系数 C_i 的计算公式为:

$$C_i = \frac{e_i}{K_i(K_i-1)/2} \tag{2-12}$$

式中：e_i 表示节点 i 的邻接点之间实际存在的边数；K_i 是节点 i 的邻居数目。整个知识转移网络的平均聚集程度 C 可用下式表示为：

$$C = \frac{1}{N}\sum_{i=1}^{N} C_i \tag{2-13}$$

聚集度越高，意味着知识网络中集团化程度越高，集团中的成员往往相互熟悉，低位势节点向中心节点学习的机会多，增大了中心节点的溢出效应。在联盟中，平均聚集程度 C 反映了联盟中处于中心节点成员的行业地位、重要性和知名度，C 越大，核心成员综合竞争优势越强，其实质是随着核心成员知识资本存量质量的提高，与其他成员的知识资本强度势差在扩大。因此，可以得出联盟的聚集度与知识资本存量强度势差呈正相关关系。

2.3.6.3　基于知识网络结构的联盟知识资本存量演化规律模型

通过上述分析，网络密度、特征路径长度和聚集度会影响联盟知识资本存量的宽度势差、深度势差和强度势差，且强度势差受宽度势差和深度势差影响较大，可看作二者的因变量。在网络不同特征的影响下，联盟知识资本存量的状态会出现四种典型情形，通过构建基于知识网络结构的联盟知识资本存量演化规律模型，可以反映演化的路径和规律，如图 2-13 所示。

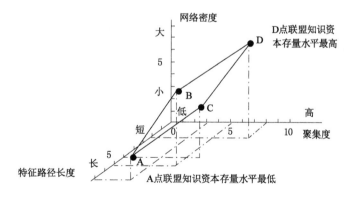

图 2-13　基于知识网络结构的联盟知识资本存量演化规律模型

情形一：深度势差大—宽度势差大—强度势差小

这种情形符合云计算产业联盟组建初期的知识网络特征。成员间处于认知过程，信任、学习等机制尚未成熟，接近程度低，因此，特征路径长，专业化水平差距未缩小，知识资本存量深度势差大；成员间刚开始建立合作联系，网络密度小，知识资本交流频率低,来自不同领域的成员知识资本存量的异质性大,此时的知识资本存量宽度势差大;也由于处于彼此认知和沟通过程中,网络中心节点难以形成,联盟聚集度低,知识资本存量强度势差小。总体来看,联盟知识资本增值积累的效果尚未体现,联盟知识资本存量处于低水平,如图 2-13 中的 A 点。

情形二:深度势差大—宽度势差小—强度势差中

这是云计算产业联盟发展期可能表现出的一种典型状态。成员侧重制定长期发展战略,急需了解整个产业链的知识资本存量情况。节点间联结增多,网络密度增大,节点间互补性知识资本交流增加,通过彼此学习,联盟知识资本存量的多样性减小,缩小了成员间知识资本存量的异质性,宽度势差变小;但节点间复杂知识资本共享和创造的能力仍较弱,专业水平中处于低位势成员的知识资本存量未实现较大提升,深度势差大;联盟中某些节点表现出了一定的核心能力,对其他节点的吸引力增强,形成了较高的聚集度,但还未形成绝对核心,强度势差表现为中等水平,如图 2-13 中的 B 点。

情形三:深度势差小—宽度势差大—强度势差中

这是云计算产业联盟发展期可能表现出的另外一种典型状态。成员侧重短期战术目标,急于短期内获取某种专业知识资本。成员将专注力和更大成本投入专业水平提升方面,同一产业成员的沟通更为密切,特征路径长度变小,知识资本创造取得了显著成果,专业知识水平大幅度提升,深度势差变小;虽然节点间联结增多,网络密度增大,但由于消除知识资本异质性较为困难,且非成员的侧重目标,因此,联盟知识资本的多样性变化不大,宽度势差仍然大;以专业能力较高的成员为中心节点形成了一些集团形式,但由于中心节点成员的知识资本存量结构单一,还不能成为联盟整体的核心领导者,强度势差表现为中等水平,如图 2-13 中的 C 点。

情形四:深度势差小—宽度势差小—强度势差大

这是云计算产业联盟发展成熟期的典型状态。由于信任、学习、利益分配等机制发展完善,节点间呈现强联系,合作紧密,特征路径长度呈最小化趋势,节点知识资本创造能力大大增强,知识资本存量提升,行业整体专业水平提高,深度势差小;节点间知识资本存量的异质性差异变小,个体间多样性趋同,联盟宽度势差小;个别节点知识资本存量结构全面、质量高,表现出强大的综合发展优势,联盟呈现高聚集度,强度势差大,如图 2-13 中的 D 点。

云计算产业联盟在小世界网络特性的影响下,知识资本存量势差变化会出现上述四种情形,使联盟整体知识资本存量沿着 A→B→D 或 A→C→D 的路径演化,推动了联盟知识资本存量水平逐步提升。当联盟有新成员加入时,知识资本存量的整体演化规律不会发生变化,但 D 点可以保持继续上升的趋势。

通过对云计算产业联盟知识资本增值积累规律的分析,可以为联盟知识资本积累机制的设计提供基础:① 知识资本存量水平提升遵循较为固定的宏观演化路径,但一些因素会影响知识资本存量积累的数量和效率,需要分析。② 在一定范围内缩短宽度势差。将联盟知识资本的异质性控制在合理范围内,有利于联盟知识资本积累,要对联盟知识资本的适配度进行合理优化。③ 缩小深度势差。提高专业化水平处于低位势成员的知识资本存量,从联盟的角度,主要就是对知识资本创造产生的增值部分进行有效积累,这就要做好隐性知识资本的显性化、人力资本组织化和显性知识资本的知识产权保护。④ 提高强度势差。核心成员能够引领联盟发展,促进联盟知识资本创造,对其所在产业的发展也具有积极作用。核心成员要维持和提高其综合竞争力,需要注重优化知识资本存量结构。上述分析中,可将隐性知识资本的显性化、人力资本组织化和显性知识资本的知识产权保护视为联盟知识资本存量持续增长的途径;将知识资本适配度优化、结构优化视为联盟知识资本质量提升的途径。联盟可从数量和质量两个方面分别构建相应机制,促进联盟知识资本积累效率和水平的提升。

2.4　云计算产业联盟知识资本增值机制框架

依据前文分析的云计算产业联盟知识资本增值循环,云计算产业联盟知识资本增值过程是由知识资本源获取、知识资本生产和知识资本积累三个阶段构成的循环。云计算产业联盟知识资本增值过程中每个阶段的效率、保障条件等都直接影响增值的数量和质量,同时也决定了联盟知识资本循环能否持续进行。因此,有必要发挥人的能动性,根据前文分析的每个阶段的运行机理和主要影响因素,构建相应的增值机制,促进云计算产业联盟知识资本高效、可持续增值。

在云计算产业联盟知识资本源获取阶段,从知识资本溢出视角分析溢出源、溢出途径、促进手段及影响因素,有必要设计云计算产业联盟知识资本获取机制;在联盟知识资本生产阶段,从投资和整合视角分析如何进行人力资本投资和结构资本整合的过程优化,及如何对知识资本生产能力进行评价,有必要设计云计算产业联盟知识资本生产机制;在联盟知识资本增值积累阶段,从联盟知识资本存量势差演化的角度,对如何促进联盟知识资本存量的数量增长和质量提升进行研究,有必要设计云计算产业联盟知识资本积累机制。上述研究内容涵盖了云计算产业联盟知识资本增值循环的全部过程,共同构成了云计算产业联盟知识资本增值机制的总体框架,如图 2-14 所示。

2.4.1　云计算产业联盟知识资本获取机制

云计算产业联盟知识资本获取的目的是为下一步联盟知识资本生产提供知

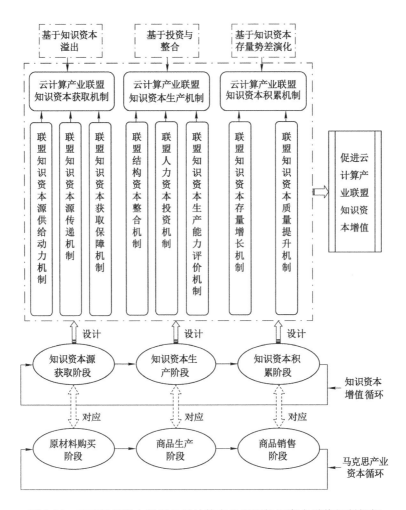

图 2-14 基于知识资本循环的云计算产业联盟知识资本增值机制框架

识性原材料。直接通过市场交易进行购买是组织获得知识性原材料的一般途径,但这并非成员加入联盟的初衷,应该充分利用联盟具备的优势特征,前文中也通过"基于改进的凯尼尔斯模型"论证了知识资本溢出是联盟获取知识资本源的有效形式,联盟可以通过此种方式,以无成本或低成本的代价获得知识性原材料。因此,本书从联盟知识资本溢出角度研究知识资本获取机制,具体包括云计算产业联盟知识资本源供给动力机制、知识资本源传递机制和知识资本获取保障机制。

云计算产业联盟知识资本源供给动力机制主要解决如何提高联盟知识资本溢出方的主观意愿问题,采用适当的手段(联盟机制、政府支持和市场机制)提高溢出动力成为关键。因此,可以利用相关手段设计溢出动力提升的相关机制,促进联盟知识资本源溢出动力的提升。

云计算产业联盟知识资本源传递机制主要解决联盟知识资本源溢出传递效率的问题。由于人力资本和结构资本的差异化特征,适用于不同的传递途径,因此,应基于云计算环境,充分利用云计算产业联盟智慧性的知识管理、成员互补与依赖性、云服务产品应用广泛等特征,分别设计结构资本和人力资本传递途径。

云计算产业联盟知识资本获取保障机制主要解决联盟知识资本溢出的可持续性及有效性问题。为了保障在云计算环境下知识资本源传递机制的有效性及可持续性,必然要求联盟根据一定的标准和角度设计与之适应的相关保障机制。

2.4.2　云计算产业联盟知识资本生产机制

知识资本生产是知识资本循环的核心环节,也只有在这个阶段才能产生知识资本增值。本书构建的知识资本生产螺旋模型——Ⅱ-SECI 模型说明了联盟知识资本生产的一般过程,其中,人力资本投资是人力资本增值的主要途径,结构资本整合是结构资本增值的主要途径。因此,本书从投资和整合的角度研究云计算产业联盟知识资本生产机制,具体包括人力资本投资机制、结构资本整合机制及知识资本生产能力评价机制。

云计算产业联盟人力资本投资机制主要解决如何科学、合理地运用云计算技术提高人力资本投资效率的问题。联盟及个体成员可以基于云计算技术及联盟的特征,对以教育、培训、人员流动和健康等方面为主的传统人力资本投资方式进行深入挖掘和分析,对重点内容进行重新设计,以提高联盟人力资本投资效率。

云计算产业联盟结构资本整合机制主要解决如何在云计算环境下提高整合效率的问题。结构资本主要为显性知识,其选择、融合等环节的效率和质量受相关知识工具的影响明显,通过优化相关流程并合理运用基于云计算的相关知识整合工具,可提高显性知识整合的效率和质量。

云计算产业联盟知识资本生产能力评价的目的在于检测知识资本生产的结果,从而掌握现状并发现问题,以便采取措施进行整改。评价结果可以对联盟知识资本生产的运行进行有效管理,同时,可以对各阶段的相关增值机制进行优化。基于联盟知识资本生产系统构成要素,采用适当的方法进行指标筛选、权重确立及合适的方法进行综合评价,构建联盟知识资本生产能力评价机制。

2.4.3   云计算产业联盟知识资本积累机制

知识资本积累包括两方面内容：一是对生产环节产生的增值部分进行合理留存，增加联盟知识资本存量数量；二是对已有资本存量的合理保护和质量优化。因此，本书从数量和质量角度提出了云计算产业联盟知识资本积累机制，具体包括知识资本存量增长机制和质量提升机制。

云计算产业联盟知识资本存量增长机制主要解决如何使联盟知识资本存量的数量得到提升的问题。从前文的分析来看，"缩小知识资本存量深度势差"能够促进联盟知识资本存量增长，而知识资本增值和知识资本流出是"缩小知识资本存量深度势差"的主要影响因素。因此，有必要从隐性知识资本的显性化、组织化和显性知识的知识产权保护等方面设计有利于联盟知识资本存量增长的相关机制。

云计算产业联盟知识资本质量提升机制主要解决如何使联盟知识资本存量作为再生产的原材料具备最大使用价值的问题。从前文的分析来看，"缩短知识资本存量宽度势差"和"提高知识资本存量强度势差"是从质量角度提高知识资本存量再利用价值的关键，而知识初始存量是"缩短知识资本存量宽度势差"的主要影响因素，知识资本的匹配程度、结构合理性等是"提高知识资本存量强度势差"的主要影响因素。因此，本书分别从优化适配度和知识资本结构的角度提出了应对措施。

第3章　云计算产业联盟知识资本获取机制

获取知识性原材料是知识资本生产循环的首个阶段。本章的目的是对云计算产业联盟知识资本源供给动力机制、传递机制及保障机制进行具体的研究和设计,以此构建云计算产业联盟知识资本获取机制,从而促进知识性原材料获取阶段的效率提升,为知识资本生产打下良好基础。

3.1　云计算产业联盟知识资本获取机制的内涵及影响因素

3.1.1　云计算产业联盟知识资本获取机制的内涵

知识资本获取机制主要研究如何实现联盟知识资本来源供给充足及如何传递的问题,具体是指通过分析促进云计算产业联盟知识资本获取的主要影响因素,设计知识资本获取在驱动、传递及保障顺利进行等方面的作用过程及运行方式。

云计算产业联盟知识资本获取的来源无外乎联盟内部和联盟外部,这与联盟知识资本溢出的内部溢出源和外部溢出源的范围相一致。联盟知识资本的获取途径包括利用市场机制手段从联盟内外部购买、利用联盟相关机制及政府支持政策从联盟内外部获得无偿或低成本知识资本资源。上述途径均包含在本书提出的主动溢出、被动溢出及非正式溢出途径中。知识资本获取的使用者是联盟中知识资本存量处于低位势的成员。

3.1.2　云计算产业联盟知识资本获取的影响因素

3.1.2.1　知识资本类别特性对知识资本获取的影响

本书将知识资本分为人力资本和结构资本两类。人力资本主要通过人力资本流动(被动溢出)和私下交流(非正式溢出)两种途径获得;结构资本可以通过技术转让(主动溢出)、合作创新(主动溢出)、知识模仿(被动溢出)、公共数据资源(非正式溢出)等四种途径获得。获取手段主要包括联盟机制、政府政策及市场机制。其中:联盟机制及政府政策两种手段可以通过设计针对人员或组织的有关激励、资金支持、政策扶持等方面的内容,对人力资本和结构资本的获取起到正向作用;市场机制手段主要涉及价格机制,这是联盟内外部都适用的一种手段,联盟成员并不占更大优势,主要在技术转让途径方面发挥作用。从传递难度方面看,结构资本比人力资本更易于传递,因此,联盟应当重视隐性知识的显性转化。同时,虚拟现实(VR)技术、增强现实(AR)技术等模拟环境的发展,降低了空间距离对人力资本获取的影响,丰富了人力资本获取的形式。

3.1.2.2 成员主体特性对知识资本获取的影响

联盟所有成员均为知识资本获取涉及的主体,根据某一时刻知识资本存量位势的高低,又可划分为知识资本溢出主体和接收主体两大群体。联盟成员的主体特性对知识资本获取的主要影响因素包括三个方面:一是联盟高位势成员的溢出能力,包括途径的选择、信息技术水平、表达能力等,可通过提高进入联盟的标准、补贴、培训等方式提高;二是溢出主体的溢出动力,可以概括为文化和经济两个方面,可利用适当的激励措施、利益分配机制进行提升;三是主体双方的知识资本互补性,体现为知识资本存量势差的状态,可从初始成员选择及存量结构优化等途径提高。

3.1.2.3 联盟特性对知识资本获取的影响

云计算产业联盟作为知识密集型网络组织,联盟的网络结构、云技术水平及组织成员差异性等都会对知识资本获取产生影响。联盟的网络结构会影响知识资本的传递效率,网络关系的强弱会对人力资本的传递效率产生影响;联盟的云技术水平会影响获取途径的多样性、传递及接收成本和效率;联盟组织成员差异性也会对知识资本获取产生影响,包含组织目标、组织文化、制度等方面,体现在沟通成本、信任程度、利益平衡难度及知识保护主义等方面,可以通过设计适当的机制降低其负面影响。

3.1.2.4 环境对知识资本获取的影响

知识资本获取的途径、手段等方面都受所处环境的影响。云计算产业联盟作为新型组织,其所处的技术、政策、市场等环境与传统知识联盟发生了较大变化,对云计算产业联盟知识资本获取环境进行分析,能够提升相关机制设计的科学性、合理性。

1. 云计算技术环境

云计算技术在使用、管理及经济等方面都具有独特的优势特征,这迎合了联盟知识资本获取的需求,主要体现在三个方面:① 大幅度提升了知识资本获取效率。在云环境下,联盟成员可通过各类终端随时随地访问由溢出提供的知识资本资源,并实现高性能计算、灵活调配资源等功能,这种"按需自助、快速聚合"的知识资本获取新模式,为联盟知识资本资源的获取提供了一个良好的平台,使知识资本的获取过程达到空前的便利。② 实现了获取途径及内容的个性化。利用云技术,联盟可为成员进行知识资本获取提供解决方案和统一的云平台,该平台可根据联盟及成员需求定制服务。③ 降低了获取成本。在云计算的环境下,定制服务及资源使用的可计量性,都可以实现按需付费,同时,云计算可以实现跨地域数据资源整合,减少了设备实施的重复建设,降低了联盟知识资本获取成本。

2. 大数据环境

一方面,大数据拓展了知识资本获取来源,是联盟非正式溢出途径中公共数据资源的主要来源;另一方面,云计算与大数据相结合,优化了知识资本获取手段和传递途径,如可以提供"基于情景相似程度的个性化推荐",为联盟知识资本获取的规模性、针对性、实时性和准确性等方面提供了广阔的发展契机。

3. 政府政策环境

近年来,我国相继出台了一系列促进云计算产业发展的政策(如《国务院关于积极推进"互联网＋"行动的指导意见》《促进大数据发展行动纲要》等),可以说云计算产业发展的宏观政策环境已经基本形成。对于云计算产业联盟知识资本获取来说,政府政策环境的主要作用包括三个方面:① 知识资本获取的导向作用。政策具有导向功能,明确了产业发展方向。从知识资本生产循环过程及价值性来看,原材料的定位方向直接影响增值结果,从而影响知识资本增值的使用价值大小。② 知识资本获取的调控作用。政府通过政策,对联盟发展过程中出现的利益矛盾进行调节和控制,主要是对知识资本获取过程中的规范性、知识产权保护等方面进行必要的治理。③ 知识资本获取的激励作用。联盟及其成员可以从政府政策中挖掘潜在市场需求,从而主动获取相关知识资本,占领先机。另外,政府的税收、补偿、贷款等相关政策都会对联盟知识资本获取起到直接的激励作用。

3.2　云计算产业联盟知识资本源的供给动力和传递模型

为了进一步理清云计算产业联盟知识资本获取行为与内在机制之间的复杂依赖关系,通过采取建模及仿真的方法,揭示子系统之间产生变化的因果关系,提炼联盟知识资本获取的主要影响因素及一般影响规律,为联盟知识资本源供给的动力机制、传递机制及保障机制的具体设计提供依据。

3.2.1　基于系统动力学的知识资本源供给动力模型

3.2.1.1　知识资本源供给的系统分析

利用系统动力学分析问题,研究对象必须满足一些基本特征,包括内部结构的耗散特征、有清晰的界限、影响因素之间有因果关系及动态变化具有规律性[95]。云计算产业联盟的知识资本源供给,主要研究的是知识资本在联盟成员溢出主体与接收主体之间的流动,有明确的边界,是一种包含反馈的双向交流,因果关系明显,整体知识资本系统具有不断增长的耗散特征。因此,云计算产业联盟知识资本源供给可以采用系统动力学方法进行建模和分析。

3.2.1.2　知识资本源供给主要影响因素分析

考虑云计算产业联盟的特点,可从"联盟整体影响因素"和"联盟成员个体影响因素"两个维度来进行研究。

联盟整体影响因素主要包括两方面:联盟云水平和联盟关系质量。联盟云水平是根据云计算产业联盟均由云计算产业链上下游企业和相关组织构成,以提供云服务为核心这一实际情况提出,具体包括经济性、技术水平、质量水平、敏捷性和用户友好性等指标,能综合反映联盟整体对云计算技术的研发能力和应用水平,直接影响联盟伙伴间的知识资本溢出效率和知识资本接收水平;联盟关系质量主要指联盟相关机制所保障的伙伴间的信任水平、利益分配有效性、遏制保护主义等方面,直接影响知识资本溢出方溢出知识资本的总体数量和积极性。

联盟成员个体影响因素主要包括知识资本生产能力、溢出能力、知识资本存量势差和联盟组织差异四方面。其中,知识资本生产能力包含知识资本溢出与接收双方的生产能力,这是联盟成员产生知识资本增值的主要源泉,也是联盟能够稳定发展的基础;溢出能力包含知识资本存量中能够进行知识资本溢出的数量、知识资本溢出发生的成本,以及知识资本能否以最优方式进行表达的能力等;知识资本存量势差是保障联盟成员间知识资本溢出的动力基础,势差的大小直接影响溢出知识资本量的大小;联盟组织成员差异包含组织目标、组织文化、知识资本类型等区别,直接影响接收方能够真正利用的知识资本的数量,组织差异与接收知识资本数量成反比[96]。

3.2.1.3　知识资本源供给主要因果关系

根据知识资本源供给的主要影响因素,建立了云计算产业联盟知识资本源供给因果关系图(为了便于描述,本书用 KCS 表示知识资本溢出方,KCR 表示知识资本接收方),如图 3-1 所示。

主要回路:

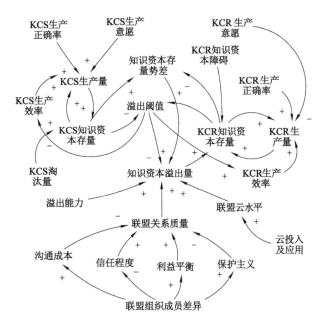

图 3-1 云计算产业联盟知识资本源供给因果关系图

（1）KCS 知识资本存量→溢出阈值→KCS 生产效率→KCS 生产量→KCS 知识资本存量；

（2）KCR 知识资本存量→溢出阈值→KCR 生产效率→KCR 生产量→KCR 知识资本存量；

（3）KCR 知识资本存量→溢出阈值→知识资本溢出量→KCR 知识资本存量；

（4）知识资本存量势差→知识资本溢出量→KCR 知识资本存量→知识资本存量势差。

上述 4 条回路前 3 条为正反馈回路，最后 1 条为负反馈回路，均从不同角度反映了知识资本溢出的因果关系。

溢出阈值反映了云计算产业联盟知识资本溢出方对于核心竞争知识资本产权的保护，以保证自身行业的领先地位，符合市场竞争的实际情况。知识资本存量势差是指溢出者和接收者知识资本存量的相似程度，是不同知识资本主体间知识资本溢出行为的动力，当二者知识资本存量势差较小时，知识资本不再溢出。

3.2.1.4 知识资本源供给的系统动力学模型

1. 模型边界及假设条件

本模型确定的边界为云计算产业联盟的知识资本溢出行为以及影响知识资本溢出行为的要素集合。

模型的基本假设:① 云计算产业联盟成员数量是固定的;② 云计算产业联盟内部存在知识资本存量势差,知识资本溢出方的知识资本存量位势高于知识资本接收方;③ 知识资本溢出方的知识资本生产效率高于知识资本接收方;④ 知识资本溢出方的生产意愿大于知识资本接收方,以保证领先地位;⑤ 知识资本接收方吸收了经过知识资本溢出方验证的领先知识资本并用于消化再生产,生产知识资本的正确率高于知识资本溢出方。

2. 系统流图

在考虑了数据的可计算性和现实性的基础上,对因果关系图进行了简化与总结,得出云计算产业联盟知识资本源供给系统流图,如图 3-2 所示。

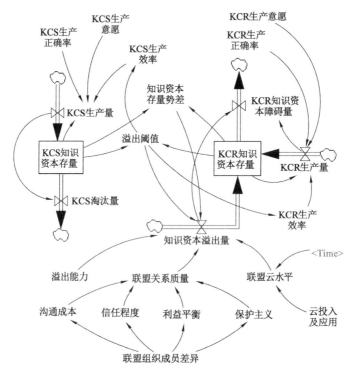

图 3-2 云计算产业联盟知识资本源供给系统流图

在这个系统中,包含状态变量(L)2 个,流率变量(R)5 个,辅助变量(A)10 个,常量(C)6 个,共 23 个变量。

3. 主要方程设计及说明

(1) INITIAL TIME=0。

(2) FINAL TIME=48。

(3) L1:KCS 知识资本存量=INTEG(KCS 生产量-KCS 淘汰量,90)。

(4) L2:KCR 知识资本存量=INTEG(知识资本溢出量+KCR 生产量-KCR 知识资本障碍量,20)。

(5) R1:KCS 生产量=KCS 知识资本存量 * KCS 生产效率 * KCS 生产正确率 * KCS 生产意愿。

(6) R2:KCS 淘汰量=STEP(KCS 生产量 * 0.2+0.1,3)。

随着新知识资本的不断产生,必然会产生一定量的无价值知识资本需要淘汰。因新知识资本的产生和无价值知识资本的甄别需要一定时间,所以用阶跃函数模拟该过程。设生产知识资本中存在 20% 的无价值或失败知识资本;知识资本淘汰的初始值为 0.1;知识资本淘汰从知识资本溢出的第 3 个月开始。

(7) R3:KCR 生产量=KCR 知识资本存量 * KCR 生产效率 * KCR 生产意愿 * KCR 生产正确率。

(8) R4:KCR 知识资本障碍量=STEP(KCR 生产量 * 0.3+知识资本溢出量 * 0.15,3)。

由于知识资本接收方的知识资本存量位势低于知识资本溢出方,生产失败的概率必然高于知识资本溢出方,所以设为 30%;同时由于组织差异、信任、技术水平等问题,会造成部分溢出知识资本的接收或应用失败,设此类损失为 15%;由知识资本障碍产生的知识资本损耗从第 3 个月开始。

(9) R5:知识资本溢出量=DELAY1I(IF THEN ELSE(溢出阈值<0.8,知识资本存量势差 * 联盟云水平 * 联盟关系质量 * 溢出能力,0),3,0)。

溢出知识资本总量采用一阶延迟函数来模拟。当转移阈值达到 0.8 以后,知识资本溢出方即不再把知识资本向接收方溢出,此时,溢出的知识资本量为 0。转移阈值是否达到了 0.8,知识资本溢出方需要一定的时间进行判断,设延迟 3 个单位。

(10) A1:知识资本存量势差=KCS 知识资本存量-KCR 知识资本存量。

(11) A2:溢出阈值=KCR 知识资本存量/KCS 知识资本存量。

(12) A3:KCR 生产效率=0.2 * 溢出阈值。

(13) A4:KCS 生产效率=0.4 * 溢出阈值。

(14) A5:联盟云水平=云投入及应用 WITH LOOKUP(Time,([(0,0)-(48,

1)],(0,0.4),(48,0.8))。

用表函数来模拟联盟云计算研发与应用水平的逐步提升状态,云水平的提升会提高知识资本溢出的效率,提高联盟各方吸收新知识资本的能力。假设仿真时间内步长为48,初值和终值分别为0.4和0.8。

(15)A6:联盟关系质量=沟通成本 * 信任程度 * 利益平衡 * 保护主义。

联盟关系质量反映了联盟选择成员伙伴相关机制的科学性和合理性,同时包含信任机制、激励机制及知识资本产权保护机制,该仿真时间内规定它们与知识资本发送方的知识资本溢出意愿呈正相关关系,且分别在[0,1]之间取值。

(16)A7:沟通成本=0.3 * 联盟组织成员差异。

(17)A8:信任程度=1−联盟组织成员差异。

(18)A9:利益平衡=0.4 * 联盟组织成员差异。

(19)A10:保护主义=0.5 * 联盟组织成员差异。

(20)C1:KCS生产正确率=0.4。

(21)C2:KCS生产意愿=0.7。

(22)C3:KCR生产意愿=0.25。

(23)C4:KCR生产正确率=0.6。

(24)C5:溢出能力=0.4。

(25)C6:联盟组织成员差异=0.5。

4. 模型仿真

模型采用Vensim PLE软件环境构建并仿真。模型的仿真时间为48个月;知识资本溢出方的知识资本存量初始值设定为90;知识资本接收方知识资本存量初始值设定为20。

(1)有效性检验。根据设定的初值参数可进行知识资本供给的仿真,结果如图3-3所示。

从图3-3的仿真结果可以得出:

联盟知识资本溢出方和接收方的知识资本存量都呈不断增长的趋势。溢出方在知识资本溢出之前有较高的知识资本存量,且溢出方的知识资本生产能力较强,效率和意愿均较高,使自身的知识资本总量螺旋上升;知识资本接收方知识资本总量增加源于获取了溢出的知识资本以及进行知识资本再生产后产生的增值积累行为。

联盟知识资本溢出方和接收方知识资本存量势差呈现逐渐增大的趋势,主要原因有以下两点:一方面是由于知识资本溢出方本身具有较强的生产能力;另一方面是知识资本接收方由于能力较弱,因此接收溢出知识资本后需要消化过程,且随着溢出知识资本量达到了溢出阈值的临界点,知识资本溢出方停止向知

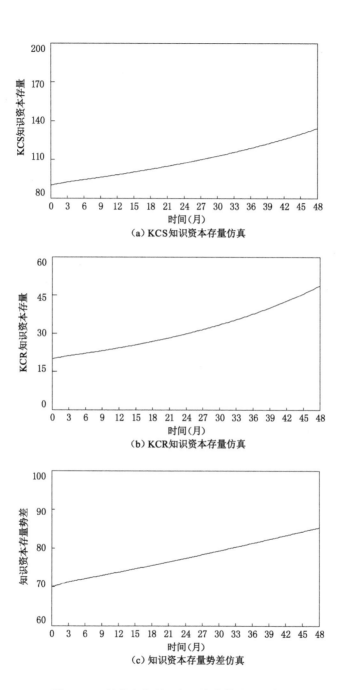

（a）KCS知识资本存量仿真

（b）KCR知识资本存量仿真

（c）知识资本存量势差仿真

图 3-3　云计算产业联盟知识资本供给过程仿真

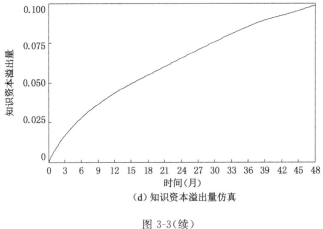

（d）知识资本溢出量仿真

图 3-3（续）

识资本接收方溢出知识资本,影响知识资本存量的快速增加。

联盟知识资本溢出量随着时间推移逐步上升,且前 3 个月增长速度较快,这是因为溢出方和接收方的知识资本淘汰量均设定了 3 个月的延迟,而后,联盟内部随着联盟云水平、知识资本生产量的不断增加,知识资本溢出量也不断增加。

（2）灵敏度分析。灵敏度分析通过改变模型中的相关参数或者模型结构,将模型运行结果与原模型进行对比,得出相关参数和结构改变对模型的影响程度,为实际工作提供理论依据和决策支持。灵敏度分析主要包括结构灵敏度分析和参数灵敏度分析。本书选取主要参数对模型的灵敏度进行分析。

首先,对"联盟组织成员差异"进行灵敏度分析,保持联盟云水平、知识资本溢出能力参数不变。联盟组织成员差异的初始参数为 0.5,改变参数数值分别为 0.2、0.3、0.4、0.6、0.7、0.8、0.9,运行后可得到 8 条曲线,如图 3-4 所示。

通过观察图 3-4（a）可以得出,联盟组织成员差异度影响知识资本溢出量。当联盟组织成员差异度小于 0.7 时,随着差异度增大,知识资本溢出量随之增加,但未达到最大值;当联盟组织成员差异度大于 0.8 时,知识资本溢出量转而减小;曲线 6 与曲线 7 的曲线基本重合,且为最高值,分别对应差异度为 0.7 和 0.8。因此,联盟组织成员差异度存在最优区间[0.7,0.8],即当联盟组织成员的差异被调整到一个适当的范围时,最有利于联盟知识资本溢出,这与实际情况是相符合的。

从 KCR 生产量[图 3-4（b）]来看,总体呈现先降后升的趋势,说明联盟组织成员的差异存在一个适应调整期,在适应调整期阶段,由于个体组织文化、组织目标等差异较大,造成沟通成本较高、保护主义严重、信任水平较低的局面,处于

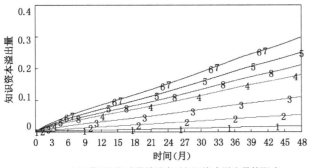

（a）联盟组织成员差异度对知识资本溢出量的影响

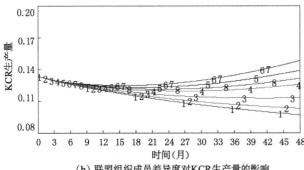

（b）联盟组织成员差异度对KCR生产量的影响

图 3-4　联盟组织成员差异的灵敏度仿真

知识资本存量低位势的成员不能有效开展新的知识资本生产；当渡过调整期并使联盟组织成员的差异达到最优水平时，KCR 生产量开始逐步提升并快速增加。本书认为这与实际情况也是相符合的。

　　其次，对联盟"溢出能力"进行灵敏度分析，保持联盟云水平、联盟组织成员差异参数不变。联盟组织成员差异的初始参数为 0.4，改变参数数值分别为 0.2、0.3、0.5、0.6、0.7，运行后可得到 6 条曲线，如图 3-5 所示。

　　由图 3-5 可以看出，联盟溢出能力水平的变化引起了知识资本溢出量和 KCR 知识资本存量的显著变化，且呈正向变化，模型对联盟溢出能力水平有较高的灵敏度。

　　再次，对"联盟云水平"进行灵敏度分析，保持联盟组织成员差异、知识资本溢出能力参数不变。联盟云水平的初始参数为 0.8，仿真结果如图 3-6 中曲线 4 所示。将联盟云水平的阈值由初始值 0.8 分别降低到 0.7、0.6 和 0.5，得到图 3-6 中的曲线 3、曲线 2 和曲线 1；再将阈值提高到 0.9，得到图 3-6 中的曲线 5。从图 3-6 中可以看出：联盟云水平的变化引起了知识资本溢出量的显著变化,且呈正向变化,模型对联盟云水平有较高的灵敏度;联盟云水平的变化也会引起 KCR 知识资本存量的变化,且呈正相关关系。

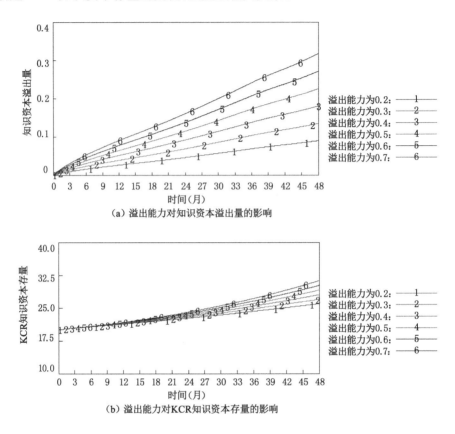

（a）溢出能力对知识资本溢出量的影响

（b）溢出能力对KCR知识资本存量的影响

图 3-5　联盟溢出能力的灵敏度仿真

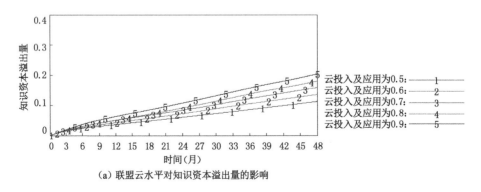

（a）联盟云水平对知识资本溢出量的影响

图 3-6　联盟云水平的灵敏度仿真

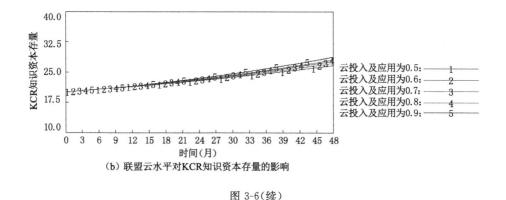

（b）联盟云水平对KCR知识资本存量的影响

图 3-6（续）

3.2.2　基于传染病模型的知识资本源传递模型

数学建模与仿真方法是研究传染病传播过程的有效途径，较为典型的模型为 SIR 模型。SIR 模型将人群分为三类，易感染者（Susceptible）、已感染者（Infective）及治愈后有很强免疫力的移出者（Removed）。通过设定恰当的假设，依据传播机理建立模型，而后通过数值模拟反映疾病传播的趋势和规律。借鉴传染病模型的研究思路，云计算产业联盟内的知识资本传递规律也可以基于传染病模型进行分析。

3.2.2.1　传染病模型对知识资本传递研究的适用性分析

知识资本传递与传染病传播机理有本质上的一致性：① 有"病原体"。云计算产业联盟知识资本具有高、低位势之分，处于相对高位势的知识资本是潜在的"病原体"，其主要源自联盟知识资本溢出。拥有高位势知识资本的成员（组织或人员）可称为传递者。② 有"传染性"。高位势的知识资本被拥有低位势知识资本的成员了解、接受，表现出一定的传染性。拥有低位势的知识资本成员可称为无知者。③ 有"免疫性"。传染病模型中，不受病毒影响的个体具有免疫性，但免疫性是有时效的，即具有免疫性的个体在一定时间后也可能再次受传染。联盟知识资本传递过程中的免疫性指接收到新知识资本但不再传递，具有此类行为的成员可称为潜伏者。需要说明，文化、经济等环境的变化可能促使潜伏者成为传递者[97]。

将传染病模型中的关键概念对应地迁移到联盟知识资本传递中，对应关系如表 3-1 所示。

表 3-1 传染病模型与知识资本传递的对应概念

序号	传染病模型	赋予的新含义	知识资本传递
1	病毒	被传递的高位势知识资本	新知识资本
2	病毒携带者	拥有高位势知识资本的联盟成员	传递者
3	易感者	处于低位势知识资本的联盟成员	无知者
4	移出者	接收到新知识资本但拒绝再传递的联盟成员	潜伏者
5	感染者	接受新知识资本的联盟成员	接受者
6	感染率	每个传递者单位时间成功传递的平均无知者数量	传染率

3.2.2.2 模型假设

（1）联盟成员总数为 N，成员分为无知者（S）、传递者（I）和潜伏者（R）三类，三类成员数量在 t 时刻占成员总数的比例分别为 $s(t)$、$i(t)$ 和 $r(t)$，可得 $s(t)+i(t)+r(t)=1$。

（2）无知者（S）、传递者（I）和潜伏者（R）三者的初始比例值分别为：s_0、i_0、r_0。

（3）当联盟有新知识资本溢出时，每个传递者在单位时间内能够有效传递给无知者的数量为 λ，本书称 λ 为传染率。

（4）由于各种影响因素，传递者不再进行新知识资本的传递活动，这种情况发生的概率为 σ，本书称 σ 为衰减率。

（5）接收到新知识资本的潜伏者，由于外界影响因素的刺激，由拒绝新知识资本的传递转为进行新知识资本的传递而成为传递者，这种情况发生的概率为 μ，本书称 μ 为衍生率。

（6）接收到新知识资本的无知者，由于各种因素的影响，拒绝进行再次传递而直接成为潜伏者，这种情况发生的概率为 υ，本书称 υ 为转化率。

3.2.2.3 模型构建

根据以上假设，联盟成员间知识资本传递的过程可以用框架图描述，如图 3-7 所示。

根据图 3-7 的描述及假设条件，建立相应的 SIR 模型。

传递者增加的数量应为：

$$N\frac{\mathrm{d}i}{\mathrm{d}t} = \lambda si N - \sigma i N + \mu \dot{r} r N \tag{3-1}$$

潜伏者增加的数量应为：

$$N\frac{\mathrm{d}r}{\mathrm{d}t} = \sigma i N - \mu \dot{r} r N + \upsilon i N \tag{3-2}$$

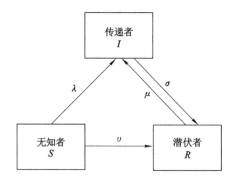

图 3-7　联盟成员间知识资本传递框架图

由式(3-1)和式(3-2)可建立联盟知识资本传递 SIR 模型,用微分方程组表示为:

$$\begin{cases} \dfrac{\mathrm{d}s}{\mathrm{d}t} = -\lambda si - \upsilon i \\[2mm] \dfrac{\mathrm{d}i}{\mathrm{d}t} = \lambda si - \sigma i + \mu ir \\[2mm] \dfrac{\mathrm{d}r}{\mathrm{d}t} = \sigma i - \mu ir + \upsilon i \end{cases} \tag{3-3}$$

3.2.2.4　数值仿真

设置 SIR 模型的相应参数,运用 MATLAB 2014a 软件进行模拟仿真。

设初始值 $s_0 = 0.92, i_0 = 0.03, r_0 = 0.05, \lambda = 3, \sigma = 0.4, \mu = 0.2, \upsilon = 0.3$,可得 $s(t)$、$i(t)$ 及 $r(t)$ 的数值仿真曲线结果如图 3-8 所示。

从图 3-8 中可以看出:知识资本传递者比例先迅速上升达到最大值后又开始下降,并最终趋于 0,表示联盟无知识资本可以传递的状态;无知者比例逐渐下降,最终为 0,表示低位势的联盟成员最终都获取了溢出的知识资本;潜伏者比例最终上升至最大值,表示联盟中所有传递者和无知者都转变为潜伏者,联盟达到暂时知识资本势差平衡的状态,等待拥有新知识资本的传递者的出现。

为了验证模型的敏感性,改变初始参数,分析不同参数对联盟知识资本传递效果的影响。对于联盟知识资本传递来说,能够提高联盟知识资本传递者比例,或者在均衡之前能够减少潜伏者比例,或者缩短联盟知识资本势差均衡时间都是有利于联盟知识资本传递的正向行为。

(1)增加 λ 取值,令 $\lambda = 5$,其余参数不变,可得图 3-9,其中 $s'(t)$、$i'(t)$ 及 $r'(t)$ 表示改变参数后的对应曲线变化,用虚线表示。

从图 3-9 中可以看出:当传染率 λ 增加时,直接影响的是 $i(t)$ 曲线的变化,

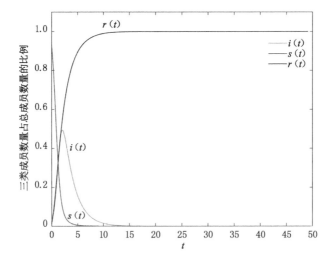

图 3-8 $s(t)$、$i(t)$ 及 $r(t)$ 的数值仿真曲线

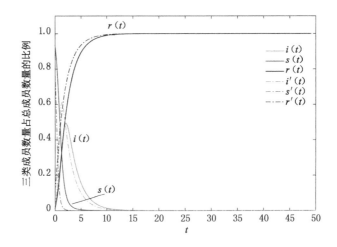

图 3-9 增加 λ 取值的数值仿真曲线

$i(t)$ 向左下方移动,传递者比例最大值高于原值,表示联盟知识资本传递者比例在更短的时间内迅速增加到最大值,能够促进传递效率;$i(t)$ 曲线的变化导致了 $s(t)$ 向左下方移动,表示无知者比例在更短时间内迅速下降为 0,也使 $r(t)$ 曲线更加陡峭,表示联盟整体知识资本在更短时间内传递完毕,实现知识资本势差均衡。这说明提高联盟知识资本传染率,可以提高联盟知识资本的传递效率,同时扩大被传递知识资本的影响力,从而促进联盟知识资本的获取行为。因此,联盟应该采取措施强化这一指标。

（2）增加 σ 取值，令 $\sigma = 0.55$，其余参数不变，可得图 3-10。

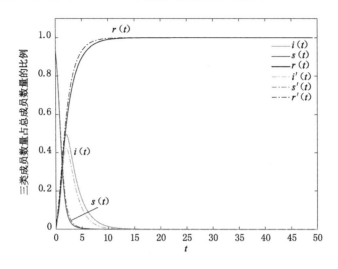

图 3-10　增加 σ 取值的数值仿真曲线

从图 3-10 中可以看出：当衰减率 σ 增加时，直接导致 $i(t)$ 曲线定点下降，表示减缓了传递者比例的变化，促进了潜伏者比例增加，降低了联盟知识资本传递效率，导致 $s(t)$ 曲线出现向右移动的趋势，增加了联盟知识资本均衡时间。这说明，衰减率对联盟知识资本传递起负效应，联盟应采取措施弱化这一指标。

（3）增加 μ 取值，令 $\mu = 0.35$，其余参数不变，可得图 3-11。

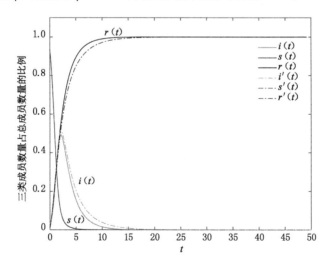

图 3-11　增加 μ 取值的数值仿真曲线

从图 3-11 中可以看出:当衰减率 μ 增加时,$i(t)$ 曲线有向右上方移动的趋势,且定点上升,$s(t)$ 曲线变化不显著,但 $r(t)$ 曲线有向右下方移动的趋势。这表示当衍生率增加时,减缓了潜伏者比例的增加速度,加快了传递者比例的增加速度,有利于联盟知识资本传递。这说明衍生率对联盟知识资本传递起正效应,联盟应采取措施强化这一指标。

（4）增加 υ 取值,令 $\upsilon = 0.45$,其余参数不变,可得图 3-12。

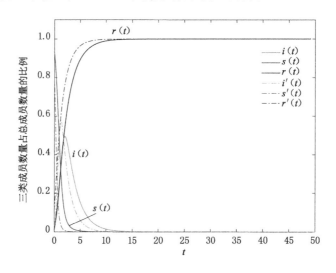

图 3-12　增加 υ 取值的数值仿真曲线

转化率 υ 增加直接影响 $s(t)$ 曲线的变化,由于潜伏者会以比率 μ 转化为传递者,因此间接影响 $i(t)$ 曲线的变化。从图 3-12 中可以看出:$s(t)$ 曲线向左下方移动,$i(t)$ 曲线向左下方移动,且定点高于原值,说明联盟中初始具有待传递的新知识资本的成员数量越多,同样有利于联盟知识资本传递,减少了联盟知识资本均衡时间,转化率间接对联盟知识资本传递产生了正向影响。

3.2.3　模型分析与策略建议

3.2.3.1　针对联盟组织成员差异的分析与建议

仿真结果表明,联盟组织成员差异的合理优化,有助于促进联盟知识资本的溢出,提升知识资本源供给水平。联盟成员由于组织文化、组织目标、价值观念等的不同,客观存在差异。成员间的差异过大或雷同,都不利于联盟知识资本的溢出及知识资本再生产的进行,因此,必须通过相关机制的设计,使差异进行适当协同,达到一个合理范围,有助于联盟知识资本获取目标的实现。一是设计联盟文化协同机制。现有研究已经表明,有效的跨组织文化协同可以实现降低组织间沟通成本和知识资本保护主义的目的,同时也有助于提升联盟知识资本溢出意愿和动力。二是设计适当的利益平衡机制。从本质上讲,利益驱动是知识资本溢出和生产的主观动力。利益平衡机制主要解决知识资本溢出方的经济补偿和联盟知识资本增值的再分配问题,可利用联盟的管理权限,以契约形式设计联盟的交叉补贴机制和利益分配机制,并合理利用政府的资金支持政策。三是设计联盟的信用保障机制。联盟的信用水平直接影响组织合作和人员交流,影响人力资本和结构资本的溢出水平;良好的信用环境是联盟知识资本获取的基础,是其他相关机制能够顺利进行的保证。

3.2.3.2　针对联盟溢出能力的分析与建议

仿真结果表明,联盟溢出能力的提高有助于促进联盟知识资本的溢出,也有助于 KCR 知识资本存量的增长。溢出能力主要包含溢出方能够进行知识资本溢出的数量、知识资本获取过程中发生的成本以及表达能力等方面。从联盟运行的实际情况来看,提升知识资本溢出能力,主要依靠云计算相关技术水平的提升来获得。

3.2.3.3　针对联盟云水平的分析与建议

仿真结果表明,联盟云水平的提高有助于促进联盟知识资本的溢出,提升知识资本源供给水平,也有助于加快知识资本接收方获取其需求知识资本量的进程,提高自身知识资本生产效率,这是联盟知识资本存量处于低位势成员加入联盟希望达成的目标之一。在云计算产业联盟知识资本获取环节,联盟云水平直接影响溢出知识资本的传递效率,也直接影响获取的知识资本质量,因此,在联盟知识资本源传递机制的设计中,应考虑充分利用云计算技术,注重经济性、技术水平、质量水平、敏捷性和用户友好性等指标,结合人力资本和结构资本的不同特点,将云计算技术合理融入具体机制的设计中,设计涉及基于云水平的联盟成员准入标准,作为保障机制的重要组成部分。

3.2.3.4　针对传染病模型知识资本传递的分析与建议

仿真结果表明,传染率、衍生率和转化率会直接或间接对联盟知识资本传递产生正向影响,而衰减率会对联盟知识资本传递产生负向影响。联盟应该采取措施提高传染率,即提高成员知识资本传递的能力;提高转化率,即提高拥有高位势知识资本的初始成员数量;提高衍生率或降低衰减率,即提高成员进行知识资本传递活动的意愿。基于不同知识资本类别具有的不同特点,可分别设计结构资本和人力资本的传递途径。

3.3　云计算产业联盟知识资本源供给动力机制

3.3.1　基于多元组织的联盟文化协同

因为云计算产业联盟中的组织成员来自不同地域,且具有不同的行业背景和自身发展历程,所以联盟成员组织文化的构成客观上是多元的,彼此间存在较大差异甚至冲突。因此,设计联盟多元组织文化协同的过程及策略,使联盟形成共同文化认知和多元文化并存的氛围,以促进目标趋同、降低沟通成本、增强共享意愿,是联盟知识资本源供给动力提升的有效途径。

3.3.1.1　联盟多元组织文化协同的维度划分

基于人们对组织文化的共同认知,可以从三个方面概括组织文化的构成:一是表面层的物质文化,如组织容貌、设备状况、产品外观、商标设计等;二是中间层的制度文化,如决策制度、激励制度等;三是核心层的精神文化,如价值观念、团队意识、行为规范等。

基于本书机制设计的需求,将联盟多元组织文化协同的维度划分为两类,包括联盟内在精神文化协同和联盟外在制度文化协同。其中,联盟内在精神文化是联盟内在拥有的抽象意识形态的集合,主要包括联盟文化、共享价值观、创新精神、诚信等方面的内容;联盟外在制度文化是联盟进行知识资本生产循环中涉及的各种制度规范,主要包括利益分配制度、奖惩制度等。从联盟知识资本源供给的角度来看,精神文化的协同能够促使联盟成员达成一致的动机和愿景,提升联盟知识资本源的供给动力;制度文化的协同能够规范联盟成员的行为,规避或减少“搭便车”“根植性”“技术锁定”等现象的发生,有利于联盟成员形成利益共同体,进而增强联盟知识资本源的供给动力。

3.3.1.2　联盟多元组织文化协同过程

根据联盟文化协同的动因,可将文化协同划分为接触、整合、强化及拓展四个阶段,这是联盟在文化协同过程中意识形态需求变化过程的体现,每个阶段都有与之匹配的支持内容,如图 3-13 所示。

(1)接触阶段。合作开展知识资本增值活动的目的是使联盟成员产生接触行为,组织文化的差异开始呈现,由此产生组织文化协同的共同需求。

(2)整合阶段。联盟成员的组织文化差异会导致内在精神文化冲突和外在制度文化冲突,由此产生了化解冲突的需求。一是进行文化冲突的界定;二是展开“求同存异”的整合行为。联盟文化整合的目标是在保留成员个性文化的基础上,构建统一的联盟文化,即求同存异,由此促使成员具备共同的意识形态,产生

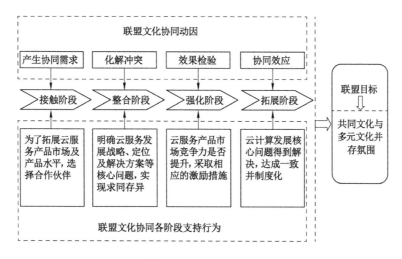

图 3-13　云计算产业联盟多元组织文化协同过程

互惠行为。

（3）强化阶段。当联盟进行文化整合后，必然产生效果检验的需求。效果检验的主要方式就是联盟成员的行为评估，并通过奖惩手段强化正向效果。效果评估有助于成员正确认识自身及合作方行为，并调整双方行为，对于产生正负效果的不同行为进行强化。强化的措施可以包括奖励措施和惩罚措施，奖励和惩罚措施都能够显著地提高联盟文化整合的效果。

（4）拓展阶段。联盟通过接触、整合及强化阶段，建立了共同文化认知，对文化协同效应的期望加强。联盟新的协同文化氛围，吸纳了各方优势，又摒弃了各方缺点，促使联盟成员进行自我组织文化的重建和更新，一是用先进文化替代落后文化，二是不同文化兼收并蓄。联盟成员组织文化的重建和更新会进一步促进联盟组织文化协同效应的产生。

3.3.1.3　联盟多元组织文化协同策略

联盟多元组织文化协同过程需要经历上述四个阶段，每个阶段都有相应的意识形态需求和支持行为，但要满足相应的意识形态需求及使支持行为具有可行性，还必须掌握和应用一定的策略（由联盟内在精神文化协同策略和联盟外在制度文化协同策略组成），如图 3-14 所示。

（1）联盟内在精神文化协同策略。一是开展文化培训。通过培训，促进联盟成员间的相互信任关系，增强认同感，达成共同愿景。联盟文化培训的内容应根据组织文化差异的状况及联盟目标来设定，一般包括经验技能和知识认知等方面的内容。培训方法多种多样，可根据成员偏好进行选择，如知识传递、情感

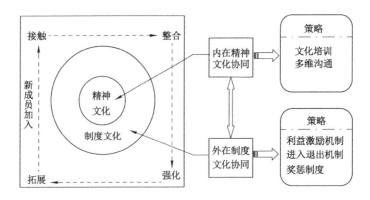

图 3-14　云计算产业联盟多元组织文化协同策略

分析、实验室体验等。二是进行多维沟通。沟通是联盟与成员之间、成员与成员之间思想与感情传递和反馈的过程,良好的沟通能够达成思想的一致性和感情的通畅性。多维沟通即在联盟中建立多种沟通方式,如建立正式的沟通渠道、深度会谈机制及联盟网络沟通平台等。

（2）联盟外在制度文化协同策略。只有通过强有力的管理制度,才能对联盟成员个体形成行为约束和行动向导。一是建立利益激励机制。利益机制的设计核心必须满足联盟成员各方的利益诉求,基于投入与产出的比例关系,通过契约形成利益共同体,从而产生精神文化协同的激励效应。二是建立成员准入标准及退出机制。在云计算产业联盟的组建阶段,联盟就要考虑不同组织文化的兼容性问题,应该通过一定的程序判断潜在合作伙伴的组织文化类型,测度其与联盟本身及已有成员之间的组织文化差距,从而决定是否引入;同样,对于成为联盟合作伙伴的成员,如组织文化整合失败,则应出于联盟整体利益的考量,采用成员退出机制。三是建立奖惩制度。对于在联盟多元组织文化协同过程中发挥积极作用的成员,应该进行适当形式的奖励(既包括精神奖励,又包括如补贴、补偿、知识产权分配等经济性奖励),以强化其正向行为。对于出现对组织文化协同存在负向行为的成员,如其存在改正空间,未达到退出标准,则需采取一定的惩罚性措施,以减少负向行为的发生。奖惩制度都能产生使联盟多元组织文化协同向预设目标发展的积极效应。

3.3.2　基于 Shapley 值法的联盟利益分配

从联盟知识资本源供给的角度来说,良好的联盟利益分配机制,能使联盟成员对未来收益产生良好预期,使合作意愿增强,是联盟知识资本源供给的主要动力。目前,利用 Shapley 值法解决多人合作对策中的利益分配问题是学者们的研究热点。用 Shapley 值法进行利益分配,能够在一定程度上避免平均分配的现象,但该方法仅从个体贡献率单一角度出发,没有考虑影响分配公平的其他影响因素。因此,本书将对 Shapley 值法进行修正,基于云计算产业联盟实际运作的特点,综合考虑贡献水平、资本投入、知识资本溢出及风险程度等四个方面的因素,通过进行群体加权得出联盟成员个体的最终利益分配值,使利益分配更加公平合理。

3.3.2.1　联盟利益分配原则

云计算产业联盟成员各方形成的是一种典型的"非零和博弈",只有在公平互惠原则基础上设计的利益分配方式才能实现"双赢"或"多赢"的共同目标。从成员角度来讲,应保证其获益能弥补机会成本,即加入联盟后的收益不少于其独立发展的收益。从联盟整体来说,互惠互利是指良好的利益分配方式可以有效调动成员积极性,实现联盟整体利益最大化。公平互惠原则的具体体现就是成员的贡献率、投入的资本及承担的风险程度都要与应获得的收益匹配,显然,上述三者与收益呈正相关关系,贡献率越大、投入的资本越多、承担的风险程度越高,则应获得的收益也就越大。

3.3.2.2　联盟利益分配的主要影响因素

基于云计算产业联盟运营实际,本书从产出贡献额、资本投入量、知识资本溢出水平及风险承担程度等四个方面的因素考虑联盟利益分配问题。

(1)产出贡献额。联盟成员的产出贡献是指成员参与合作后的有效性,即通过一定数量资源的投入,是否使联盟利润、人力资本或结构资本等各方面得到有效产出,即成员通过投入为联盟做出了多大贡献。产出贡献也是利用 Shapley 值法进行利益分配的出发点。

(2)资本投入量。联盟投入运营必须要有一定数量的资本投入,资本投入包括资金形式的投入及隐性知识资本和显性知识资本形式的投入。联盟成员的收益大小与各种形式的资本投入量成正比,资本投入越大,收益越大。

(3)知识资本溢出水平。云计算产业联盟作为知识密集型联盟,知识资本溢出水平对联盟知识生产效率产生直接影响。知识资本溢出水平是指联盟成员能够从其中某一成员处获得的知识资本数量。

(4)风险承担程度。云计算作为新兴技术,面临的风险主要包括技术风险、信用风险、市场风险、财务风险、政策风险等。承担风险程度更大的一方,在利益分配时理应获得较多的风险补偿。各风险系数的确定可采用层次分析法、模糊综合评价法等。

3.3.2.3 基于修正 Shapley 值法的联盟利益分配机制

1. Shapley 值法原型——基于产出贡献额的利益分配

Shapley 值法需要满足以下三条基本假设：

（1）有效性。如成员对联盟没有产出贡献，则收益分配为 0；所有成员可分配利益和等于联盟总收益，即满足公式 $\sum_{i=N}\varphi_i(v)=v(N)$，其中，$N$ 为联盟，$\varphi_i(v)$ 表示成员 i 的分配收益，$v(N)$ 为联盟总收益。

（2）对称性。如果联盟成员对 N 的所有子集 S' 都有相同的边际贡献，那么它们是对称的，应有相同的利益分配份额。公式表达为 $\varphi_i(v)=\varphi_j(v)$，其中，$i,j$ 为联盟子集。

（3）可加性。可加性是指联盟的收益等于所有成员分别独立进行博弈的利益之和，即满足公式 $\varphi_i(\mu+v)=\varphi_i(\mu)+\varphi_i(v)$，其中，$\mu$ 和 v 代表任意两个博弈。

满足上述三个假设的 $\varphi_i(v)$ 称为 Shapley 值。假设有 n 个成员组成的联盟 $N(N=1,2,\cdots,n)$，S' 为联盟 N 中的任一子集，$S'\subseteq N$。如果 S' 都对应一个实值函数 $v(S')$，则满足上述三条假设可确定唯一的 Shapley 值，第 i 个联盟成员获得的利益分配 $\varphi_i(v)$ 用公式表示为[98]：

$$\varphi_i(v)=\sum_{i\in S'}\{w(|S'|)[v(S')-v(S'\backslash i)]\},i=1,2,\cdots,n \qquad (3\text{-}4)$$

式中：$w(|S'|)$ 表示加权因子；$v(S')$ 表示子集 S' 的收益；$v(S'\backslash i)$ 表示子集 S' 除去成员 i 后所得收益。

$$w(|S'|)=\frac{(|S'|-1)!(n-|S'|)!}{n!} \qquad (3\text{-}5)$$

式中：$|S'|$ 表示子集 S' 中的成员数目。

2. 基于资本投入量的联盟利益分配

设这 n 个成员所投入的资本量分别为 $c_1,c_2,\cdots,c_n$，联盟成功运营后获得的总收益为 $v(n)$，各成员分得的利益分别为 $v_{c1},v_{c2},\cdots,v_{cn}$，则第 i 个联盟成员的可分配收益为：

$$v_{ci}=\frac{c_i}{\sum_{i=1}^{n}c_i}v(n) \qquad (3\text{-}6)$$

3. 基于知识资本溢出水平的联盟利益分配

此种方法需要先对溢出知识资本量进行测度，目前常用的测度方法有知识生产函数法、文献跟踪法、全要素生产率法、极值边界分析法、技术流量法等。无论利用何种方法，均可以得出个体成员知识资本溢出数量占联盟知识资本溢出总量的比例,设这 n 个成员知识资本溢出水平为 $k_1,k_2,\cdots,k_n$,联盟成功运营后获得的总收益为 $\nu(n)$,各成员分得的利益分别为 $\nu_{k1},\nu_{k2},\cdots,\nu_{kn}$,则第 i 个联盟成员的可分配收益为:

$$\nu_{ki} = \frac{k_i}{\sum\limits_{i=1}^{n} k_i}\nu(n) \tag{3-7}$$

4. 基于风险承担程度的联盟利益分配

将联盟风险分为技术风险(R_A)、信用风险(R_B)、市场风险(R_C)、财务风险(R_D)、政策风险(R_E),应用模糊综合评判法求同一项目参与成员 i 面临的总风险系数为:

$$R_i = 1-(1-R_A)(1-R_B)(1-R_C)(1-R_D)(1-R_E) \tag{3-8}$$

经归一化处理,$R=(r_1,r_2,\cdots,r_n)$,$\sum\limits_{i=1}^{n}r_i=1$,则第 i 个联盟成员的可分配收益为:

$$\nu_{Ri} = \frac{R_i}{\sum\limits_{i=1}^{n} R_i}\nu(n) \tag{3-9}$$

5. 基于各分配要素加权的利益分配

从产出贡献额、资本投入量、知识资本溢出水平、风险承担程度等四个参与利益分配的影响因素的角度,利用专家打分法给出权重,$R=(r_1,r_2,r_3,r_4)$,再根据权重将以上从四个角度求得的利益分配额进行加权,可得出最终的利益分配方案,公式为:

$$\nu(\nu_1,\nu_2,\cdots,\nu_n) = R\begin{vmatrix} \varphi_1 & \varphi_2 & \cdots & \varphi_n \\ \nu_{c1} & \nu_{c2} & \cdots & \nu_{cn} \\ \nu_{k1} & \nu_{k2} & \cdots & \nu_{kn} \\ \nu_{R1} & \nu_{R2} & \cdots & \nu_{Rn} \end{vmatrix} \tag{3-10}$$

以上分析表明,基于修正 Shapley 值法的联盟利益分配机制是有效的,云计算产业联盟采用该利益分配方法,能有效提高联盟知识资本源的供给动力。

3.3.3　基于交叉补贴的联盟定价方式

联盟知识资本获取方希望能够获取到更多数量的低成本甚至零成本的知识资本,而知识资本溢出方也有自身组织利润最大化的需求。技术转让、合作创新等主动溢出途径直接受价格因素影响,关乎溢出成员利润水平,以低价格溢出的动力不强,这种情况使知识资本溢出方和获取方形成了矛盾状态。为了解决上述矛盾,提升联盟知识资本源供给动力,本书基于联盟知识资本的强互补性,设计了基于交叉补贴的联盟定价方式。

3.3.3.1　交叉补贴的原理

交叉补贴是一种定价策略,基本思路是通过减少一种产品的盈利来提高另外一种产品的盈利。当同一企业生产的产品为互补产品时,通过有意识地以折扣价格甚至亏本的价格出售一种产品(称为基本产品),而达到促进销售其互补产品(称为盈利产品),从而提高企业销售这两种产品总利润的目的[99]。

假设1:某企业生产销售产品 A 和产品 B,产品 A、B 为互补产品。

假设2:产品 A、B 不存在互补关系,即相互独立。在该假设情况下,该企业获得最大利润时,市场上产品 A 的销量为 Q_A^*、价格为 P_A^*,市场上产品 B 的销量为 Q_B^*、价格为 P_B^*,如图 3-15 和图 3-16 中所示。

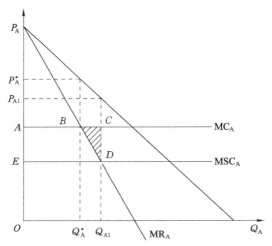

图 3-15　接受交叉补贴的产品 A

在假设1的情况下,产品 A、B 为互补产品,可以降低产品 A 的价格,由 P_A^* 降低至 P_{A1},以使产品 B 的需求曲线 D_B 右移至 D_{B1},产品 B 的需求量增加,价格也会随之增加,显然,产品 B 会获得额外利润,利润增量为图 3-16 中的阴影部分。产品 B 所获得的利润增量可以用补贴的形式返给产品 A,以决定产品 A 的销量和价格。产品 A 获得补贴后,可以得到一条新的短期边际成本曲线(带补贴的边际成本线)MSC_A,相当于降低了产品 A 的边际成本。

产品 B 的补贴量可以用图 3-15 中△BCD 的面积表示。其中,边 BC 表示产量 Q_A 的增加值,边 CD 表示一个单位 Q_A 增加带来的利润减少值(边际成本 MC_A —边际收益 MR_A),因此,△BCD 的面积即是产品 A 降价时带来的利润的

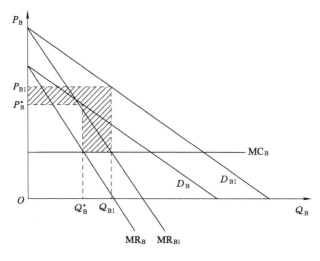

图 3-16   提供补贴的产品 B

减少值,需要互补产品 B 来补贴这部分利润损失。因为产品 B 的额外利润增量会大于用于补贴产品 A 的数量,所以企业销售这两种产品能够提高总利润。

3.3.3.2   联盟应用交叉补贴的适用性分析

交叉补贴定价策略存在一定的实施条件,云计算产业联盟必须满足实施条件才能实施交叉补贴策略。

(1)交叉补贴的条件。交叉补贴的条件主要包括四个方面:一是基本产品的需求价格富有弹性。需求价格弹性表示需求量对价格变动的反应程度。基本产品需求价格富有弹性,从而其降价带来的产品销量增加所产生的额外利润足以补偿其降价带来的利润损失。二是盈利产品的需求价格缺乏弹性。需求价格弹性低,即市场对其价格缺乏敏感性,适当地提高价格不会引起市场需求的大幅度缩减,当盈利产品价格上升时,市场需求量减少的比率小于其价格上升的比率,实现总收益增加。这是应用交叉补贴定价策略的基本前提。三是基本产品与盈利产品具有强互补性。根据交叉弹性理论,一种产品的需求量与其互补产品的价格呈反方向变化。因此,基本产品的降价能刺激盈利产品的需求,达到相互促进的效果。四是盈利产品的市场存在进入壁垒。基本产品与盈利产品的互补性水平还取决于盈利产品被其他产品替代的可能性。如果盈利产品出现了被替代行为,销量会下降,交叉补贴策略会受到损害。因此,盈利产品市场应该存在进入壁垒,避免或减少被替代行为的出现,从而确保叉补贴策略取得成功。

(2)云计算产业联盟的主要云服务产品及获利方式。归纳云计算产业的主要云服务产品、服务内容及主要获利方式,可以反映云服务产品的需求价格弹性、互补关系及市场情况,为云计算产业联盟应用交叉补贴机制提供现实依据。当前主要云服务产品可以分为基础通信资源云服务、软件资源云服务等六类,云服务内容各有侧重,获利方式结合了云服务内容特点,体现了需求价格弹性,具体如表 3-2 所示。

表 3-2 云计算产业的主要服务产品及获利方式

主要云服务产品	云服务内容	主要获利方式	典型企业行为
基础通信资源云服务	构建 IaaS、PaaS、SaaS 平台	基础免费＋一次付费＋定制付费＋分级付费＋按需付费	中国电信"e"云、鹏博士云服务
软件资源云服务	云计算整体解决方案	高端及拓展业务收费＋租赁收费＋收入分成＋用户推广	金蝶 K/3 Cloud 云服务、用友软件云服务
互联网资源云服务	针对用户需求开发云服务产品	租赁收费＋按需收费＋定制收费	Google Apps、AWS 云平台
存储资源云服务	提供数据存储服务	基础免费＋扩容收费＋拓展服务收费	AWS 免费套餐、阿里云免费云服务
即时通信云服务	实时沟通	基础免费＋数量等级收费＋按需收费＋定制收费	思科 BE6000 企业办公方案、环信即时通信云
安全云服务	软件行为异常监测、分析和处理	基础业务免费＋高端及拓展业务收费	瑞星云安全杀毒服务、奇虎 360 防病毒软件

（3）云计算产业联盟与交叉补贴条件的匹配。一是云计算产业联盟的产品可以分为基础产品和盈利产品。根据产品的弹性特征,IaaS、PaaS 属于基础产品,SaaS 属于盈利产品。如根据表 3-2 中的产品类型划分,基础通信资源云服务、存储资源云服务、即时通信云服务及安全云服务属于基础产品,软件资源云服务和互联网资源云服务属于盈利产品。基础产品满足需求价格弹性较高的特征,盈利产品满足需求价格弹性较低的特征,这一点,企业的实际行为已进行了有力的印证。二是云产品具有强互补性。联盟中,由于其核心成员均与云服务产品提供紧密相关,同属于同一价值链,技术上也具有不可分割性,因此,产品之间的互补性很强。三是云计算产业的盈利产品存在进入壁垒。这主要体现在产业的核心软、硬件具有极高的技术壁垒,市场集中度高,核心企业牢牢掌握议价权,微软、Intel、VMware、Oracle 等大企业是典型代表。虽然云计算的"开源化"特征对于打破垄断起到了积极作用,但从目前来看,开源产品无法直接商用,包括开源化的典型企业 Openstack 和 Linux。综合上述分析,认为联盟满足交叉补贴机制的实施条件。

3.3.3.3 联盟应用交叉补贴的策略

支持联盟交叉补贴的条件可能会消失,这就需要采取主动措施去维持。

(1)增加联盟盈利产品的进入壁垒。产品壁垒的创建涉及核心产品、基本产品和附加产品三个方面。创建核心产品壁垒主要通过掌握云计算发展的核心技术来实现;创建基本产品壁垒可以通过云计算技术的改进来实现;创建附加产品壁垒可以通过提供更有价值的云服务来实现。除设立产品壁垒外,联盟也应当创建其他方面的壁垒进行辅助,如营销理念壁垒、企业文化壁垒等。

(2)建立联盟基本产品和盈利产品间的强关系。对于云计算产业联盟来说,可以提高基本产品在联盟或产业内的通用性,但对于联盟成员个体来说,应通过技术手段、品牌效应等方式建立盈利产品与本企业的强关系,有助于实行交叉补贴策略。

(3)根据产业发展和市场需求调整交叉补贴策略。产业发展和市场需求变化会影响支持交叉补贴的条件,企业应定期评估相关支持条件的匹配程度,并及时进行调整。如调整基本产品和盈利产品的相对利润率,为盈利产品设计更为合理的定价机制等。

(4)拓展基本产品的销售渠道和规模。如果联盟成员的盈利产品与基本产品是强互补、强关系的,可以通过资金支持、授权等方式鼓励新企业加入基本产品的生产和销售,这有利于盈利产品销量的提升,符合交叉补贴的基本原理。

(5)利用政策环境争取政府补偿。云计算技术作为信息技术创新发展的典型代表,具有渗透率高、外部性强的特点,对其他产业和社会经济发展有很强的带动作用和辐射效应。因此,联盟应该充分利用政府出台的相关激励云计算产业发展的政策,对其基本产品实行资金投入、税收补贴等多种形式的补偿,以进一步鼓励基本产品的低价销售,从而提升联盟交叉补贴策略的实施效果。

3.4 云计算产业联盟知识资本源传递机制

3.4.1 基于联盟智慧云平台的结构资本传递

在云计算环境下,联盟知识资本溢出方提供的知识资本源数量快速增加,知识资本需求方对结构资本的传递效率提出了更高要求,促使传递途径逐步向智能化、集成化的方向演化,而云环境为结构资本传递途径的变化提供了技术支撑。

3.4.1.1 联盟智慧云平台的功能

云平台的智慧性体现在云计算技术的泛在接入、个性化、定制化等功能的集成,从需求与供给能力相匹配的角度考虑,联盟云平台应具备"智慧传递""智库支持""智慧管理"三大功能,如图 3-17 所示。

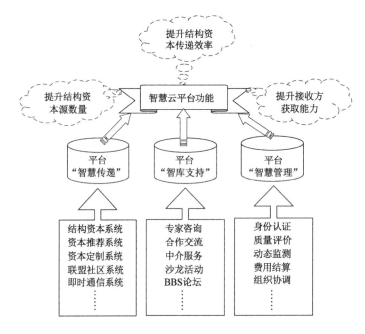

图 3-17 联盟智慧云平台主要功能

(1)智慧传递功能。一是结构资本的泛在传递。云计算技术的通用性特征可以实现联盟结构资本传递不受时间和空间限制。二是结构资本的个性化传递。联盟成员可以根据需求或偏好定制相应的结构资本,结构资本的溢出方可以通过交叉补贴方式满足其需求。三是结构资本的海量存储和处理。基于云计算技术的虚拟资源池、弹性伸缩等特性,平台可以具备海量数据规模的存储能力,同时还能够提供按需变化的数据处理等能力。

(2)智库支持功能。智库是指充分发挥专家智慧、高级团队智慧为结构资本获取方提供各类专业化、高水准的系统解决方案。智库支持功能包含专家咨询、合作交流、中介服务、论坛、沙龙等模块,具体作用为:一是提供咨询,为联盟成员献计献策,提出设计;二是信息反馈,对联盟成员的结构资本研发及运营开展追踪研究,及时优化和纠偏;三是进行诊断,根据现状研究结构资本产生问题的原因,并提出解决方案;四是预测,结合政策环境、市场环境、技术环境等方面,从不同角度提出不同类型的预测方案,为成员制定相关战略规划提供智力支持。

(3)智慧管理功能。一是自动化更新和维护。联盟成员不必投入平台软硬件的维护、升级、更新等内容,只需投入较少的费用就可获得相应服务,实现按服务付费。二是结构资本的安全传递。结构资本在联盟范围内适当程度的知识产权保护,可以通过联盟成员统一认证、单点登录等方式实现用户身份确认,同时,可通过云计算技术的多副本容错等技术保障手段实现。三是具有动态监测、质量评价、组织协调等辅助功能。

3.4.1.2　联盟智慧云平台的架构设计

结合云计算的特点和联盟成员知识资本获取的功能需求,提出如图 3-18 所示的联盟智慧云平台架构模型。该模型是联盟组织内的私有云模型,以物理层的基础设施 IaaS 和平台层的 PaaS 为基础,包括以下几个方面的内容[100-101]:

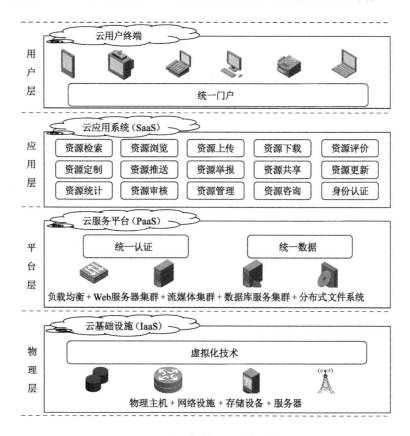

图 3-18　联盟智慧云平台架构模型

(1)物理层。物理层包括对平台层起支撑作用的物理主机、存储设备等在内的所有相关软硬件设施,通过虚拟化技术,各类资源形成虚拟化资源池,并按需分配硬件资源,为智慧平台的结构资本传递提供数据存储、处理等服务。

(2)平台层。平台层是云服务的运行平台,选用合适的操作系统、服务器程序等中间件进行集群设置,提供统一认证管理和统一数据管理,提升整体服务性能。智慧云平台通过提供标准化、可扩展、自适应的结构资本传递统一服务和集成解决方案,为联盟成员结构资本获取提供灵活的部署和应用方式。

(3)应用层。应用层是运行在 PaaS 上的联盟结构资本传递智慧服务的集合,用户通过应用层来完成对云平台的各种具体应用,包括资源上传、资源检索、资源浏览、资源定制、资源咨询等。

(4)用户层。在用户层,用户可以通过多种符合标准的终端接入智慧云平台,即可获取联盟提供的结构资本及相关服务。

3.4.1.3 联盟智慧云平台结构资本传递的实现

基于图 3-18 所示的联盟智慧云平台架构模型,联盟可实现结构资本从溢出方到使用方的传递,实现机制如图 3-19 所示。

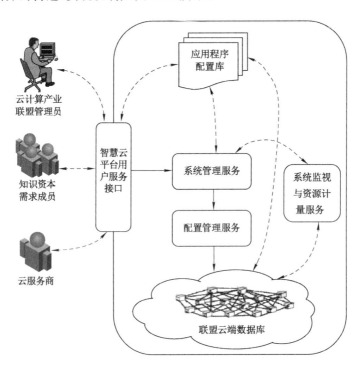

图 3-19 联盟智慧云平台结构资本传递的实现机制

图 3-19 中：智慧云平台所有的 IT 资源通过配置管理服务提供云基础软件及设施；所有设计的功能服务通过应用程序配置库进行管理，向成员用户提供可以访问的服务目录；应用端以 Web Services 方式向成员用户提供访问接口，获取用户需求；系统管理服务模块负责分配和管理云资源，并进行自动调度；系统监视与资源计量服务模块负责监视智慧云平台的运行状态，并进行用户资源使用情况的计量和计费。上述过程可实现向联盟成员用户提供泛在接入、个性化、定制化的结构资本传递服务。

3.4.1.4　应用联盟智慧云平台进行结构资本传递的保障策略

（1）拓展联盟传统结构资本源供给渠道。利用云平台进行联盟结构资本传递需要有大量的、不断更新的结构资本源，这是平台可持续利用的基础。因此，应积极拓展联盟结构资本源供给渠道。一是强化联盟现有成员的结构资本溢出动力，增加联盟自身供给量；二是更新联盟成员，广泛吸收相关高位势知识资本组织加入联盟，提高溢出基础成员数量和质量；三是加强与国内外各类相关信息平台及个体组织的合作，建立长效机制，充分利用其结构资本源扩充平台数据源。

（2）充分利用大数据资源。大数据资源是联盟结构资本源供给的新兴渠道。通过云计算及相关技术对大数据资源进行挖掘、加工，可以获得大数据中蕴藏的有使用价值的结构资本，为联盟成员所使用。首先，应构建大数据时代云平台人才体系，加大人才储备，通过学习与培训等方式提高工作人员的各种服务能力和素质；其次，联盟要在大数据处理的相关方面加大投资力度，进而提高平台结构资本的有效供给能力。

（3）提高云平台利用率。一是加强思想上的重视程度。联盟应对云平台建设的必要性、优势功能等方面在联盟内部进行广泛深入宣传，提高主动利用云平台的积极性。二是建立考核评价制度。结合云平台的监测数据及适当的定性指标，对联盟成员对云平台的贡献、使用效率等进行等级评价。三是建立奖惩制度。基于联盟等级评价结果，对优秀联盟成员、团队、个人应进行适当形式的奖励，对于评价结果较低的联盟成员应采取一定形式的惩罚措施。

3.4.2　基于强关系网络的人力资本传递

3.4.2.1　人力资本传递特征分析

人力资本的隐性知识特征决定了其与具有显性知识特征的结构资本在传递难易程度、传递过程及渠道方面有较大差异。借鉴英国学者布瓦索（Boesot）提出的著名的信息空间理论，可以较好地分析人力资本的传递特征，为传递途径的设计打下基础。

信息空间理论采用编码、抽象和扩散 3 个信息维度构建了 3 个二维空间和 1 个三维空间的信息空间框架模型,该模型用来分析和解释信息的生产、交换等社会经济活动[102]。其中,编码和扩散维度构成了 C(Culture)空间、抽象和扩散维度构成了 U(Utility)空间、编码和抽象维度构成了 E(Epistemology)空间,由 E、C、U 空间共同构成了 I(Information)空间,如图 3-20 所示。

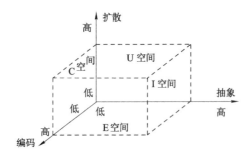

图 3-20　信息空间框架模型

布瓦索认为,E 空间既是不同类型知识的划分标准,又是人类处理信息过程所使用的认知策略。因此,不同类型的知识可以用其在 E 空间中的位置来表示其知识类型及特点。

本书基于 E 空间的构建原理,将人力资本(隐性)和结构资本(显性)融入空间中(见图 3-21),用来分析人力资本的传递特征和难易程度。

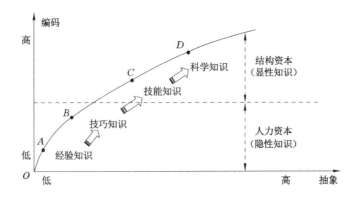

图 3-21　人力资本传递特征

从图 3-21 中可以看出,人力资本一般占据 A、B 位置,知识编码和抽象水平均较低,而编码和抽象水平直接影响着 C 和 D 两个层次的发展水平。同时,较低的编码和抽象水平给知识资本传递带来了两个负面影响:一是知识资本的可传递程度较低,导致 C 水平的技术知识资本难以通过代码共享来解决;二是导致知识资本价值的高度不确定性。如果知识资本的价值高度不确定,则接收方获取的积极性会降低,从而阻碍知识资本的传递。因此,深入分析人力资本在传递过程中的编码过程,提高抽象水平,对于提升人力资本的传递效率极为重要。

3.4.2.2 人力资本传递过程

人力资本传递过程是一个将隐性知识资本从资本溢出方向资本接收方传递的过程。如何最大化输出者隐性知识资本与接收方隐性知识资本的交集(即互隐性知识资本),减少传递过程中知识资本的损耗,是研究人力资本传递的目标。

借鉴通信系统的信息转换方式,可以认为人力资本传递过程中,隐性知识资本从溢出方到接收方经历了编码、传输、解码整个过程。但与结构资本传递的显性知识资本不同的是,人力资本传递的不是编码化的知识资本,而是各种行为表现,人力资本溢出方将自身头脑中的隐性知识资本以各种行为表现(一般包括语言、动作、表情等)展示给资本接收方,这种行为类似一种演示,资本接收方实时建立意象编码,形成对现实对象的自我感知。当然,由于接收方个体差异,自我感知的效果也不尽相同,但大部分隐性知识资本能够被捕捉并储存于接收方的头脑中,最终表现为接收方行动的变化。自我行动反馈会检验隐性知识资本接收的准确性[103]。通过上述分析,可以构建人力资本传递过程模型,如图 3-22 所示。

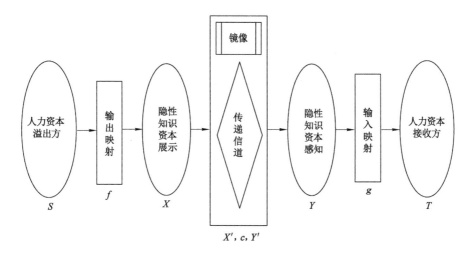

图 3-22 人力资本传递过程模型

在图 3-22 中,人力资本溢出方 S 与人力资本接收方 T 相对应,均是隐性知识资本的集合,可以用一系列随机变量表示。即 $S = \sum_{i=1}^{n} s_i$,s_i 取值来自人力资本溢出方拥有的隐性知识资本的元信息集合,包括技巧、经验、诀窍、直觉、感悟等难以编码的知识;$T = \sum_{i=1}^{n} t_i$,t_i 取值范围与 s_i 一致。

输出映射 f 及输入映射 g 均表示一种变换行为。通过输出映射 f,将溢出方的隐性知识资本映射为某种行为表现展示出来,以便接收方捕捉。$f:S \to X'$,X' 表示隐性知识资本展示集合 X 的所有元素,$X' = \sum_{i=1}^{n} x_i$,x_i 表示各种具体展示行为(如语言、动作、表情、神态等);输入映射 g 是接收者将隐性知识资本感知转化为自身隐性知识资本。$g:Y' \to T$,Y' 表示接收方进行隐性知识资本感知集合 Y 的所有构成元素,即知觉体验的集合,$Y' = \sum_{i=1}^{n} y_i$,y_i 表示各种具体知觉体验(如听觉、视觉、触觉等)。当然,输出映射和输入映射都存在不确定性,输出映射水平与表达能力、意愿等因素相关,输入映射效率与知识基础、学习能力、理解能力、模仿能力等因素相关。

传递信道是人力资本的传递环境,在某种环境中,溢出方对隐性知识资本进行展示,接收方进行感知。传递信道可表示为 $[X', c, Y']$,其中,c 代表隐性知识资本传递的情景因素。镜像是接收方大脑活动过程,在情境 c 下,接收方实现将隐性知识资本展示转换为隐性知识资本感知。该过程的关键是对情境要素 c 理解的一致性,使接收方的隐性知识资本感知 Y 逼近溢出方的隐性知识资本展示 X 所体现的隐性知识资本。

通过对人力资本传递模型的分析可以发现,在溢出方人力资本不变的情况下,溢出方的隐性知识资本展示能力、接收方的感知能力及双方的转换能力直接影响传递效果,同时,传递信道也起着关键作用,决定着展示能力和感知能力的发挥水平。因此,在人力资本传递过程中,针对上述影响因素采取适当的措施,可以有效提高人力资本的传递效率。

3.4.2.3 强关系网络与人力资本传递的组合

通过对人力资本传递过程的分析,得出了提高隐性知识资本展示能力、感知能力及双方转换能力能够提高人力资本传递程度,但如何提高上述能力及解决人力资本价值不确定的问题仍需进一步研究。借鉴相关研究成果,认为建立强关系网络是解决上述问题的有效途径。

强关系网络是指两个及以上的行动者,通过长期合作、交流建立起来的能够了解与支持伙伴的需求,提供某种意义的情感支持、归属感和个人特性,并在相互关系上自愿投资的一种社会关系网络。

强关系网络的优点在于:一是溢出方和接收方在网络中具有更为紧密的关系,会产生更为频繁的互动,在面对面交流或认知一致的情境下,使隐性知识资本得以有效的传递而不至于带来大量知识的损失,即提高了人力资本接收方的感知及转换正确率;二是在隐性知识资本的传递过程中,双方需要更少的认知投资,节省了认知成本;三是同质性特征导致知识资本结构上的相似性,为隐性知识资本感知及转换提供了方便;四是强关系网络中的对应主体间积累了更多的信任资本,降低了人力资本传递中的协调成本,更容易对隐性知识资本的价值达成共识,这有效解决了人力资本价值不确定的问题,降低了因协调失败导致人力资本传递无效的概率。结合上述强关系网络的优点,当人力资本传递在强关系网络中发生时,可以构建的新的传递模型[104]。具体如图 3-23 所示。

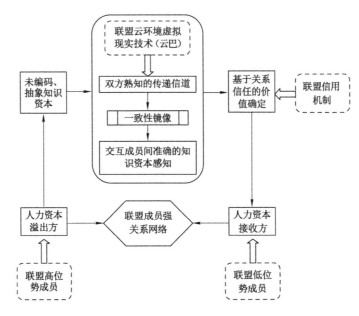

图 3-23　基于强关系网络的人力资本传递模型

3.4.2.4　联盟人力资本传递的策略

(1)建立云计算产业联盟的强关系网络。联盟应采取积极措施主动引导联盟成员组织的人员间建立强关系网络,在跨组织文化协同的基础上,通过组织各类活动、促成合作等方式,增加人员间的交流机会,加强情感上的联系,提高亲密程度。

（2）建立社会化媒体的人力资本传递环境。梅菲尔德（Mayfield）于 2008 年率先提出了社会化媒体的概念，认为社会化媒体是一种能够给予用户极大参与空间、赋予参与者创造并传播能力的新型在线媒体。后续也有学者提出社会化媒体是随着互联网和移动技术发展而发展起来的技术型工具和服务，功能主要体现在用户间交流的信息分享方面。云计算技术的发展进一步促进了社会化媒体的发展，能够以更加灵活、仿真的方式提供信息量丰富的交流和共享工具，使得"人机交互"演变成"人人交互"[105]。云计算产业联盟应注重设计和应用类似 VR 等具有情景仿真功能的软件工具，优化人力资本传递的虚拟环境，进而提高传递效率。

3.5 云计算产业联盟知识资本获取保障机制

3.5.1 基于云水平的联盟成员准入标准

前文已经证明联盟成员的云水平是联盟知识资本获取的重要影响因素，可由经济性、技术水平、质量水平、敏捷性和用户友好性等指标体现，能综合反映组织对云计算技术的研发能力和应用水平，因此，设计基于云水平的联盟成员准入标准是促进联盟知识资本获取的有效途径。

云计算产业联盟为新兴组织形式，运行时间较短；联盟成员主要为云计算产业链中的企业，具有发展速度快、变化快的特点，发展状态会随着时间改变而动态变化。基于联盟的上述特点，本书提出利用 Markov 链和 AHP 相结合的动态综合评价模型作为成员准入标准的评价方法，充分利用 Markov 链的无后效性特点，结合 AHP 确定评价指标的综合权重，通过分析计算，得出申请加入联盟的组织个体的综合评估值，为联盟成员准入提供决策标准[106-107]。

3.5.1.1 Markov 链原理

俄国数学家马尔可夫（Markov）研究发现，某些系统在状态转换过程中，其变化状态只与近期的状态有关，而与远期的状态无关。即系统的第 n 次转换结果仅取决于第 $n-1$ 次的状态，这种性质被称为无后效性。符合无后效性的状态转移过程被称为马尔可夫过程，一系列马尔可夫过程的整体被称为马尔可夫链。

（1）状态转移概率矩阵。设系统共有 n 个状态 $S_1,S_2,\cdots,S_n$，设在 T_n 时刻系统为状态 S_i，T_{n+1} 时刻系统转换为状态 S_j，将系统由状态 S_i 转换到 S_j 的概率记为 $P_{ij}(n)$，这个概率称为马尔可夫链的一步转移概率。将 $P_{ij}(n)$ 按一定顺序排列成的矩阵，称为一步转移概率矩阵 P，可由下式表示：

$$\boldsymbol{P} = \begin{bmatrix} P_{11} & P_{12} & \cdots & P_{1n} \\ P_{21} & P_{22} & \cdots & P_{2n} \\ \vdots & \vdots & \vdots & \vdots \\ P_{n1} & P_{n2} & \cdots & P_{nn} \end{bmatrix} \tag{3-11}$$

（2）稳定状态向量。马尔可夫链通过若干次转移，将逐渐处于稳定状态，且与初始状态无关；将会出现唯一的状态向量 $\boldsymbol{S}$，$\boldsymbol{S} = [x_1, x_2, \cdots, x_n]$，$x_i$ 满足 $0 \leqslant x_i \leqslant 1$，即式（3-12），则 $\boldsymbol{S}$ 称为稳定状态向量。

$$\begin{cases} \boldsymbol{S} = \boldsymbol{S}\boldsymbol{P} \\ \sum_{i=1}^{n} x_i = 1 \end{cases} \tag{3-12}$$

（3）隶属度矩阵。通过计算出一个指标的稳定向量 $S_i (i \in 1, 2, \cdots, n)$，同理，可得到 n 个评价指标的稳定向量，则隶属度矩阵 $\boldsymbol{F}$ 为：

$$\boldsymbol{F} = [S_1, S_2, \cdots, S_n]^{\mathrm{T}} \tag{3-13}$$

3.5.1.2　动态评价模型

（1）评价指标体系的建立。将体现组织云水平的质量水平、经济性、技术水平、用户友好性和敏捷性等 5 个指标，作为计算联盟成员选择的评价指标，如表 3-3 所示。

表 3-3　云计算产业联盟成员选择评价指标体系

目标层	一级指标	二级指标
选取最优合作成员（a）	质量水平（b_1）	服务速度（c_1）
		管理水平（c_2）
		安全可靠程度（c_3）
	经济性（b_2）	成本（c_4）
		按需付费（c_5）
	技术水平（b_3）	通用性（c_6）
		资源共享性（c_7）
		弹性扩展能力（c_8）
	用户友好性（b_4）	自动化管理水平（c_9）
		便利程度（c_{10}）
		用户定制实现能力（c_{11}）
	敏捷性（b_5）	更新能力（c_{12}）
		适应能力（c_{13}）

（2）确定评价指标集及评价等级。设被评价对象共有 n 个指标，用 $c_i(i\in 1,2,\cdots,n)$ 表示，则评价指标集可表示为 $C=[c_1,c_2,\cdots,c_n]$。对于每个评价指标，设有 $v_i(i\in 1,2,\cdots,m)$ 个评价等级，则评价等级集合可表示为 $V=[v_1,v_2,\cdots,v_m]$，各评价等级 v_i 对应隶属度为 r_{ij}，得出第 i 个指标的评价结果：

$$r_i=(r_{i1},r_{i2},\cdots,r_{im})$$

（3）确定权重。目前确定指标权重的方法较多，基于本模型的特点，采用 AHP 较为适用，可将定性分析与定量分析相结合，且具有思路清晰、方法简便、系统性强等优点。

3.5.1.3 准入标准

利用上文设计的动态评价模型，可对申请加入云计算产业联盟的企业或相关组织进行充分调研，了解其云水平相关指标的现状，通过 AHP 确定权重，则可获得申请加入联盟的组织个体的综合评价值。综合评价值越大，说明该组织云计算技术的研发能力和应用水平越强，知识资本溢出效率和知识资本接收水平也相对越高，从而联盟可根据综合评价值排序进行择优选择。

3.5.2 基于云完全信息环境的联盟信用保障

云完全信息环境是指云计算产业联盟可利用智慧云平台公开各成员信用记录，成员也可利用大数据平台了解潜在合作对象的长期信用水平、构成风险影响因素的相关信息，实现了信用信息公开化，即云计算环境促使联盟处于完全信息的状态中，本书称之为云完全信息环境。

云完全信息环境下，联盟组织间合作由传统不完全信息条件下的静态博弈转变为完全信息条件下的静态博弈和动态博弈，博弈方式的改变，有利于形成以信用记录约束联盟成员行为的自律机制，改善联盟的信用水平，形成长期可信合作的联盟发展环境。

3.5.2.1 基于静态博弈的信用保障

为了方便分析，假定合作发生在两个完全理性的联盟成员间，一方为知识资本提供方，一方为知识资本获取方，且合作发生在完全信息条件下。

假设知识资本提供方采取诚信行为（行为体现共赢，且与联盟目标一致）的收益为 P_c，采取欺骗行为（发生了知识产权风险行为）的收益为 P_d，且 $P_c<P_d$。同时，联盟对成员信用行为有相应的奖惩制度，如行为诚信则奖励为 r，如发生欺骗行为则惩罚为 a。对于知识资本获取方来说，通过提供方的诚信合作行为得到的效用为 U，被欺骗时得到的效用为 $-U$。当没有合作发生时，由于提供方出现的恶意制造不完备契约、掠夺合作伙伴关键技术人才等侵犯知识产权的行

为被举报,受到联盟处罚的损失为 l。由于联盟合作是自由行为,对策略的选择是随机化的,选择策略存在一定的概率,即成员实行的是混合策略。假设提供方的策略概率组合为 $(s,1-s)$,获取方的策略概率组合为 $(k,1-k)$,则由上述假设关系可得完全信息静态混合策略博弈矩阵[108],如表 3-4 所示。

表 3-4　完全信息静态混合策略博弈矩阵

获取方策略	提供方策略	
	诚信(s)	欺骗($1-s$)
合作(k)	(U,P_c+r)	$(-U,P_d-l)$
不合作($1-k$)	$(0,0)$	$(0,-l)$

(1) 当给定提供方的混合战略时,获取方的期望函数为:
$$E_k = k[sU + (1-s)(-U)] + (1-k)[s \times 0 + (1-s) \times 0] \quad (3\text{-}14)$$
对式(3-14)求一阶微分,令其等于 0:
$$\frac{\partial E_k}{\partial k} = sU + (1-s)(-U) = U(2s-1) = 0 \quad (3\text{-}15)$$
由式(3-15)解得 $s = \dfrac{1}{2}$,即获取方以 $\left(\dfrac{1}{2},\dfrac{1}{2}\right)$ 的概率选择合作或不合作。

(2) 当给定获取方的混合战略时,提供方的期望函数为:
$$E_s = s[k(P_c+r) + (1-k) \times 0] + (1-s)[k(P_d-l) + (1-k) \times (-l)] \quad (3\text{-}16)$$

对式(3-16)求一阶微分,令其等于 0:
$$\frac{\partial E_s}{\partial s} = k(P_c+r) + (1-s)[k(P_d-l) + (1-k) \times (-l)] = k(P_c+r-P_d+l) = 0 \quad (3\text{-}17)$$

由式(3-17)解得 $k = \dfrac{l}{P_d-P_c-r}$,说明当获取方的合作概率小于 k 时,提供方的最佳选择是欺骗,而当获取方的合作概率大于 k 时,提供方的最佳选择是诚信,双方构成了混合策略纳什均衡。显然,加大联盟处罚力度 l,或者增加奖励力度 r,均可使 k 变大,从而迫使提供方采取诚信策略。

3.5.2.2　基于动态博弈的信用保障

联盟主要的合作是基于 IaaS、PaaS、SaaS 三种服务方式提供的知识产品,服务提供方一般会提供试用期,获取方有机会验证产品质量,同时,联盟可作为中介平台采取延期付款等措施。因此,知识产品的获取方如对所购买的知识产品满意则同意付款,反之则拒绝付款,由此,联盟合作双方进行的博弈就变成了动态博弈过程。

为了分析方便,假设:合作由理性的双方进行;双方处于完全信息状态;获取方在接收知识产品后,可选择接受或放弃;当提供方采取诚信行为时,获取方放弃的概率为 0,双方支付用$(-\infty,-\infty)$表示,同理,当提供方发生欺骗行为时,获取方接受的概率也为 0,双方支付也为$(-\infty,-\infty)$;当欺骗行为发生时,受到联盟处罚为l。由上述假设关系,可得完全信息动态博弈矩阵[109-110],如表 3-5 所示。

表 3-5   完全信息动态博弈矩阵

提供方策略	获取方策略			
	(接受,接受)	(接受,放弃)	(放弃,接受)	(放弃,放弃)
诚信	(P_c+r,U)	(P_c+r,U)	$(-\infty,-\infty)$	$(-\infty,-\infty)$
欺骗	$(-\infty,-\infty)$	$(-l,0)$	$(-\infty,-\infty)$	$(-l,0)$

由表 3-5 可知,该博弈存在一个纳什均衡,就是(诚信,接受),双方得到的收益为(P_c+r,U)。同时,可以给出该博弈的扩展形式,如图 3-24 所示。

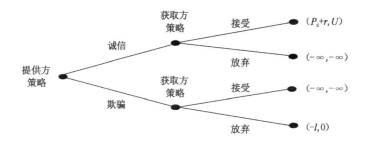

图 3-24   动态博弈的扩展形式

从图 3-24 中可以看出,这是一个序贯博弈,即知识资本提供方先采取行动策略,知识资本获取方再进行反应。提供方如果选择诚信,结果是可以得到收益P_c+r;如选择欺骗,结果是无合作发生,且被联盟处罚l。因此,明智的选择是诚信,此时知识资本获取方获得收益U。

3.5.2.3   联盟信用环境保障措施

通过上述博弈分析发现,现实中知识资本提供方的投机心理、联盟的惩罚力度及奖励水平等因素影响联盟信用环境。

(1)联盟应积极建立完全信息条件。联盟应通过云平台等途径及时公开成员的信用情况,以及作为联盟知识资本获取方对于取得的知识资本的满意程度、评价、描述等,增加联盟成员合作前的信息量,充分利用云环境构建联盟完全信息条件。

（2）联盟应加大对成员信用水平的奖惩力度。联盟应通过有效的宣传手段,使知识资本提供方清楚意识到,单次的欺骗只会带来信用的缺失和长期利益的损失。奖惩力度的增大必定促使联盟知识资本提供方采取诚信行为,从而形成联盟长期可信的信用环境。

第4章 云计算产业联盟知识资本生产机制

知识资本生产是知识资本生产循环的第二个阶段,也是知识资本增值的核心阶段。云计算产业联盟知识资本增值的维持取决于联盟知识资本的生产能力,联盟知识资本生产能力的提升可以通过有效的机制设计来实现。云计算产业联盟知识资本生产机制是指在联盟知识资本生产系统中,由知识性原材料、脑力劳动者、生产工具、组织与管理等构成的要素之间的相互联系、作用的过程,并以一定的运作方式使它们协调运行而发挥知识资本生产功能,从而实现知识资本增值目标。该机制具体包括结构资本如何生产、人力资本如何生产及如何检验生产能力等方面的要素构成、运行规则与实现途径。

4.1 云计算产业联盟知识资本生产的实现途径

4.1.1 云计算产业联盟知识资本生产的构成要素及特征

4.1.1.1 联盟知识资本生产的构成要素

本书将联盟知识资本划分为人力资本和结构资本(知识产权资本、管理资本、关系资本、基础设施资本)两类。从知识资本生产环节来看,人力资本和结构资本既是生产系统的构成要素,同时又是产出的"结果",如何界定,要依据具体的人力资本或结构资本在生产环节中的具体角色定位。依据联盟知识资本的实际生产过程及相关学者的研究成果,认为联盟知识资本生产系统的主要构成要素包含如下四类[111-112]:

(1)生产所需的结构资本存量(包含全部结构资本,但以知识产权资本为主)。新知识资本是对原有知识资本网络边界的拓展与层次的深化。存量结构资本作为生产的主要知识性原材料投入新知识资本生产过程,主要是指以纸质、磁性物质等为载体的显性知识资本(结构资本)的投入,是一种间接投入,必须先通过脑力劳动者学习理解并内化为其所掌握的知识后,才能成为知识资本的生产要素。由于云计算产业联盟以提供云服务为主导,因此,以技术研发为主线的相关知识产权资本应是结构资本存量的主要构成部分,是联盟知识资本再生产的基础性原材料,当然,也不排除联盟在运行过程中,对管理、关系及基础设施资本的生产创造。

（2）脑力劳动者（人力资本）。知识资本的生产过程,本质是脑力劳动者通过脑力劳动拓展认识的广度与深度的过程,对应本书界定的以人为载体的人力资本。知识资本的生产成果均源于脑力劳动者直接或间接的脑力劳动。脑力劳动量的大小,须用劳动时间的长短及劳动者智力水平的高低来度量。

（3）生产工具（基础设施资本）。知识资本生产也需要运用生产工具作用于劳动对象,对应本书界定的结构资本构成中的基础设施资本。知识资本生产过程,是脑力劳动者运用知识生产工具拓展现有的知识资本边界与发掘新的知识资本的过程。知识生产工具大致可分为两类:一类是实体性生产工具,如计算机、存储器等;另一类是非实体性生产工具,如计算方法、模型等,是作为一系列生产新知识资本的方法而被投入生产过程的结构资本存量。需要注意的是,投入知识资本生产过程的结构资本存量可能属于生产工具,也可能属于劳动对象,属于哪一类,应依据其在知识生产过程中所发挥的作用来确定。如是作为探求新知识资本的方法而被投入生产过程的,则属于生产工具;如是作为新知识资本产生的基础原材料而被投入生产过程的,则属于劳动对象。

（4）组织与管理（管理资本、关系资本）。联盟知识资本的生产方式以群体生产方式为主,成员之间需要分工协作。分工协作的进行客观要求组织与管理要素的投入,组织与管理要素投入的质和量会在很大程度上影响联盟知识资本生产的发展。组织与管理要素对应本书界定的结构资本构成中的管理资本和关系资本。

4.1.1.2　联盟知识资本生产的特征

联盟特征、云服务产品的技术特征使联盟知识资本生产出现了有别于传统知识资本生产的突出特征。

（1）突出定制性生产。云计算技术能够实现按照联盟成员个性化需求进行定制性知识资本生产,并且这种定制与传统小规模定制不同,可以实现大规模定制。即充分利用联盟成员已有的各种资源,在云计算技术通用性特征的支持下,根据成员的个性化需求,以大批量生产的低成本、高效率提供定制知识产品的生产方式。大规模知识资本定制生产的基本思路是将拟生产的知识资本分为内部（核心）和外部（非核心）两部分,基于知识资本基础的相似性、通用性,利用标准化、模块化等方法降低知识产品的内部基础核心知识的多样性,同时增加可感知的外部非核心知识多样性,通过内部与外部知识的多种组合,将定制生产转化为外部非核心知识资本的批量生产,从而提供低成本、高效率的定制生产。云服务提供的 PaaS 为大规模定制性知识资本生产提供了基础。

（2）突出开放性生产。云计算为联盟知识资本开放性生产提供了技术保障和环境支持,使得知识资本生产由成员个体为主向联盟群体为主转化。云服务中的 IaaS、PaaS 提供商为 SaaS 提供商提供开发、测试和部署等服务。如 OpenStack 是 IaaS 组件,使用者可以自行建立和提供云端运算服务;PaaS 提供的开源代码为云计算的使用者提供了大量的可编程元素,这就为知识资本开发带来了极大的方便,提高了开发效率,降低了开发成本。

4.1.2 云计算产业联盟结构资本整合实现途径

"整合"与"投资"分别是结构资本和人力资本的生产方式。这两种方式的实现途径是不同的:人力资本是最具能动性的要素,可为联盟带来直接价值或间接价值;结构资本则主要作为人力资本的辅助生产要素而发挥其增值作用,这两种生产途径在增值过程中是协同作用的。

联盟结构资本整合是一个整合对象来源广泛、多主体参与、新旧资本交替的复杂过程。本书通过构建联盟结构资本整合实现途径模型,来说明整合过程的基本流程及主要要素之间的逻辑关系,如图 4-1 所示。

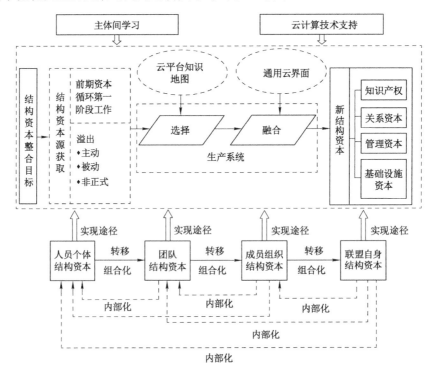

图 4-1 联盟结构资本整合实现途径

4.1.2.1　不同知识主体的结构资本整合

图 4-1 中,联盟结构资本整合中的结构资本来源于联盟内外部的人员个体、团队、成员组织及联盟自身。人员个体结构资本就是联盟内外部的人员个体所拥有的具有使用价值的显性知识;团队结构资本就是一个团队所拥有的可编码表示的文化、经验以及知识产权等,是个体结构资本的集成者和成员组织结构资本的提供者;成员组织结构资本就是整个组织对外所表现出来的结构资本存量积累;联盟自身结构资本是指联盟所拥有的知识管理平台、社会网络关系等。不同知识主体的结构资本整合就是设法把人员个体结构资本转移并组合化成团队结构资本,再把团队结构资本转移并组合化成成员组织结构资本,最后再将成员组织结构资本转移并组合化成联盟自身结构资本的过程。当然,整个过程也伴随着结构资本在人员个体、团队及成员组织中的内化过程。

4.1.2.2　结构资本整合的基本流程

图 4-1 中,不同主体在联盟结构资本整合过程中彼此存在联系,发挥不同作用,但各自的结构资本整合遵循着相似的基本流程。第一步为确定结构资本整合目标,整合目标主要来自主体的实际需要和创新发展方向,需要分析创新需求和现有结构资本难以解决的问题;第二步为明确可获取的结构资本源的范围、途径、质量水平等,确定主体可进行选择的初步原材料集合;第三步为结构资本选择,即基于整合目标和主体现有存量,依据一定的原则和规则,对拟整合对象进行识别和过滤;第四步为结构资本融合,通过多源分布式知识的集成转换,从而生产出云计算某一领域有价值的新结构资本,这是整合过程中最为关键的步骤,决定着整合结果的产出质量。以上步骤可循环进行,直至实现主体的结构资本整合目标[113-114]。

4.1.3　云计算产业联盟人力资本投资实现途径

人力资本主要内容可以分为三个方面:一是人的身体素质,决定了人在生产过程中的体力、可持续性等;二是技能和科技文化水平,决定了人的专业知识水平、操作技能等;三是职业道德素质,决定了人的工作态度、团队合作关系等。上述三个方面的水平决定了人力资本的综合质量,水平越高,其所具有的生产能力也就越大[115]。

人力资本是通过投资而获得的,人力资本投资是指投资主体通过一定的资金、时间、物力等资源对劳动者的知识、技能、工作经验、健康水平等方面进行增值投资的经济活动。显然,投资不仅限于资金的投入,而是各种能够引起人力资本增加的活动都可以认为是人力资本投资。人力资本投资的实现途径主要涉及投资主体、投资方式等方面。

4.1.3.1 联盟人力资本投资主体

云计算产业联盟的成员既各自独立,又相互联系,因此,从人力资本投资主体来看,主要包括四类:一是劳动者个体的自愿投资;二是成员个体对其所属劳动者的投资;三是联盟内部分劳动者个体或部分成员组织建立一个子集合,进行联合投资;四是联盟以自身名义进行的集体投资。投资受益者为投资主体自身及其他相关联盟主体,原因在于联盟内不同主体间存在分工协作和高度相关性,人力资本可以在联盟范围内产生人力资本投资的溢出效应。

4.1.3.2 联盟人力资本投资方式

一般而言,提高人的生产能力也即使人力资本增值可以通过保健、教育、培训、流动等四种投资方式实现,如图 4-2 所示。

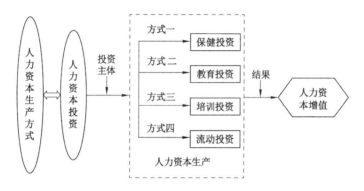

图 4-2 联盟人力资本投资一般方式

(1)保健投资。保健投资是指通过对医疗、卫生、营养等各项保健服务进行投资来维持和提高人的健康水平,进而提高人的生产能力。虽然人的健康受到生理、心理、社会、环境等多种复杂因素的影响,但在各种外生影响因素一定的条件下,健康状况的维持和改善显然与保健投资的力度呈正相关,个体增加其保健投资将会提高其健康水平,延长寿命及寿命期内的"无病工作时间",并提高单位时间工作效率。由于人的健康状况决定了人的体力,而人的体力又是人的智力活动的基础,因此,保健投资便成为人力资本投资的重要方式之一。

(2)教育投资。教育投资是指以一定的成本支出获得在各种正规的学校里系统地接受初等、中等、高等文化知识正式教育的机会。通过教育可以快速高效地更新劳动者的知识体系,拓宽思维方式和视野,有效提高劳动者专业技术水平和相关工作能力,促进劳动者、劳动对象及生产资料的有机结合。同时,教育还具有陶冶人的品格、提高职业道德、促进组织文化发展的作用,为组织健康发展起到保障作用。

(3)培训投资。培训即在职培训,是相对于一般的正规学校教育而言的。主要是指由组织自身和其他教育中介机构为组织员工提高知识水平、生产技术及相关能力而举办和提供的各种培训活动,如技术培训班、学徒制、技术示范活动等。在职培训的优势是更贴近于生产实践,更侧重于实际生产知识与技能的提高。

(4)流动投资。对于组织来说,人力资源及物质资源的合理配置均不是一次性的静态过程,而是一个不断调整和重新配置的动态过程,因此,会出现人力资本流动迁移现象。人力资本流动投资是指通过一定的成本支出来实现劳动力在不同组织间的输入和输出。一般来说,输入是组织的主动行为,能够增加人力资本总量,有利于组织整体知识资本的增值;输出是组织的被动行为,会造成组织人力资本损失,对组织发展产生负向影响。但从社会整体来说,劳动力的流动改善了人力资源配置的效率,提高了劳动力的竞技状态,因而也成为一种重要的人力资本投资形式。

本书结合云计算产业联盟的性质及作用,认为保健投资应以成员组织个体为主,一般已经包含在员工的工资待遇中。教育投资是知识资本生产实现的重要途径,但对于云计算产业联盟来说,人力资本主要是指脑力劳动者,一般已接受过正规高等教育,具备较高的专业知识水平、道德水平及相应的工作技能,因此,也不适合作为联盟人力资本的投资方式。而云计算环境和联盟特点均对人力资本培训投资和流动投资的实现方式产生了较大影响,因此,联盟可以在培训投资及流动投资两种途径上实现进一步优化[116]。

4.2 云计算产业联盟结构资本整合机制

结构资本整合的核心过程包括"选择"和"融合"两个方面,联盟结构资本整合机制主要对上述两个方面的过程和实现途径进行分析和设计。

4.2.1 基于云平台知识地图的结构资本选择

结构资本选择是结构资本整合的首要环节,通过对可获取的各种结构资本原材料去粗取精、去伪存真,得到联盟成员进行结构资本生产真正需要的结构资本体系。云计算产业联盟知识地图可直接链接联盟的云数据库,通过知识地图进行结构资本的识别和过滤,从而提高联盟成员结构资本选择的效率和质量。

4.2.1.1   联盟云平台知识地图框架

联盟云平台知识地图主要包含四个层次:资源层、处理层、表示层及服务层[117-119]。具体如图4-3所示。

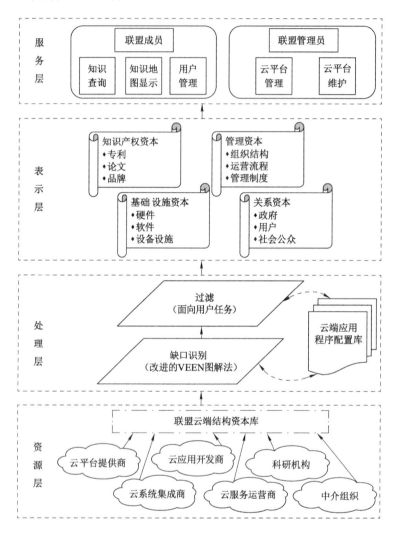

图4-3   联盟云平台知识地图框架

图4-3中,资源层为知识地图提供结构资本来源,包括云平台提供商、云应用开发商、云系统集成商等成员的结构资本;处理层为从云端应用程序配置库中选择匹配的工具或联盟自主研发工具,进行结构资本的选择和处理;表示层负责结合成员用户的个性化需求及联盟云平台的功能需求,截取逻辑知识网络片段,

以适当的表现形式提供全局或局部知识地图,主要包含知识产权、管理资本、关系资本及基础设施资本四类;服务层是用户与知识地图的交互接口,为联盟成员及联盟云平台管理者提供地图展示与操作的空间。

4.2.1.2　联盟结构资本选择过程

从图 4-3 中可从看出,联盟云平台知识地图的核心环节为处理层中的缺口识别和过滤两个环节,这两个环节的设计质量直接影响联盟知识地图的功能输出,即对是否能够实现结构资本原材料的最优选择产生影响,因此应该重点优化设计。

1. 基于改进 VEEN 图解法的结构资本缺口识别

结构资本缺口是指某成员个体所需的结构资本与其实际拥有的结构资本存量的差距。目前可用于结构资本缺口的识别方法主要有两种:一是 SWOT 分析法,但该方法侧重定性分析,很难量化;二是 VEEN 图解法,基本思想是将组织需求的知识和实际拥有的知识分别置于两个集合内,通过对比两个集合的交集状况来识别知识缺口,知识需求集合没有处于交集的部分即为知识缺口。VEEN 图解法可以量化知识缺口的大小,但忽略了知识的关联性、层次性特征。本书通过对 VEEN 图解法进行改进,关注层次关系,借鉴数据结构理论,利用树形结构表示成员结构资本需求、存量及差距,使之成为结构资本缺口识别的有效方法[120]。

(1)联盟成员结构资本的树形结构。为了便于联盟成员对其结构资本需求、存量的表达及缺口的可视性,本书利用树形结构进行结构资本的表达。设若干个关联的结构资本元结点(结构资本元是指具有完备结构资本表达的可度量结构资本单位)集合 C 与结构资本元结点间的关系集合 R 构成一个成员结构资本树:

$$SCR = \{C, R\}$$

其中, $C = \sum_{i=1}^{n} C_i$, C_i 为成员全部结构资本元结点的集合; $R = \{(C_i, C_j) \mid f(C_i, C_j) = 1\}$, $f(C_i, C_j) = 1$ 表示结构资本元结点 C_i 和 C_j 之间存在层级隶属关系,如图 4-4 所示。

图 4-4 中,结点可以用相应的术语表示。根结点表示无上级结点,如结点 C_1;父结点表示除根节点外,如某结构资本元结点存在下一层次,则该结点可称为父结点;与父结点直接连接的下一层次为子结点,如 C_4 的子结点为 C_8、C_9、C_{10},C_4 的父结点为 C_1;结点无下一层时,该结点可称为叶结点。一个结点的子数目称为度,如 C_2 的度是 2;树的高度或深度用树中最大层结点的层号表示,如图 4-4 的深度为 4。

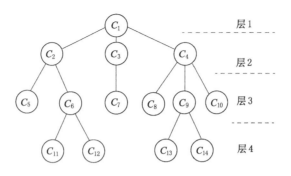

图 4-4　结构资本树形层级结构示意图

根据图 4-4 可以构建联盟某一成员结构资本的一般树形图,如图 4-5 所示。树形图深度为 4,根结点包含知识产权资本、管理资本、关系资本及基础设施资本四个子结点,每个子结点又作为父结点包含各自的子结点,最后以不同数量的叶结点结束。根据成员个体实际情况不同,其结构资本需求树形图及存量树形图的子结点和叶结点会有所差异,如进一步细分,树形图深度还可加深。构建结构资本树形图是进行结构资本缺口识别的基础环节。

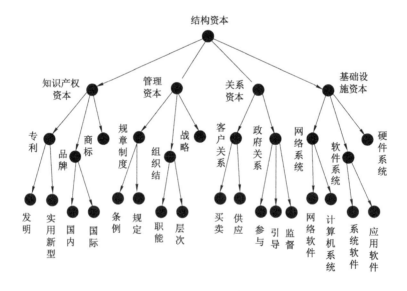

图 4-5　联盟成员结构资本树形图

(2) 联盟成员结构资本缺口类型。根据结构资本缺口的定义,成员结构资本需求集合与存储集合相交会出现包含型、相交型、分离型三种类型,如图 4-6 所示。

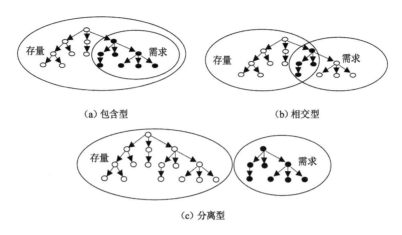

（a）包含型　　　　　　　　　　　（b）相交型

（c）分离型

图 4-6　联盟成员结构资本缺口类型

包含型表示联盟成员拥有完备的结构资本基础,结构资本存量完全包含需求的结构资本,如图 4-6(a)所示。此种情况之所以产生结构资本缺口,一是结构资本在组织内分布不均,部门间存在沟通障碍;二是组织内的结构资本存量未被有效利用或合理组织。这两种情况均与组织的知识管理水平不高有关。

相交型表示成员组织拥有不完备的结构资本基础,即依靠自身的结构资本存量不能完成所需知识资本生产,其缺口为结构资本需求去除与存量相交部分,如图 4-6(b)所示。

分离型表示成员组织需要的结构资本自身完全不具备,全部结构资本需求就是其缺口,如图 4-6(c)所示。

三种类型的结构资本缺口弥补的难度不同,包含型相对较易,分离型相对较难,相交型难度居中,且弥补后更利于新结构资本生产。因此,在成员结构资本存量不变的条件下,适当调整需求,使缺口类型趋向相交型更有利于组织发展。

(3)联盟成员结构资本缺口的识别过程。联盟结构资本的识别过程可以采用后序遍历处理方法,但使用该方法具有明显的优缺点。

优点是在处理过程中可以使大部分结点成为叶子结点,从而提高处理效率。缺点主要包括两个方面:一是采用后序遍历为递归算法,众所周知,递归算法的时间效率低[121];二是本书结构资本树采用了孩子表示法。若结构资本树中存储结点为同构的,则造成空间利用率低;若为不同构的,则进行结点的插入和删除时,执行的操作复杂,从而降低操作效率,特别是对于相交型处理时,要频繁进行插入和删除操作。比较而言,采用后序遍历处理方法的缺点大于优点,因此,本书采用非递归处理方法,依次处理 $C_i \in C'$ 结点,即在 SCR_1 中,对每个 C_i 进行删除及相应调整处理,认为是相对最优的处理方法,具体识别过程如图 4-7所示。

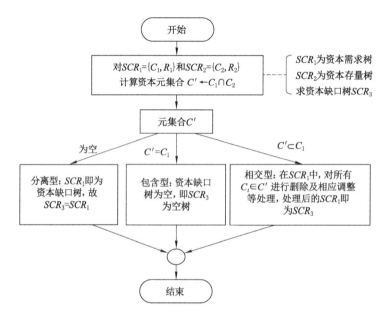

图 4-7 联盟结构资本缺口的识别过程

2. 面向用户任务的结构资本过滤

结构资本过滤是指基于联盟成员结构资本整合目标,对缺口对应的结构资本集合及自有结构资本存量集合进行筛选,重点是对拟弥补缺口的结构资本的筛选,这是一个优化匹配的过程,为下一步的结构资本融合提供相对最优的"原材料"。

(1)结构资本过滤的方式。联盟成员通过组织遗忘、择优弃冗、匹配相容和沉淀净化等 4 种有意识或无意识的方式进行结构资本过滤,4 种方式相互融合,协同发挥过滤作用,其协同关系如图 4-8 所示。

组织遗忘方式是指组织有意识地放弃旧的无使用价值的结构资本,或由于知识资本管理不当,无意识地忽视具有潜在使用价值的结构资本。当然,当组织的外部环境发生较大变化时,组织应当倡导有意识的放弃行为,摒弃与组织发展战略目标不一致、不能创造价值增值的旧结构资本,能够避免组织的结构资本刚性,满足新知识资本生产需要。

择优弃冗方式是指对可弥补缺口的结构资本及自有结构资本存量进行分

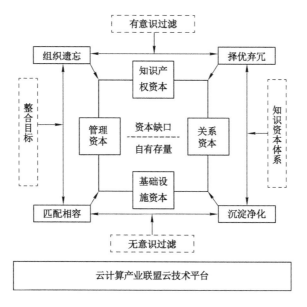

图 4-8 结构资本过滤协同关系

析、比较,从中筛选出最优组合。放弃与组织整体知识资本体系冲突、与整合目标不相关及重复冗余的部分,从而保证结构资本整合最终的效率和质量。

匹配相容方式是指弥补缺口的结构资本与组织内原有的结构资本应相互匹配,并与组织现有整体知识资本体系协调兼容。这种方式能够保证新结构资本充分发挥补充与强化作用,促进组织结构资本整合目标的实现。

沉淀净化方式是指结构资本具有生命周期特征,随着新结构资本的加入或原有结构资本的升级,旧有结构资本会沉淀下来,最终被组织遗忘与摒弃,从而净化组织结构资本体系。沉淀净化是由知识资本的自然形态所决定的,知识资本有流动态与沉淀态两种形态,但只有流动的知识资本才能发挥使用价值,进行价值增值。沉淀净化是组织自然选择遗弃沉淀结构资本的过程。

(2)结构资本过滤的过程。完整的结构资本过滤过程主要包括三个方面,即相关结构资本定位、优势结构资本过滤和最优结构资本确定。相关结构资本定位是结构资本过滤的基础工作,成员结构资本识别结果及联盟结构资本溢出结果为定位相关结构资本奠定了基础,为优势结构资本过滤提供了初始结构资本资源集合,也可视为初次过滤;优势结构资本过滤是依据成员构建的适当标准,对初始集合进行第二次过滤,挑选出数量较少的备选资源,即优势结构资本,形成子集合;最优结构资本确定是指通过一定的决策标准对子集合包含的优势结构资本进行综合评价,即第三次过滤,得出最终决策结果,这一结果应该最有利于结构资本整合的下一步的进行,即结构资本融合[119]。综合上述分析,联盟成员结构资本过滤的动态演化过程如图 4-9 所示。

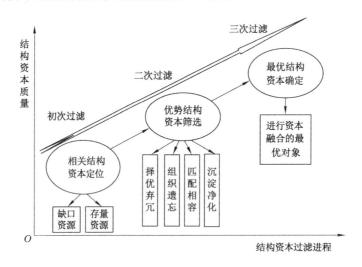

图 4-9   结构资本过滤的动态演化进程

4.2.1.3   联盟结构资本选择策略

1. 优化结构资本选择的方法与过程

方法与过程的优化,能够从管理角度提高联盟结构资本选择的能力和效率,体现在缺口识别、过滤等结构资本选择的全过程,是管理角度的顶层设计,直接影响结构资本选择结果的质量。在结构资本缺口识别方面,要结合联盟知识资本的特点,关注结构资本的层次关系、量化水平、可视性等因素,便于成员对结构资本需求及存量的表达;在结构资本过滤方面,要基于联盟成员自身的实际情况,对结构资本需求合理定位,应全面考虑组织遗忘、择优弃冗、匹配相容和沉淀净化等结构资本过滤的方式,各种方式相互融合,协同发挥过滤作用。

2. 选择或研发与结构资本选择需求相匹配的工具

合适的结构资本选择工具,能够从技术角度提高联盟结构资本选择的能力和效率。目前,已经产生了一些典型的知识选择工具,如 SPSS Clementine、SAS Enterprise Miner、Intelligent Miner、DB Miner、SQL Server 等,这些工具各有特色。联盟在选择工具过程中,必须要充分考虑到联盟现有人力资本的水平、可供选择的结构资本的种类与数量、应用的目的与效果等,要综合考量贯穿于结构资本选择全程的所有重要因素。另外,要充分利用联盟的云计算环境,当现有工具无法满足需求时,应利用联盟云平台进行自主研发,突出云计算技术的自助、定制等优势特点,以联盟云平台的方式提供一站式的精准化知识选择服务。

4.2.2　基于通用云界面的结构资本融合

对于联盟结构资本整合过程来说,结构资本选择的过程是知识性原材料去粗取精的过程,而结构资本融合则是新知识资本生成的过程,即联盟知识资本增值部分的直接生产过程。结构资本融合是通过对分布式知识源进行关联、重构等处理,进而生成具有使用价值的新知识的过程,核心内容包括融合算法设计和融合体系结构设计两个方面。其中,融合算法是实现分布、异构知识转换与生产的关键技术,目前取得了较多成果。在融合算法一定的情况下,如何从管理角度优化融合体系结构设计,从而提高融合能力和效率是本书研究的重点问题。

针对云计算产业联盟特点和云技术优势特征,本书从界面管理理论中提炼出"云界面"概念,通过对云界面的管理,形成提高交互系统技术整体性能的组织模式和管理方式的统一性框架,以便更好地对联盟结构资本进行有效融合。

4.2.2.1　基于通用云界面的联盟结构资本融合模式

界面是指两个或多个不同事物之间的分界面,常用于 IT 领域,指用户和系统进行双向信息交互的软硬件及方法的集合,反映系统组分之间的结合状态或构成要素之间的交互关系[123]。

为了使联盟成员间结构资本交互界面保持系统性、一致性和开放性,基于云计算技术的通用性特征(云计算可以有效兼容各种不同种类的硬件和软件基础资源),在界面交互过程中实现客观存在的技术衔接而设计的具有统一技术标准、界面规则和参数要求的框架,称为通用云界面。基于通用云界面角度探讨联盟结构资本融合,突出的是通用性,通用的界面规则将明确知识融合过程中相关技术要素间的联系,加强耦合和协调,增进相互碰撞,为不同融合模式的选择和应用奠定基础。

随着云计算产业的快速发展,相关结构资本趋于多元化和复杂化,结构资本融合面临多变、异构、无序等问题。针对联盟分布式知识资源特点,参考学者Smirnov 的观点,本书将联盟可选择的结构资本融合模式划分为五种类型,包括简单融合、吸收融合、扩展融合、选择融合和平面融合[124],具体如图 4-10 所示。

简单融合是指将最基础的分布式结构资本源中的两个或两个以上的结构资本源组建联结成一种新结构资本,如子图 4-10(a)中 a_4 和 b_2 的联结。这里需要说明的是,虽然原有的结构资本结构并没有发生变化,但是各自的功能将发生改变。吸收融合是指将结构资本源通过合并方式加入另一个结构资本源,如图 4-10(b)中将 b_1—b_4 加入 a_1—a_4 进行合并,此时吸收方在原有的结构基础上产生了新的功能。扩展融合是指在已有的结构资本源中引入其他结构资本源的部分内容,形

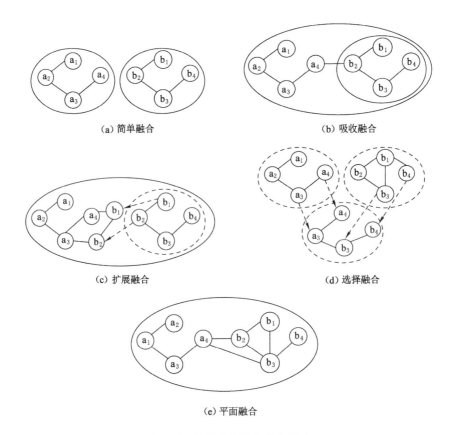

图 4-10 联盟结构资本融合模式

成新的结构资本结构和功能,但是被引入的结构资本源本身不变,如图 4-10(c)中结构资本源 a 引入了 b_1 和 b_2 部分,形成新的结构资本。选择融合是指新结构资本由不同结构资本源中的某些部分,通过具体的转换、关联和聚类等方法而产生,如图 4-10(d)中 a_3、a_4 和 b_3、b_4 相融合,此时结构资本源 a_3、a_4、b_3、b_4 保持原来的内部结构与特点。平面融合是指通过多结构资本源的融合算法来改变原有的结构资本结构,以多维度的融合方式来产生新结构资本,如图 4-10(e)中 a_4 同时与 b_2、b_3 相融合,体现出交叉全面的融合特征。

4.2.2.2 基于通用云界面的联盟结构资本融合流程

通用云界面将提供结构资本表示的方法和便于云计算领域结构资本描述的交互关系,通过构建标准化的云界面,有利于实现结构资本融合过程中关联、重构等功能,可以降低知识黏滞度,提升融合系统的有效性。本书认为,云界面的通用程度将影响结构资本融合模式的选择,进而影响融合效率和质量。结合前文的结构资本融合模式,在联盟成员竞合关系一定的前提下,结构资本融合过程中云界面通用程度越高,五种不同结构资本融合模式的具体应用层次将越高,即简单融合→吸收融合→扩展融合→选择融合→平面融合,进而实现联盟结构资本融合能力的不断增强[125]。通用云界面下结构资本融合模式与能力的关系如图 4-11 所示。

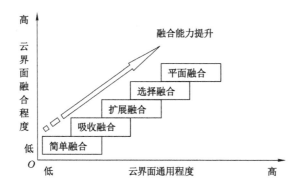

图 4-11　通用云界面下结构资本融合模式与能力的关系

无论联盟采用何种结构资本融合模式,其融合过程都可用一致的框架模型表示。框架设计基于知识融合的关键流程,包括知识提交、知识因子抽取、知识关联和知识重构四个核心流程模块[126]。该融合框架涉及的界面包括知识融合流程界面和人机交互云界面,界面之间的交互通过通用的界面规则来实现,如图 4-12 所示。

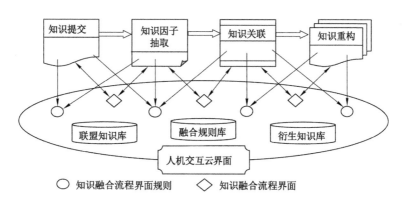

图 4-12　基于通用云界面的联盟结构资本融合框架

(1) 知识提交。本阶段是将结构资本选择的结果进行简单汇总,提交至流程界面。由于结构资本选择阶段设计的规则侧重层次性和定量,并未进行规则化,因此,提交的知识表现为一种无序的离散分布状态。

（2）知识因子抽取。知识因子是描述知识单元主题的最小单位。知识因子抽取是对提交的知识单元的处理过程,依据不同主题,从知识单元中抽取若干知识因子来描述知识单元的主要特征。此时,抽取的知识因子也表现出无序特征和离散分布状态。知识因子能够相互融合,需要依据知识因子主题的相关性进行聚类关联,对知识单元按其知识因子主题进行线性排序,即规则化。

（3）知识关联。知识因子抽取后,对线性序列上的知识因子按照主题相关性原则进行关联操作,相关性即知识因子间的亲近关系,该阶段探寻知识因子各自的亲近关系,并用联结路径将亲近关系进行表达,形成以知识因子为节点、关联为路径的知识因子关联网络。

（4）知识重构。一旦知识因子相互关联,知识因子关联网络上的任何一个节点都将自主地与其他节点建立关联,即知识因子重组,从而新的知识由此诞生。知识因子关联网络具有动态发展特征,因此,网络中的知识因子可以重复进行不同的知识关联,源源不断地产生新的知识,这个过程也充分说明了知识生产循环演化的规律。

4.2.2.3　基于通用云界面的联盟结构资本融合策略

1. 建立云计算产业规范的界面规则

联盟应主持或参与相关规则的制定,保持云界面结构资本融合过程的通畅性和有效性,建立知识融合流程间和人机交互的界面规则及协调机制,注重动态均衡和适度柔性,达到界面间的动态协调。

2. 云界面规则化向制度化演进

为了使联盟结构资本融合系统保持动态性、系统性和完整性,明确融合过程中知识提交、知识因子抽取、知识关联和知识重构四个核心步骤与云界面规则的相互作用,需要将云界面规则化模式逐渐向组织制度化模式演进。

4.3　云计算产业联盟人力资本投资机制

人力资本投资方式的选择和设计是人力资本投资的最主要环节,也是人力资本生产的直接途径,决定了人力资本生产的效率。根据云计算产业联盟的人力资本投资需求和对人力资本投资方式产生的影响,本书对人力资本培训和流动两种人力资本生产方式进行了重新设计。

4.3.1　基于泛在学习环境的联盟人力资本培训投资

4.3.1.1　泛在学习环境

泛在学习是指任何学习者均可在不受任何时间、空间限制的情况下,基于多种信息终端设备,利用网络平台获取自己需要的学习信息和内容[127]。泛在学习对技术依赖,而云计算技术的出现,为泛在学习资源和学习服务提供了有力支撑。泛在学习环境通常具有简单性、情境性、交互性等特点[128]。在泛在学习环境下,联盟的人力资本培训可以拓展时空范围,提高灵活性,实现“泛在培训”,使联盟人力资本投资过程优化,提高投资效率。

4.3.1.2　泛在学习环境下的联盟培训模式构建

1. 泛在学习环境下的联盟培训资源开发

培训资源是联盟进行培训的基础,其优劣直接决定了联盟培训的效果和导向。一般而言,基于泛在学习环境下的联盟培训资源的开发需要经历两个过程。

第一,联盟培训资源的设计。参照学习接受理论,遵循实用性原则,区分、筛选和设计实践类、探索类、理论类等培训内容,每次根据培训的目的进行选择。对于泛在学习而言,倾向于使用“基于问题驱动”或“基于项目任务驱动”的学习方式,因此,联盟培训资源的设计也应该以具体案例、实际问题、主题讨论等类似的方式开展,这也与联盟成员实际需求及“解决云计算产业核心问题和共性问题”的联盟目标相一致。

第二,联盟培训资源的更新进化。在泛在学习环境中,联盟学习元数据库是在不断地演变的。学习元数据库内部的各种知识元要素相互作用,再加上联盟个体学习者的不断参与编辑、分享、评论和重构,以及知识周期性的消亡和外部资源的侵入等,联盟培训资源的更新进化势不可挡,因此,需要对联盟培训资源的更新进化进行路径设计。鉴于学习元数据库主要是由培训内容本身和内容之间的关联构成,对资源进化的控制也可以从内容的进化和关联的进化两方面入手。通过与联盟成员的协同编辑、大数据目标知识的输入等手段形成新的内容库,并通过版本控制作用于学习资源数据库;通过人工编辑或动态建立的关联规则对旧的关联规则产生影响,形成新的关联规则库。经过一系列的演化,新版本的联盟学习元资源数据库形成,如图 4-13 所示。

2. 泛在学习环境下的联盟个性化培训推荐

联盟将有价值的知识传达给有潜在需求的成员,需要充分利用知识推荐机制。在泛在学习环境下,知识推荐机制主要是根据成员的兴趣、已有知识积累和学习偏好来进行定向培训资源的输出。具体过程为:根据成员的兴趣、知识存量和学习偏好,结合学习元资源信息库中相似成员的兴趣、关联知识和学习偏好,分别输出兴趣学习元候选集、关联知识元候选集和偏好学习元候选集,然后分别进行相似度检验,进而输出兴趣学习元推荐集、关联知识元推荐集和偏好学习元推荐集,最终传递给用户进行信息匹配;如果匹配度达到预设的匹配值,则终止

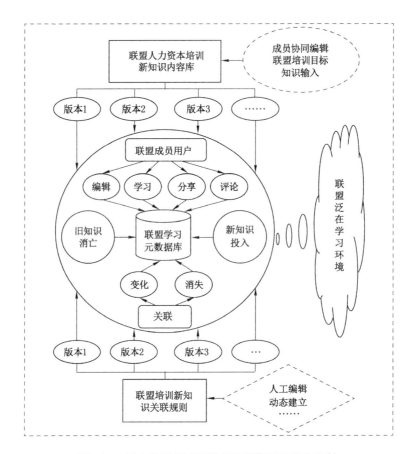

图 4-13 泛在学习环境下联盟培训资源的进化机制

推荐,否则继续进行推荐,直到满意为止。泛在学习环境下感知学习的推荐机制如图 4-14 所示。

4.3.1.3 泛在学习环境下的联盟培训实现机制

基于前文设计的联盟培训资源开发及个性化培训推荐机制,联盟可实现泛在学习环境下的成员培训投资,实现途径如图 4-15 所示。

4.3.1.4 联盟实施泛在学习培训的策略

泛在学习的根本宗旨在于将培训融入真实的工作、生活中,并可以不受时空限制地随时随地进行。联盟要实现泛在学习的培训主要可从以下几方面入手。

1. 搭建安全稳定的基础支撑环境

安全稳定的泛在学习培训环境是保证泛在培训的基本条件。联盟内部实施

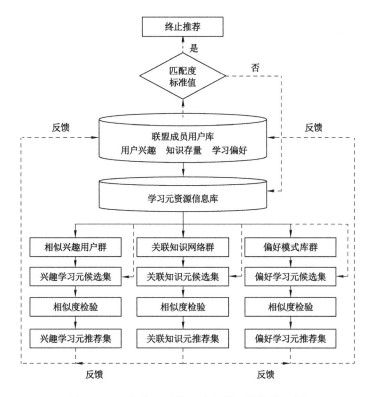

图 4-14　泛在学习环境下感知学习的推荐机制

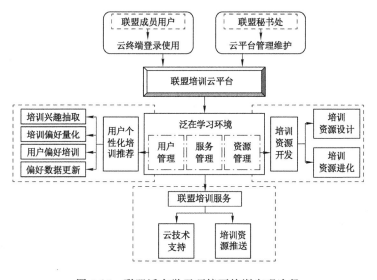

图 4-15　联盟泛在学习环境下培训实现途径

的泛在学习培训必须基于联盟及成员云计算技术应用的有力支撑,并结合成员智能设备终端、云计算资源服务等的综合应用才能得以实现。

2. 提供全面细致的培训资源服务

全面细致的培训资源服务不仅能够优化培训过程,还能全方位地满足人员的个性化服务,定制学习需求,从而保证泛在培训能够高质高效地进行。主要可从三点着手:一是及时更新和完善培训资源信息库,保证培训资源的丰富性和前沿性;二是为联盟内部成员员工开辟个性化的培训空间,包含员工个人信息、兴趣爱好、职业水平等各种信息的云存储空间,以方便联盟能够向员工进行个性化知识的输送;三是为员工的培训活动提供云服务支持[129]。

3. 保证培训任务的真实性及生动性

培训情境的真实生动性能够激发员工的学习动机,加深对复杂知识的理解和印象,并以此来促进旧信息的更新和转换,在真实的任务中体会最新技能的使用技巧和优势,实现知识的有益迁移。真实性主要从培训内容主题背景的真实有效性、任务分配布置的合理性等方面着手,如面对真实的云服务客户、解决云服务产品的实际问题等;生动性主要体现在虚拟仿真情景的提供方面,联盟应充分利用基于云计算的虚拟现实(VR)技术、增强现实(AR)技术等仿真技术。

4.3.2 基于虚拟人力资本的联盟人力资本流动投资

4.3.2.1 虚拟人力资本的内涵

虚拟的概念经过几十年的推演发展,体现在组织人力资源层面的虚拟的含义可概括为两个方面:一是非真实的能力,指各类主体所需由人力资源产生的价值并非完全由自然人产生,是技术与人的脑力和体力相结合的产物,即技术可以替代部分个人的脑力、体力的总和,被替代的部分可以称为非真实的能力;二是外部的能力,指本组织之外的人力资源所包含的能力,这一部分能力可以通过外包、租用等形式为组织提供使用价值,那么这部分能力即为组织的外部能力[130]。综上所述,组织所拥有的非真实的和外部的,且可以为组织提供使用价值的能力即为组织的虚拟人力资本。

1. 虚拟人力资本的特点

一是以IT为依托。虚拟人力资本主要依赖IT平台进行招聘信息搜集、参加网络平台招聘、明确工作任务、提交工作结果等。二是变动性强。虚拟人力资本与组织间是自愿互利的松散网络合作关系,一旦组织既定目标实现或虚拟人力资本不再具有使用价值,组织与虚拟人力资本的关系就可能宣布结束。三是使用价值最大化。企业组织与虚拟人力资本的关系趋近于订单关系,虚拟人资本按照合同要求完成组织的工作任务,在虚拟人力资本能力范围内可以同时接受很多任务订单,实现使用价值最大化。四是工作过程灵活。虚拟人力资本与传统人力资本间存在的一个很大的区别就是虚拟人力资本完成工作的时间、地点、过程、方式等均自由确定,拥有极大的灵活性[131]。

2. 虚拟人力资本的适用范围

组织中哪些人力资本适合采用虚拟化需要根据一定的标准进行权衡。一般可以基于两个理论视角进行划分:一是哈默尔与普拉哈拉德的资源基础理论,即涉及组织核心竞争力的资源可以用价值维度表示,对组织核心竞争力影响较小的人力资本应被"外向化",以强化资源、专注核心能力;二是科斯提出的交易成本理论,即资本的结构性安排与治理取决于其专有化程度,可以用独特性维度表示,人力资本虚拟程度取决于对组织的专有化程度,专有化程度越低,越宜虚拟。虚拟人力资本的适用范围可以用图 4-16 表示。

图 4-16　虚拟人力资本的适用范围

当人力资本处于第Ⅰ象限时,其特征为价值大与独特性高,属于组织核心层面,一般以实体人力资本为主。

当人力资本处于第Ⅱ象限时,具备传统人力资本特征,即价值较大与独特性低,此类人力资本标准化程度高,具有规模效益,因而从维持组织稳定性角度一般以实体人力资本为主。

当人力资本处于第Ⅲ象限时,其特征为具有通用标准且价值不大。这类人力资本采用虚拟化应是一个合适的选择,如外包策略,可以充分发挥虚拟人力资本的优势特征。

当人力资本处于第Ⅳ象限时,称之为特质化人力资本。其特征为个性化、稀缺化,组织培养此种类型的人力资本成本高,且结果不确定,另外,该类人力资本的使用价值仅针对组织某些具体项目发挥作用。因此,组织采用虚拟人力资本形式是合适的方式,如采取合作策略。

4.3.2.2 虚拟人力资本对人力资本管理产生的变革

IT 催生的虚拟人力资本及其管理,可以有效降低成本,提高工作效率和人力资源管理水平,成为新形势下组织竞争的重要手段之一。同时,大数据环境也给组织人力资源管理带来了冲击,迫切要求组织不断选择更加合适的 IT 来满足管理需求,云计算技术的出现,满足了组织对人力资本及管理的新需求,能够进一步促进虚拟人力资本的发展。

1. 以云计算为代表的人力资本管理发展的三个阶段

整体而言,传统人力资本管理向以云计算为基础的人力资本管理的变迁主要经历了三个阶段,每个阶段在管理地位、方式、理念、范围及职能等方面均有不同特征[132],如表 4-1 所示。

表 4-1 以云计算为代表的人力资本管理发展阶段

			办公软件阶段	ERP 阶段	云计算阶段
管理形式			实体管理	虚拟与实体相结合	虚拟为主
管理地位			人事管理	ERP 模块之一	完整的人力资本管理体系
管理方式			静态管理	组织内部动态管理	网络资源共享
管理理念			降低成本	辅助组织决策	人力资本开发
应用范围			广泛	高成本,适用范围较小	低成本,未来应用广泛
管理层次			事务性管理		战略规划
管理职能	招聘	方式	招聘会、广告、中介机构		基于大数据的人力资本库互动筛选
		时间	时间长		时间短
	培训		受时空限制;方式单调;费用高		泛在学习;费用低
	绩效考核		侧重绩效结果;易受主观因素干扰;效率低		全过程绩效考核体系;结果客观;效率高
	薪酬管理		时间长;薪酬策略与组织发展战略脱节;激励效果差		时间短;为构建科学的薪酬体系提供数据分析;激励效果好
	劳动关系管理		自动化程度低;灵活性低		人性化、科学化;灵活性高

2. 虚拟人力资本管理带来的机遇

第一,降低人力资本投资及管理成本。组织人力资本部分外包策略可以避免在设备、技术和研发上投入大量的资金,组织实体人力资本规模的缩减也可以降低人力资本的整体成本。另外,以往组织应用人力资本管理软件、实施 ERP 均需要支付较高的授权费、技术维护费、日常管理费等,而云计算使人力资本管理的相关成本得到了显著降低。第二,提高组织的创新能力。组织在充分利用虚拟人力资本的同时,也取得了广泛接触新思想、运用新技术的机会。可以充分利用虚拟人力资本获取组织中没有的知识、经验与技能,有助于组织提高创新能力、扩大竞争优势。第三,实现人力资本的有效配置。利用虚拟人力资本,可以对组织内或网络内的人力资本按照特殊性和及时性原则进行最佳配置。对使用价值不高或成本收益率较低的人力资本,组织不必投入大量的资金建立和维持,而应借助虚拟人力资本来获得。在大多数情况下,外部人力资本资源配置服务提供商拥有比本组织更有效的完成某项业务的技术和知识。第四,有效支持组织的长期发展战略。在组织传统人力资源管理软件及 ERP 的投资回报不高,对组织战略部署支撑不力的情况下,人力资本部分外包的模式选择可以成为组织长期发展战略的一个重要组成部分[133-135]。

4.3.2.3　虚拟人力资本投资的内容及成本分析

1. 虚拟人力资本投资的内容

传统实体人力资本的成本项目包括获取成本、使用成本、开发成本、离职成本等,虚拟人力资本的成本项目比传统减少,主要涉及获取成本和使用成本两类,具体如表 4-2 所示。

表 4-2　传统实体及虚拟人力资本投资内容

分类	成本项目	传统实体人力资本	虚拟人力资本	内容说明
获取成本	招幕成本 C'_1	√	√	寻找合作伙伴、租用招聘平台、大数据搜寻等费用
	甄选成本 C'_2	√	√	面谈、测试、评价等费用
	议价成本 C'_3	√	√	对契约、价格、品质等讨、还价费用
	签约成本 C'_4	√	√	监督契约执行、处理违约等费用
	安置成本 C'_5	√		各种管理、办公设备等费用
使用成本	薪酬成本 C'_6	√	√	工资费用
	激励成本 C'_7	√	√	高质量、创新性完成任务的费用
	福利成本 C'_8	√		保险、卫生保健、津贴等费用
	人力资源管理软件成本 C'_9	√		相关软件、设备的购买、维护、运营等费用
	云平台成本 C'_{10}		√	租用云平台进行虚拟人力资本管理的软硬件费用

表 4-2(续)

分类	成本项目	传统实体人力资本	虚拟人力资本	内容说明
开发成本	培训成本 C'_{11}	√		在职培训的讲课、差旅等费用
离职成本	离职补偿成本 C'_{12}	√		离职人员薪资、经济补偿等费用
	职务空缺成本 C'_{13}	√		产出损失、效率损失等费用

2. 虚拟人力资本投资的成本分析

从虚拟人力资本投资成本的构成来看,属于交易费用范畴,因此,可以利用交易成本理论来进行成本分析。交易费用是指拥有不同资源的各方在交换其资源过程中所产生的成本。根据科斯定理,组织选择通过企业内部配置某一资源还是市场配置某一资源取决于两者交易费用的大小。组织对所需的人力资本可通过长期契约的方式将其内化到组织的内部来进行配置,也可采用市场途径通过临时契约的虚拟人力资本方式来进行配置,采用哪种方式直接与产生的交易费用大小相关。

假设组织有一个需要完成的市场目标,但仅依靠组织内部现有的人力资本难以实现时,可采取两种策略:

策略一:对内部现有人力资本进行培训再投资;

策略二:采用虚拟人力资本完成任务。

下面对在这两种策略下的组织效益和成本进行分析。

假设组织采用策略一,组织的净收益记为 E_1,公式为:

$$E_1 = E_{01} - (C'_1 + C'_2 + C'_3 + C'_4 + C'_5 + C'_6 + C'_7 + C'_8 + C'_9 + C'_{11} + C'_{12} + C'_{13}) - C'_{14}$$

$$(4\text{-}1)$$

其中:E_{01} 表示组织抓住市场机遇可以获得的毛收益;C'_{14} 表示由于只利用企业内部人力资本而错失市场机遇所造成的损失;其余符号含义如表 4-2 中所示,均为组织传统实体人力资本投资的直接成本。

假设组织采用策略二,组织的净收益记为 E_2,公式为:

$$E_2 = E_{02} - (C'_1 + C'_2 + C'_3 + C'_4 + C'_5 + C'_6 + C'_7 + C'_{10}) - C'_{15} \qquad (4\text{-}2)$$

其中,E_{02} 表示组织抓住市场机遇可以获得的毛收益;C'_{15} 表示由于内外人力资本协调运作不当而给组织所带来的损失;其余符号含义如表 4-2 中所示,均为组织虚拟人力资本投资的直接成本。

组织是否利用虚拟人力资本,取决于哪种情况带来的净收益更大。当 $E_2 >$

E_1 且 $E_2 > 0$ 时,组织采用虚拟人力资本策略为最优选择。目前,由于云计算技术的发展及大数据时代的到来,使得现代组织利用虚拟人力资本的交易费用大为降低,且利用大数据获取更为优秀的虚拟人力资本的可能性大大增加,为组织实现价值增值、提高竞争优势提供了机会。特别是在市场机会瞬息万变、竞争激烈的环境下,式(4-1)中的 C'_{14} 对组织发展影响巨大,是一项重要成本,且从其他交易成本构成来看,虚拟人力资本一般占有优势。因此,只要组织合理利用虚拟人力资本,出现"$E_2 > E_1$ 且 $E_2 > 0$"的概率越来越大,就可以作为组织的一项重要成本控制策略。

4.3.2.4　联盟虚拟人力资本投资策略

1. 建立专业化的人力资本管理队伍

云计算的应用,对成员人力资本管理者提出了专业和技能上的新要求。由于云计算给传统人力资本管理带来了变革,成员原有人力资本管理者也需培训和再学习,同时,组织领导层也需转变思想观念,充分认识虚拟人力资本的重要作用,将其纳入组织发展战略规划中。

2. 构建以云计算为基础的人力资本管理平台

联盟应充分利用云计算技术的优势,更新人力资本管理系统,可以采取直接租用方式,也可以根据自身实际需求,在云计算系统标准化的基础上进行个性化创新设计,完善招聘、绩效、薪酬等模块,不但能够提高人力资本管理效率、降低交易成本,而且能够促进外部交流合作、提高创新能力。

3. 组织结构"云转型"

一方面,根据组织战略对组织架构和部门职责进行调整,从而优化人力资本使用价值;另一方面,对人力资本管理结构进行调整,进行新的目标定位、投资分析、过程管理等。

4.4　云计算产业联盟知识资本生产能力评价机制

生产能力是指由投入要素决定、产出水平表现的投入-产出规模和效能。知识资本生产能力是指在一定期间内,在既定的组织技术条件下所能生产的新知识资本数量,即知识资本增值量。

联盟知识资本生产能力评价机制是指根据评价系统的要求,从前文提出的构成知识资本生产系统的结构资本存量、脑力劳动者、生产工具、组织与管理等四个要素进行综合分析,设计评价指标体系,确定指标权重和评价方法,通过综合评价给出评价结果,并对结果进行系统分析的过程。

云计算产业联盟设计知识资本生产能力评价机制的目的在于检测联盟知识资本增值效果是否实现，从而把握现状、发现问题并采取针对性措施，对联盟知识资本生产运行进行有效管理，同时可以对联盟知识资本获取与积累机制进行选择和优化，最终促进云计算产业联盟知识资本增值循环效率的提升。

4.4.1 云计算产业联盟知识资本生产能力评价组织与流程

4.4.1.1 云计算产业联盟知识资本生产能力评价组织机构

联盟生产能力评价活动需要一个组织机构来专门负责，联盟理事会（管委会）可以选择相关专家成立评价小组，或者与第三方专业评价机构来共同执行评价工作。

在成立评价组织机构时应遵循以下原则：专业性原则、权威性原则、公正性原则和利益无关性原则，以保证评价结果的客观性和可信性。专业性原则是指评价组织机构的人员应熟知联盟知识资本生产的机理及相关机制，掌握联盟实际运营状况，能准确理解联盟知识资本生产能力评价的各项指标，甚至熟练使用知识资本生产能力评价的具体方法。权威性原则是指评价组织机构的成员具有公信力，长期从事相关评价工作或是知识管理领域的专家，能科学确定评价各环节，严格执行评价标准，并能够对评价结果进行处置，实现评价目标。公正性原则是指评价组织机构的产生要公开征求联盟全体成员的意见，要兼顾联盟成员个体和联盟整体的利益关系，评价全过程公开、透明。利益无关性原则是指评价组织机构应财务独立，人员构成与联盟成员组织无利益关联，由此可以做出更为公正的评价。

联盟生产能力评价组织机构的主要职责包括以下几个方面：一是确定评价流程、评价指标体系和评价方法，并结合联盟和成员的实际情况进行适当的修改和完善，保证联盟知识资本生产能力评价的可行性和科学性；二是负责收集和调研相关评价数据，并根据评价方法进行数据整理；三是依据评价方法和相关要求严格执行评价活动；四是对评价结果进行分析，提出整改建议，形成联盟知识资本生产能力评价报告，反馈给联盟理事会（管委会）。

4.4.1.2 云计算产业联盟知识资本生产能力评价流程

依据评价工作的实际运行程序，确定联盟知识资本生产能力评价流程如下：

步骤1：建立评价组织机构。联盟知识资本生产能力评价活动由联盟理事会（管委会）发起，成立评价组织机构或与专业评价机构合作开展评价活动。

步骤2：构建评价指标体系。根据评价目的，采用一定的方法对评价指标进行构建及筛选，给出评价指标的说明及测度方法。指标要能够客观、全面、科学地反映联盟知识资本生产能力。

　　步骤 3:评价数据获取。根据评价指标收集相关数据,对难以直接获得的数据,可通过问卷调查等形式获得,并对获取的数据按照相关标准进行整理。

　　步骤 4:确定指标权重。根据一定的方法和流程确定评价指标权重,客观反映不同指标对于联盟知识资本生产能力影响的重要程度。

　　步骤 5:确定评价方法。根据评价目的、评价指标及数据特征,选择合适的评价方法,从而得出联盟知识资本生产能力评价结果。

　　步骤 6:形成联盟知识资本生产能力评价报告。对评价结果进行分析,把握现状和发现问题,有针对性地提出促进联盟知识资本生产能力提升的建议。

4.4.2　云计算产业联盟知识资本生产能力评价指标体系

4.4.2.1　指标体系构建原则

　　评价指标体系构建应遵循以下原则:① 科学性。评价指标应在参考有关知识资本生产能力评价相关研究成果的基础上,结合联盟特征进行科学设计。② 全面性。评价指标既要体现联盟的整体特征,又要体现成员的个体特征,尽量保持全面。③ 数据可得性。评价指标体系的设计需要充分考虑数据的可获得性,保证评价的可操作性。④ 动态性。联盟在持续发展,与此同时,知识资本水平也在不断更新,针对其知识资本生产能力的评价指标需要结合具体的知识资本项目进行动态更新,以确保评价结果的准确性。

4.4.2.2　指标体系构建

　　根据前文提出的云计算产业联盟知识资本生产系统的构成要素,并综合考虑知识资本的内涵与特征,从结构资本存量水平、脑力劳动者水平、生产工具水平以及组织与管理水平四个方面设计具体的评价指标。

　　1. 结构资本存量水平

　　结构资本存量水平包括深度、宽度和强度三个二级指标,其中:深度反映了技术属性,表现为联盟拥有某一类知识资本的专业化程度,一般可由论文、专利、成果等的数量和水平体现;宽度反映了商务属性,表现为联盟拥有全部知识资本的异质性程度,一般可由知识资本种类、领域的多样性体现;强度反映了社会属性,表现为联盟整体的发展状况,一般可由联盟成员间合作频率、联盟行业知名度、联盟成员关系稳定性等方面体现。结构资本存量水平初始指标体系如表 4-3 所示。

表 4-3　结构资本存量水平初始指标体系

一级指标	二级指标	三级指标
结构资本存量水平 A	深度 A_1	专利授权数量 A_{11}
		科技论文发表数量 A_{12}
		科技活动经费总额 A_{13}
		获奖科技成果数量 A_{14}
	宽度 A_2	云服务产品覆盖领域广泛性 A_{21}
		联盟成员多样性 A_{22}
		联盟成员合理性 A_{23}
	强度 A_3	联盟成员间合作频率 A_{31}
		联盟成员关系稳定性 A_{32}
		联盟行业知名度 A_{33}

2. 脑力劳动者水平

脑力劳动者水平包括教育水平、培训水平和专业能力水平三个二级指标,其中:教育水平反映脑力劳动者的基本素质,主要是指通过正规学校教育形成的固有知识体系,通过大学学历以上人员占比、平均外语水平等指标来反映;培训水平是指脑力劳动者在工作中学习与积累形成的知识结构,通过在职培训时间、人均培训支出等指标衡量;专业能力水平反映联盟中从事专业技术活动的劳动者的水平,用 R&D 人员占比、中级职称以上人员占比等指标衡量。脑力劳动者水平初始指标体系如表 4-4 所示。

表 4-4　脑力劳动者水平初始指标体系

一级指标	二级指标	三级指标
脑力劳动者水平 B	教育水平 B_1	大学学历以上人员占比 B_{11}
		平均外语水平 B_{12}
		平均计算机水平 B_{13}
	培训水平 B_2	平均在职学习时间 B_{21}
		人均培训支出 B_{22}
		参加培训人员比例 B_{23}
	专业能力水平 B_3	R&D 人员占比 B_{31}
		中级职称以上人员占比 B_{32}

3. 生产工具水平

云计算产业联盟知识资本生产过程离不开各类生产工具,根据其存在形态分为实体性生产工具水平和非实体性生产工具水平,其中:实体性生产工具是指依托云平台开展的各类知识生产活动的水平,通过云平台软硬件设施投入强度、云平台软件使用频率、云平台系统稳定性等指标反映;非实体性生产工具水平指知识资本生产过程的选择、融合等核心生产环节的能力水平,体现在逻辑设计是否科学高效,以及知识生产工具的适用性方面。生产工具水平初始指标体系如表 4-5 所示。

表 4-5　生产工具水平初始指标体系

一级指标	二级指标	三级指标
生产工具水平 C	实体性生产工具水平 C_1	云平台软硬件设施投入强度 C_{11}
		云平台软件使用频度 C_{12}
		云平台系统稳定性 C_{13}
		云平台功能完善程度 C_{14}
	非实体性生产工具水平 C_2	知识资本选择能力 C_{21}
		知识资本融合能力 C_{22}

4. 组织与管理水平

云计算产业联盟的组织与管理水平也直接影响其知识资本的生产能力,包括制度建设水平和文化建设水平两个方面。联盟制度建设水平通过相关组织机构、利益分配方式等指标来反映,文化建设水平更多的是由价值观、使命感等软实力来体现。组织与管理水平初始指标体系如表 4-6 所示。

表 4-6　组织与管理水平初始指标体系

一级指标	二级指标	三级指标
组织与管理水平 D	制度建设水平 D_1	联盟组织机构完善程度 D_{11}
		联盟利益分配方式科学性 D_{12}
		联盟应用交叉补贴定价方式效果 D_{13}
		联盟成员准入、退出标准科学性 D_{14}
	文化建设水平 D_2	联盟价值观念认同度 D_{21}
		联盟创新氛围 D_{22}
		联盟成员使命感 D_{23}

4.4.2.3　数据获取

目前知识资本相关统计年鉴缺失,本书设计的云计算产业联盟知识资本生产能力指标包括两类:第一类指标可由相关年鉴、公开资料、企业报表等直接获得;第二类指标包括一些数据获取困难的定量指标和各类定性指标,这类数据由专家团队根据经验进行判断给出,具体问卷内容如下。

云计算产业联盟知识资本生产能力调查问卷

尊敬的先生/女士:

您好,本问卷调查的目的是评价云计算产业联盟知识资本生产能力,研究结果仅用于学术研究,我们承诺会为您做好保密工作,请您放心填写问卷。您的观点对本研究起到举足轻重的作用,请您完整填答本问卷。

云计算产业联盟知识资本生产课题组

请您根据经验判断,用"√"在相应位置标注。

所在单位性质:□企业　　　　□高校　　　　□科研院所　　　　□其他

	结构资本存量水平	强烈反对	不同意	不确定	同意	非常同意
1	联盟成员结构具有丰富的多样性	1	2	3	4	5
2	联盟成员结构非常合理	1	2	3	4	5
3	联盟成员之间合作非常频繁	1	2	3	4	5
4	云服务产品覆盖了非常广泛的应用领域	1	2	3	4	5
5	联盟在行业内具有很高的知名度	1	2	3	4	5
6	联盟成员之间关系非常稳定	1	2	3	4	5
	脑力劳动者水平	强烈反对	不同意	不确定	同意	非常同意
7	脑力劳动者具有很高的外语水平	1	2	3	4	5
8	脑力劳动者具有很高的计算机水平	1	2	3	4	5
9	脑力劳动者在职学习时间非常长	1	2	3	4	5
10	脑力劳动者的人均培训支出很高	1	2	3	4	5
11	参加培训的脑力劳动者占比非常高	1	2	3	4	5
	生产工具水平	强烈反对	不同意	不确定	同意	非常同意
12	云平台软硬件建设的投入额度非常大	1	2	3	4	5
13	云平台软件被经常性使用	1	2	3	4	5
14	云平台系统非常稳定	1	2	3	4	5
15	云平台功能非常完善	1	2	3	4	5
16	联盟成员具有非常强的知识资本选择能力	1	2	3	4	5
17	联盟成员具有非常强的知识资本融合能力	1	2	3	4	5

表（续）

	组织与管理水平	强烈反对	不同意	不确定	同意	非常同意
18	联盟组织机构非常完善	1	2	3	4	5
19	联盟利益分配方式非常科学	1	2	3	4	5
20	联盟应用交叉补贴定价方式效果非常好	1	2	3	4	5
21	联盟成员准入、退出标准非常科学	1	2	3	4	5
22	对联盟价值观的认同度非常高	1	2	3	4	5
23	联盟创新氛围十分活跃	1	2	3	4	5
24	联盟成员使命感非常强	1	2	3	4	5

1. 第一类指标

根据相关统计年鉴及联盟成员公开资料，可以获取相关指标数据进行测度，具体如下：

A_{11} 专利授权数量：反映技术创新直接产出，授权量越多，意味着联盟技术创新活动越活跃，由统计数据直接获得；

A_{12} 科技论文发表数量：被 SCI、EI、CPCI 等检索的科技论文数量，由统计数据直接获得；

A_{13} 科技活动经费总额：用于科技活动的经费支出，包括企业内部支出和委托外单位的经费支出，由统计数据直接获得；

A_{14} 获奖科技成果数量：获得国家级、省部级和地市级的成果数量，由统计数据直接获得；

B_{11} 大学学历以上人员占比：反映联盟脑力劳动者受教育的基本情况，由统计数据直接获得；

B_{31} R&D 人员占比：反映联盟从事研发活动的脑力劳动者的基本情况，由统计数据直接获得；

B_{32} 中级职称以上人员占比：反映联盟脑力劳动者中获得中级职称以上人员比重，由统计数据直接获得。

2. 定性指标

采用李克特五分量表法设计问卷，要求受访者对一组陈述语句发表自己的看法，与其他量表相比具有更好的信度。本书确定受访者为云计算产业联盟相关成员，按照强烈反对、不同意、不确定、同意、非常同意 5 个等级对所测问题做出判断。具体量表题项设计如下：

A_{21} 云服务产品覆盖领域广泛性：反映联盟提供的云服务产品渗透国民经济

行业领域的深度。对应量表题项:云服务产品覆盖了非常广泛的应用领域。

A_{22}联盟成员多样性:反映联盟成员结构多样性带来的结构资本变化。对应量表题项:联盟成员结构具有丰富的多样性。

A_{23}联盟成员合理性:反映联盟成员结构合理带来的结构资本变化。对应量表题项:联盟成员结构非常合理。

A_{31}联盟成员间合作频率:反映联盟成员合作交流带来的结构资本变化。对应量表题项:联盟成员之间合作非常频繁。

A_{32}联盟成员关系稳定性:反映联盟成员关系稳定性带来的结构资本变化。对应量表题项:联盟成员之间关系非常稳定。

A_{33}联盟行业知名度:反映联盟影响与知名度对结构资本的影响。对应量表题项:联盟在行业内具有很高的知名度。

B_{12}平均外语水平:反映联盟脑力劳动者的外语水平。对应量表题项:脑力劳动者具有很高的外语水平。

B_{13}平均计算机水平:反映联盟脑力劳动者的计算机水平。对应量表题项:脑力劳动者具有很高的计算机水平。

B_{21}平均在职学习时间:反映联盟脑力劳动者的非正式学习水平。对应量表题项:脑力劳动者在职学习时间非常长。

B_{22}人均培训支出:反映联盟脑力劳动者参加培训的费用支出。对应量表题项:脑力劳动者的人均培训支出很高。

B_{23}参加培训人员比例:反映联盟脑力劳动者参加培训学习的人员比重。对应量表题项:参加培训的脑力劳动者占比非常高。

C_{11}云平台软硬件设施投入强度:反映联盟中实体工具对知识资本生产的作用。对应量表题项:云平台软硬件设施建设的投入额度非常大。

C_{12}云平台软件使用频度:反映云平台使用的知识生产相关软件对知识资本生产的重要作用。对应量表题项:云平台软件被经常性使用。

C_{13}云平台系统稳定性:反映云平台系统稳定性对知识资本生产的作用。对应量表题项:云平台系统非常稳定。

C_{14}云平台功能完善程度:反映云平台功能对知识资本生产的作用。对应量表题项:云平台功能非常完善。

C_{21}知识资本选择能力:反映知识资本生产过程中联盟对知识资本选择的效率、正确性和前瞻性。对应量表题项:联盟成员具有非常强的知识资本选择能力。

C_{22}知识资本融合能力:反映知识资本生产过程中通过融合而获得的新知识资本的产出效率。对应量表题项:联盟成员具有非常强的知识资本融合能力。

D_{11}联盟组织结构完善程度:反映联盟组织机构对知识资本生产的贡献。对应量表题项:联盟组织机构非常完善。

D_{12}联盟利益分配方式科学性:反映联盟利益分配方式对知识资本生产的贡献。对应量表题项:联盟利益分配方式非常科学。

D_{13}联盟应用交叉补贴定价方式效果:反映联盟定价方式对知识资本生产的贡献。对应量表题项:联盟应用交叉补贴定价方式效果非常好。

D_{14}联盟成员准入、退出标准科学性:反映联盟成员进入、退出行为对知识资本生产的贡献。对应量表题项:联盟成员准入、退出标准非常科学。

D_{21}联盟价值观念认同度:反映联盟成员价值观一致性对知识资本生产的贡献。对应量表题项:对联盟价值观的认同度非常高。

D_{22}联盟创新氛围:反映联盟创新氛围对知识资本生产的重要作用。对应量表题项:创新氛围十分活跃。

D_{23}联盟成员使命感:反映联盟成员使命感对知识资本生产的贡献。对应量表题项:联盟成员使命感非常强。

4.4.3　云计算产业联盟知识资本生产能力评价方法

在建立云计算产业联盟知识资本生产能力评价指标体系的基础上,进一步确定指标权重计算方法与综合评价方法。

4.4.3.1　权重确定方法

模糊一致偏好关系(CFPR)是由 Herrera-Viedma 教授等在 2004 年首次提出的,在确定指标权重时,由评价者将某个指标与其相邻的后一个指标进行两两比较后建立偏好判别矩阵,然后利用互补性和可加性原理确定矩阵中的数值。与层次分析法相比,同样有 n 个指标只需要进行 $n-1$ 次比较即可,有效减少了指标间两两比较的工作量,同时当指标个数较多时,层次分析法常常出现数据不一致的情况,而 CFPR 方法在体现评价者对评价方案偏好程度的同时又避免了数据不一致的问题[136-138]。在 CFPR 中有三个基本命题。

命题 1:对于方案集 $X=\{x_1,x_2,\cdots,x_n\}$,与其相关的乘性偏好关系 $U=(u_{ij})$,其中 $u_{ij}\in[1/9,9]$;与其对应的模糊偏好关系 $P=(p_{ij})$,其中 $p_{ij}\in[0,1]$;与 U 的关系为 $P=g(U)$,即:

$$p_{ij} = g(u_{ij}) = \frac{1}{2}[1 + \log_9(u_{ij})] \tag{4-3}$$

其中:$U=(u_{ij})$表示决策者针对方案集 X 给出的偏好信息矩阵,u_{ij} 代表指标 x_i 与 x_j 比较的偏好程度,可以采用 $1\sim9$ 标度法测量,9 分表示 x_i 绝对好于 x_j,1 分表示指标 x_i 与 x_j 具有同等偏好,且满足乘性互补关系 $u_{ij}\times u_{ji}=1$;$P=(p_{ij})$

表示决策者针对方案集 X 给出的偏好信息的模糊矩阵，p_{ij} 代表指标 x_i 与 x_j 比较的偏好程度，$p_{ij}=1$ 时，表示 x_i 绝对好于 x_j，$p_{ij}>1/2$ 时，表示 x_i 好于 x_j，且满足加性互补关系 $p_{ij}+p_{ji}=1$；g 为转换函数，需要根据 u_{ij} 的取值范围进行选择，如果 $u_{ij}\in[1/7,7]$，则转换函数 g 为 $\log_7(u_{ij})$。

命题 2：对于互补模糊偏好关系 $P=(p_{ij})$，有：

$$p_{ij}+p_{ji}=1, \quad \forall i,j\in\{1,2,\cdots,n\} \tag{4-4}$$

$$p_{ij}+p_{jk}+p_{ki}=\frac{3}{2}, \quad \forall i<j<k \tag{4-5}$$

命题 3：对于互补模糊偏好关系 $P=(p_{ij})$，有：

$$p_{i(i+1)}+p_{(i+1)(i+2)}+\cdots+p_{(j-1)j}=\frac{j-i+1}{2}, \quad \forall i<j \tag{4-6}$$

由于实际计算中 p_{ij} 的取值可能不在 $[0,1]$ 之间，而处于 $[-a,1+a]$，$a>0$，此时需要在保持乘性和加性互补关系不变的前提下，利用转换函数将其划为在 $[0,1]$ 之间，具体步骤如下：

（1）计算偏好值集合 V。

$$V=\{p_{ij}, i<j \wedge p_{ij}\notin\{p_{12},p_{23},\cdots,p_{(n-1)n}\}\},$$
$$p_{ij}=\frac{j-i+1}{2}-p_{i(i+1)}-p_{(i+1)(i+2)}-\cdots-p_{(j-1)j} \tag{4-7}$$

$$a=|\min\{V\bigcup\{p_{12},p_{23},\cdots,p_{(n-1)n}\}\}| \tag{4-8}$$

（2）计算模糊偏好集 P。

$$P=\{p_{12},p_{23},\cdots,p_{(n-1)n}\}\bigcup V\bigcup\{1-p_{12},1-p_{23},\cdots,1-p_{(n-1)n}\}\bigcup\neg V \tag{4-9}$$

（3）确定模糊偏好关系 $P'=F(P)$ 的转换函数。

$$f:[-a,1+a]\to[0,1], f(x)=\frac{x+a}{1+2a} \tag{4-10}$$

4.4.3.2 权重确定流程

云计算产业联盟知识资本生产能力评价指标的权重确定流程如图 4-17 所示。需要说明的是，专家团队的选择要注重成员多样性和全面性，既要包括云计算领域的相关企业代表、专家学者以及联盟管理人员，又要包括具备丰富经验的知识管理专家。

1. 专家偏好判断

按照 1～9 分标度法构造两两比较判断矩阵，如表 4-7 所示。

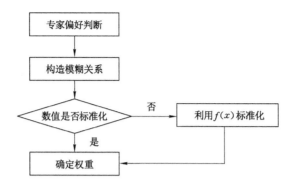

图 4-17 指标权重确定流程

表 4-7 相对重要性等级

赋值	相对重要性等级
1	x_i 和 x_j 相比同等重要
3	x_i 和 x_j 相比稍微重要
5	x_i 和 x_j 相比比较重要
7	x_i 和 x_j 相比明显重要
9	x_i 和 x_j 相比绝对重要
2、4、6、8	处于上述等级中间水平

由 m 个专家 $E_k (k=1,2,\cdots,m)$ 分别对每个指标 $x_i (i=1,2,\cdots,n)$ 进行 $n-1$ 次两两比较并构造判断矩阵 U_k。

$$U_k = \begin{array}{c} \\ x_1 \\ x_2 \\ \vdots \\ x_n \end{array} \overset{\begin{array}{cccc} x_1 & x_2 & \cdots & x_n \end{array}}{\begin{bmatrix} 1 & u_{12}^k & \times & \times \\ \times & 1 & \ldots & \times \\ \times & \times & \ddots & u_{(n-1)n}^k \\ \times & \times & \times & 1 \end{bmatrix}}$$

其中,u_{ij}^k 表示第 k 个专家对 x_i 和 x_j 比较的偏好程度。

2. 构造模糊偏好关系

利用式(4-3)将判断矩阵中的 $\{u_{12}^k, u_{23}^k, \cdots, u_{(n-1)n}^k\}$ 转化为 $[0,1]$ 之间的数值,接着根据式(4-5)和式(4-6)构造每个专家的模糊偏好关系 p_{ij}^k。

$$\boldsymbol{P}_k = \begin{matrix} x_1 \\ x_2 \\ \vdots \\ x_n \end{matrix} \begin{bmatrix} 0.5 & p_{12}^k & \times & \times \\ 1-p_{12}^k & 0.5 & \cdots & \times \\ \times & \vdots & \ddots & p_{(n-1)n}^k \\ \times & \times & 1-p_{(n-1)n}^k & 0.5 \end{bmatrix}$$

$$\begin{matrix} x_1 & x_2 & \cdots & x_n \end{matrix}$$

3. 数值标准化判断

判断模糊偏好矩阵中所有 p_{ij}^k 的取值是否处于[0,1]之间,如果均满足要求则进入下一步,如果有不满足要求,则根据式(4-10)进行转换处理。

4. 权重计算

取 m 个专家模糊偏好关系 p_{ij}^k 的平均值作为每个指标的模糊偏好值 p_{ij},表示如下:

$$p_{ij} = \frac{1}{m} \sum_{k=1}^m p_{ij}^k \tag{4-11}$$

根据模糊偏好关系矩阵 $\boldsymbol{P} = (p_{ij})$,分别计算每个指标的平均偏好程度 H_i 为:

$$H_i = \frac{1}{n} \sum_{j=1}^n p_{ij} \tag{4-12}$$

每个指标的相对权重为:

$$w_i = \frac{1}{n} \sum_{i=1}^n H_i \tag{4-13}$$

4.4.3.3 综合评价方法

常用的多指标综合评价方法主要包括灰色综合评价法、数据包络分析法、人工神经网络评价法和模糊综合评价法等。其中:灰色综合评价法根据因素之间发展态势的相似程度来衡量其关联性,是在信息非完备的情况下评判系统水平的方法;数据包络分析法适用于多个输入变量和多个输出变量的同类决策单元的有效性评价;人工神经网络评价法把评价对象的特征数据化,当数据不充分的时候,神经网络就无法进行工作;模糊综合评价法利用模糊关系合成原理,将一些边界不清、不易定量的因素定量化,从多个因素对被评价事物隶属度等级状况进行综合评价,可以较好地实现定量分析与定性分析的有效结合,满足云计算产业联盟知识资本生产能力的评价要求。因此,本书采用模糊综合评价法对云计算产业联盟知识资本生产能力进行评价,具体步骤如下。

1. 构建指标特征值矩阵

设云计算产业联盟包含 m 个评价样本和 n 个评价指标,用评价指标的实际观测值来表示每个指标对样本的反映敏感程度，那么该评价系统就是一个有 $m \times n$ 个指标特征值的矩阵。

$$\boldsymbol{S} = \begin{bmatrix} a_{11} & a_{12} & \cdots & a_{1n} \\ a_{21} & a_{22} & \cdots & a_{2n} \\ \vdots & \vdots & \ddots & \vdots \\ a_{m1} & a_{m2} & \cdots & a_{mn} \end{bmatrix}$$

其中，a_{ij} 表示第 i 个样本中第 j 个评价指标的实际观测值。云计算产业联盟知识资本生产能力评价指标体系中定量指标的直接获得数据作为实际观测值，定性指标由 4.4.2.3 章节得到。

2. 构造评判矩阵

根据评价对象特征确定评语集 $V = \{v_1, v_2, \cdots, v_i\}$ 的等级，一般为 3～5 个等级。将指标特征值全部转化成指标的隶属度矩阵，设隶属度矩阵为 $\boldsymbol{R}$。

$$\boldsymbol{R} = \begin{bmatrix} r_{11} & r_{12} & \cdots & r_{1n} \\ r_{21} & r_{22} & \cdots & r_{2n} \\ \vdots & \vdots & \ddots & \vdots \\ r_{m1} & r_{m2} & \cdots & r_{mn} \end{bmatrix}$$

由于云计算产业联盟知识资本生产能力评价指标全部属于正向指标，故可采用下式计算指标的隶属度。

$$r_{ij} = \begin{cases} 0, & a_{ij} = \bigwedge a_{ij} \\ \dfrac{a_{ij} - \bigwedge a_{ij}}{\bigvee a_{ij} - a_{ij}}, & \bigwedge a_{ij} < a_{ij} < \bigvee a_{ij} \\ 1, & a_{ij} = \bigvee a_{ij} \end{cases} \tag{4-14}$$

其中：r_{ij} 为评价指标的隶属度；a_{ij} 为评价指标的评价值；$\bigvee, \bigwedge$ 分别为取大和取小算子，$\bigwedge a_{ij}$ 表示在 j 指标下各样本的最小值，$\bigvee a_{ij}$ 表示在 j 指标下各样本的最大值。

3. 模糊合成

根据指标权重计算结果与模糊矩阵，通过模糊算子运算（ $*$ 为算子符号）得到模糊评价结果。

$$\boldsymbol{B} = \boldsymbol{W} * \boldsymbol{R} = w_i * r_{ij} \tag{4-15}$$

一般采取的模糊算子包括 $M(\wedge, \vee)$、$M(\cdot, \vee)$、$M(\cdot, \oplus)$ 和 $M(\wedge, \oplus)$ 四种，根据现实问题的性质选择合适的模糊算子。

第5章 云计算产业联盟知识资本积累机制

知识资本积累是知识资本生产循环的第三个阶段,也是知识资本增值成果的收获阶段。知识资本积累的结果体现为存量数量的增加和质量的提升,是新一轮联盟知识资本生产原材料的来源,联盟知识资本积累水平的提升可以通过有效的机制来实现。

5.1 云计算产业联盟知识资本积累机制的内涵

云计算产业联盟知识资本积累即联盟为了知识资本增值的需要,将已增值部分及外部性获取的具有使用价值的知识资本全部或部分作为联盟知识资本再生产的原材料来使用,使联盟知识资本生产在不断扩大的规模上重复进行。

云计算产业联盟知识资本积累机制是指在联盟系统中,影响知识资本积累的各因素之间相互联系、相互作用的过程,并以一定的运作方式使它们协调运行而发挥存量增长和质量提升的功能,从而实现为知识资本再生产提供原材料积累的目标:具体包括联盟知识资本存量增长、质量提升等方面的运行规则与途径。联盟知识资本积累的状态可以用深度、广度及强度三个维度进行立体表征,也是知识资本存量数量及质量的综合反映,如图 5-1 所示。

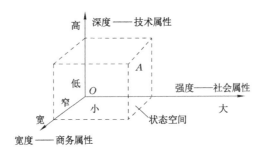

图 5-1 联盟知识资本积累状态描述

图 5-1 中,A 点表示联盟某一时刻知识资本积累水平的综合状态;深度反映了技术属性,即核心技术的突破和变革,表现为联盟拥有某一类知识资本的专业化程度,一般可由论文、专利、科研立项、专家等的数量和水平体现;宽度反映了

商务属性,即组织间跨界融合和应用创新,表现为联盟拥有全部知识资本的异质性程度,一般可由知识资本的种类、领域的多样性体现,也可从知识资本结构的全面性中体现;强度反映了社会属性,即与国家战略、社会发展乃至世界发展趋势的连接紧密性,一般可由联盟成员间合作数量、品牌、知名度等方面体现,是联盟关系资本的主要反映。

5.2 云计算产业联盟知识资本积累的途径及影响因素

5.2.1 云计算产业联盟知识资本积累的途径

关于组织知识资本积累的途径,学者普遍认为主要包括内部衍生和外部交易两种[139-140]。基于云计算产业联盟知识资本循环过程,可将联盟知识资本积累的途径具体分为合作生产、成员自生产及溢出获取三种,具体如图 5-2 所示。

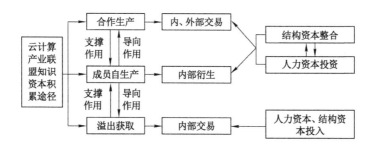

图 5-2 云计算产业联盟知识资本积累途径

图 5-2 中,外部交易是指联盟或成员从联盟外的其他组织或人员根据市场机制获取的知识资本;内部交易是指联盟成员根据联盟契约以无偿或有偿的方式获取的知识资本。由内、外交易获得的知识资本,既可作为再生产的原材料,将增值部分纳入存量,又可不加改变,纳入存量直接利用。内部衍生是指联盟成员自身进行 R&D 投入,利用原有知识资本存量进行自生产,将增值部分纳入联盟存量。

联盟知识资本积累在内容上包含人力资本积累和结构资本积累,同时,内、外部交易和内部衍生之间也存在着阶梯递进关系,如图 5-3 所示。

最底层为模仿性知识资本形成阶段。联盟通过设备设施、先进技术、组织管理方法等结构资本的引进,开始接触到产业先进的技术和组织管理形式,走上主流的发展轨道。然而,此时的联盟并不能很好地发挥引进知识资本的最大效用,必须通过内部的"干中学"才能获得引进知识资本的精髓,即必须及时从直接应

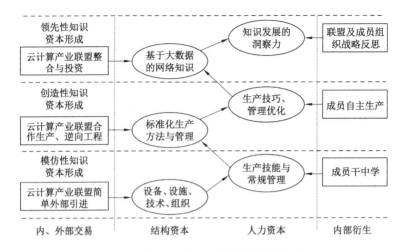

图 5-3 联盟知识资本积累途径递进关系

用的外部途径转到能够模仿生产的内部途径,这一过程伴随着人力资本的投资,为下一步的联盟创造性生产打下基础。

中间层为创造性知识资本形成阶段。联盟通过合作生产、逆向工程等方式引进外部结构资本,包括产业先进的、标准化的生产方法和知识管理方法等,有了底层阶段的基础,可以尝试进行创造性的自主知识资本生产,形成联盟自身的核心竞争力。

最顶层为领先性知识资本形成阶段。组织视野更加开放,不限于已有成果,而是从大数据、互联网中挖掘前瞻性的知识资本,通过联盟及成员内部不断地深刻分析知识资本发展趋势,提高知识发展的洞察力,从而保证联盟发展战略的科学性、先进性。

5.2.2 云计算产业联盟知识资本积累的影响因素分析

5.2.2.1 联盟知识资本积累影响因素作用模型

联盟知识资本积累是随时间变化的动态过程,某一时刻的知识资本积累表现为联盟知识资本存量。积累的动态过程受成员自主生产、合作生产、溢出获取、淘汰、流失及替代等因素的影响,共同导致了联盟知识资本存量数量和质量的变化[141]。知识资本积累影响因素作用模型如图 5-4 所示。

图 5-4 中反映了联盟知识资本积累存量增长或衰减的原因,知识资本积累的三种途径是知识资本存量增长的主要影响因素,而知识资本淘汰(老化、冲突、有害等)、知识资本流失(人员离职、组织变动、未进行知识产权保护等)、知识资

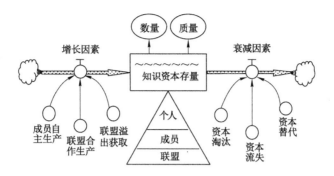

图 5-4 知识资本积累影响因素作用模型

本替代(新知识产生了替代效应、相似性等)是联盟知识资本积累存量衰减的主
要影响因素。知识资本存量的增长和衰减伴随在联盟知识资本增值循环的发展
过程中。

5.2.2.2 联盟知识资本积累的影响变化率分析

联盟知识资本积累的变化可以从积累的静态角度——知识资本存量入手,
以积累的三个主要途径为视角,某一时刻联盟某一成员的知识资本存量变化可
由下式表示:

$$K_i = K_1 + K_2 + K_3 \tag{5-1}$$

式中:K_i 表示成员 i 知识资本存量的总变化量;K_1 表示因成员 i 自身作用而引
起的知识资本存量的变化量;K_2 表示因成员 i 获取了溢出知识资本而引起的知
识资本存量的变化量;K_3 表示因成员 i 与其他成员合作引起的知识资本存量的
变化量。

联盟整体某一时刻的知识资本存量变化用 K 表示,可视为其所有成员知识
资本存量变化的线性加总,用公式表示为:

$$K = \sum_{i=1}^{n} k_i \tag{5-2}$$

假设成员组织的知识资本存量随时间而改变,则 K 是关于时间的函数,那
么对式(5-1)求导,可以得到成员知识资本存量在 t 时刻的变化率,用公式表
示为:

$$\frac{\mathrm{d}k_i(t)}{\mathrm{d}t} = \frac{\mathrm{d}k_1(t)}{\mathrm{d}t} + \frac{\mathrm{d}k_2(t)}{\mathrm{d}t} + \frac{\mathrm{d}k_3(t)}{\mathrm{d}t} \tag{5-3}$$

从式(5-3)中可以看出,成员的知识资本存量变化率由三部分组成,可以分
别加以分析。

(1)成员自身作用引起的知识资本存量变化率。该变化率是指成员依靠自

主生产途径进行知识资本积累,以及由于在生产经营过程中的知识资本衰减而导致的知识资本存量变化率。一方面,联盟成员均为知识密集型组织,出于自身发展需要,独立进行知识资本生产,获取增值成果仍是其最主要的知识资本积累活动。因此,在不进行成员间合作及获取联盟溢出知识资本的情况下,成员的正常发展过程也必然是伴随着知识资本存量增长的过程。另一方面,在成员正常的发展过程中,也将伴随知识资本的衰减,导致存量的减少。原因之一是知识资本的淘汰。由于知识老化、新旧冲突等具体原因,成员原先拥有的某些知识资本的使用价值将减小甚至为零。原因之二是知识资本的流失。导致组织知识资本流失的具体原因有很多,如战略调整、人员岗位变动、人员离职、未进行有效的知识产权保护等。

为了方便分析,设当 $t=0$ 时,$k_i(0)=1$,表示成员加入联盟时的知识资本初始存量值为1,则由成员自身作用引起的知识资本存量的变化率用公式可以表示为:

$$\frac{\mathrm{d}k_1(t)}{\mathrm{d}t} = \mu(t)k_i(t) - \nu(t)k_i(t) \tag{5-4}$$

式中:$k_i(t)$ 表示 t 时刻成员 i 的知识资本存量;$\mu(t)$ 表示成员 i 自主生产对知识资本存量增长的作用系数,体现成员在加入联盟之前的知识资本创造率,反映的是成员利用自身知识资本存量进行知识资本生产的能力;$\nu(t)$ 表示成员发展过程中由于衰减对知识资本存量减少的作用系数。

由于成员知识资本积累是一个长期过程,假设成员在一个周期 T 内知识资本生产能力不会产生重大改变,则可将成员自身对知识资本存量增长的作用系数 $\mu(t)$ 用参数 ω_1 表示,则有:

$$\mu(t) = \omega_1 \tag{5-5}$$

成员知识资本衰减率主要与产业及市场的知识更新水平相关,因此,本书将借鉴学者 Hamel 的研究成果,即如果组织外部市场的知识更新率为 $E(t)$,则 $\nu(t)$ 可以表示为:

$$\nu(t) = \rho E(t)^r, \rho > 0, r > 0 \tag{5-6}$$

式中:ρ 为成员知识资本衰减率与外部市场知识更新率之间的关系系数;r 为成员的知识资本增长率与外部市场知识更新率之间的关系系数[142]。

根据马费成等的研究成果,从宏观角度看,知识创新的长期趋势符合指数增长特征,因此,可将组织外部市场的知识更新率 $E(t)$ 表示为:

$$E(t) = \theta \mathrm{e}^{(at)}, \theta > 0, a > 0 \tag{5-7}$$

式中,θ, a 为体现知识更新率 $E(t)$ 变化的特征参数[143]。因此,根据式(5-6)、式(5-7)可得:

$$\nu(t) = \rho \theta e^{(rat)} \tag{5-8}$$

综上分析,根据式(5-4)、式(5-5)及式(5-8),可以得到成员自身作用引起的知识资本存量变化率为:

$$\frac{dk_1(t)}{dt} = \left[\omega_1 - \rho \theta e^{(rat)}\right] k_i(t) \tag{5-9}$$

(2)成员获取溢出知识资本引起的知识资本存量变化率。假设成员在一个周期 T 内对联盟知识资本溢出的获取能力不变,则由此引起的知识资本存量变化量为:

$$k_2(t) = \lambda k_i(t) \tag{5-10}$$

其中,λ 为成员获取的联盟溢出知识资本占 t 时刻成员知识资本存量的比例系数,对式(5-10)求导,可得成员获取溢出知识资本引起的知识资本存量变化率,用公式表示为:

$$\frac{dk_2(t)}{dt} = \lambda \frac{dk_i(t)}{dt} \tag{5-11}$$

(3)成员合作引起的知识资本存量的变化率。在合作生产的状态下,成员的知识资本存量变化主要来自两个方面:一方面,合作产生了增值,增值部分使存量正向增加;另一方面,因成员之间在合作过程中产生了替代效应、相似性等原因导致的知识资本替代发生,使成员知识资本存量减少。因此,成员合作引起的知识资本存量变化率可以通过这两个方面来衡量。成员知识资本存量在 t 时刻的变化与其知识资本存量相关。为了简化分析,假定成员间的合作限于两个主体间进行,则可以得出成员合作引起的知识资本存量的变化率,用公式表示为:

$$\frac{dk_3(t)}{dt} = \delta(t)k_i(t) - \varepsilon(t)k_i(t) \tag{5-12}$$

其中,$\delta(t)$ 表示因合作产生增值引起的知识资本存量变化率;$\varepsilon(t)$ 表示因替代引起的知识资本存量变化率。

云计算产业联盟具有知识网络特征,因此,针对成员合作情况下的知识资本生产水平的数学表达,可以借鉴王峥等提出的知识网络节点相互作用下的知识网络演化动力学规律基本模型,公式如下:

$$x_i(t+1) = \sum_{j=1}^{n} a_i(t) e^{\beta_i(t)(x_j - x_i)} x_j(t) \tag{5-13}$$

式中:$x_i(t)$ 表示节点 i 在 t 时刻的生产水平;$a_i(t)$ 表示节点 i 在 t 时刻的知识产出规模,即其知识生产能力的相对大小;$\beta_i(t)$ 表示节点 i 与节点 j 在 t 时刻的相互作用参数,反映节点间作用力的大小;x_i、x_j 分别表示节点 i 与节点 j 的知识生产能力状态,$(x_j - x_i)$ 表示两节点间知识生产能力的差距[144]。

式(5-13)能够体现联盟内部成员在合作状态下知识资本生产能力的变化，通过对式(5-13)进行修正，可以得出在两个主体合作生产情况下的知识资本生产率为：

$$\chi = a_1 e^{\beta(\omega_2 - \omega_1)} \omega_1 + a_2 e^{\beta(\omega_2 - \omega_1)} \omega_2 \tag{5-14}$$

式中：a_1、a_2 分别表示成员本身和合作伙伴的知识产出规模参数；β 表示合作状态下，主体双方相互作用力参数；ω_1 的含义与式(5-5)中一致，表示成员自身的知识资本创造率；ω_2 表示合作伙伴的知识资本创造率。

本书因合作增值引起的知识资本存量变化率与合作生产情况下的知识资本生产率直接相关，可以近似用其替代，因此可得：

$$\delta(t) = \chi = (a_1 \omega_1 + a_2 \omega_2) e^{\beta(\omega_2 - \omega_1)} \tag{5-15}$$

式(5-12)中的 $\varepsilon(t)$ 表示因替代引起的知识资本存量变化率，由于替代主要由合作成员之间的知识资本相似度和冲突程度决定，因此，由替代引起的知识资本存量变化率 $\varepsilon(t)$ 可以表示为：

$$\varepsilon(t) = b_1 \varphi + b_2 \eta \tag{5-16}$$

式中：b_1、b_2 分别表示因相似及冲突而产生的知识资本存量减少率，$0 < b_1, b_2 \leqslant 1$；φ、η 分别表示合作成员间知识资本的相似度和冲突程度，$0 \leqslant \varphi, \eta \leqslant 1$。

综合上述分析，根据式(5-12)、式(5-15)及式(5-16)，可以得出成员合作引起的知识资本存量的变化率为：

$$\frac{dk_3(t)}{dt} = k_i(t) \left[(a_1 \omega_1 + a_2 \omega_2) e^{\beta(\omega_2 - \omega_1)} - b_1 \varphi - b_2 \eta \right] \tag{5-17}$$

（4）联盟成员知识资本积累的总变化率。由式(5-3)、式(5-4)、式(5-11)及式(5-12)可得联盟成员知识资本积累的总变化率，用公式表示如下：

$$\frac{dk_i(t)}{dt} = \frac{dk_1(t)}{dt} + \frac{dk_2(t)}{dt} + \frac{dk_3(t)}{dt}$$

$$= [\mu(t) - \nu(t)] k_i(t) + \lambda \frac{dk_i(t)}{dt} + [\delta(t) - \varepsilon(t) k_i(t)] \tag{5-18}$$

为了使式(5-18)更加简洁，令 $\mu = \mu(t)$、$\nu = \nu(t)$、$\delta = \delta(t)$、$\varepsilon = \varepsilon(t)$，则式(5-18)可以转换为：

$$\frac{dk_i(t)}{dt} = k_i(t)(\mu + \delta - \nu - \varepsilon) + \lambda \frac{dk_i(t)}{dt} \tag{5-19}$$

对式(5-19)进行转换，并代入式(5-8)可得：

$$(1 - \lambda) \frac{dk_i(t)}{k_i(t)} = [\mu + \delta - \rho \theta e^{(rat)} - \varepsilon] dt \tag{5-20}$$

对式(5-20)进行积分变换推导可得：

$$(1 - \lambda) \int_0^t \frac{dk_i(t)}{k_i(t)} = \int_0^t [\mu + \delta - \rho \theta e^{(rat)} - \varepsilon] dt$$

$$\Rightarrow (1-\lambda)\ln k_i(t) = (\mu+\delta-\epsilon)t - \frac{\rho\theta}{ra}e^{(rat)} \tag{5-21}$$

由式(5-21)可求得联盟成员知识资本积累的总变化率为:

$$\begin{cases} k_i(t) = e^{[(\mu+\delta-\epsilon)t-\frac{\rho\theta}{ra}e^{(rat)}]/(1-\lambda)} \\ \mu = \omega_1 \\ \delta = (a_1\omega_1+a_2\omega_2)e^{\beta(\omega_2-\omega_1)} \\ \epsilon = b_1\varphi+b_2\eta \\ 0 \leqslant \lambda < 1 \\ r,a,\theta > 0 \\ 0 < b_1,b_2 \leqslant 1 \\ 0 \leqslant \varphi,\eta \leqslant 1 \\ k(0) = 1 \end{cases} \tag{5-22}$$

从式(5-22)可以看出,联盟成员的知识资本存量与自主生产、合作生产及溢出获取呈正相关,与衰减水平呈负相关。上述方程从联盟成员知识资本存量变化率的视角,反映了联盟成员知识资本积累不同途径的影响水平,进而可通过加总反映联盟整体知识资本积累随时间的变动趋势。

5.3　云计算产业联盟知识资本存量增长机制

从上文"联盟知识资本积累影响因素分析"中可以得出,联盟知识资本存量的数量增长受"输入"和"输出"因素的同时影响。其中,输入因素主要取决于联盟知识资本获取能力及生产能力,从联盟知识资本积累的角度看,仅是接受知识资本获取及生产的客观结果;输出因素主要包括知识资本淘汰、知识资本替代和知识资本流失三个方面,前两个方面是组织发展过程中的主动或积极行为,有利于组织发展,而知识资本流失则是组织的被动行为,不利于组织发展,组织应该尽量避免或降低流失水平。因此,联盟知识资本存量增长的关键就是如何降低知识资本流失水平,结合联盟特点、知识资本特征及联盟知识资本增值循环实际,认为联盟人力资本产权组织化、隐性人力资本显性化及结构资本知识产权保护是有效避免或降低联盟知识资本流失的主要方面。

5.3.1　云计算产业联盟人力资本产权组织化

人力资本产权是市场交易过程中,依存于人体内的具有使用价值的人力资本的所有权及其派生的支配权、使用权、收益权等一束权利的总称。人力资本产权可分为个人产权和组织产权两个层次。人力资本个人产权是指人力资本承载者对自身拥有的人力资本的一系列产权权利;人力资本组织产权是指归属于组织(法人)的人力资本产权,即人力资本以某种方式投入组织,组织对这部分人力资本拥有的一系列产权权利,反映了组织可实际利用的人力资本量[145]。

人力资本产权组织化是指运用某种形式及实现方式,将人力资本产权归属为组织人力资本产权的过程。人力资本产权组织化是保证云计算产业联盟人力资本保持稳定并不断增加的有效手段。

5.3.1.1 联盟人力资本产权组织化的动因

联盟人力资本产权组织化是促进和保障联盟知识资本存量增长的必然要求,主要动因如下:① 有助于维持和促进联盟及成员的核心竞争能力。联盟将人力资本产权组织化,既可以积累起过去人力资本投资的成果,又保留了知识资本创造的根源,从而维持和促进联盟及成员的核心竞争力。② 有助于降低联盟人力资本投资风险。人力资本组织化可以避免或降低联盟人力资本流失成本,减少对人力资本进行投资的顾虑。③ 有助于人力资本自身增值。人力资本和结构资本之间存在相互转化、相互促进的关系,稳定的团队、不断增长的组织结构资本都有助于个体人力资本的增值。

5.3.1.2 联盟人力资本产权组织化的形式

人力资本产权组织化的形式可以从组织合约性质的角度进行分析,主要包括雇佣合约、购买合约、出资合约三种类型[146]。

(1) 雇佣合约。联盟雇佣具有使用价值的人力资本个人使其成为联盟员工,其人力资本产权在合约约定期间全部或部分归属联盟组织所有。雇佣合约的确立,意味着人力资本个人产权向组织产权的转化,雇佣合约是联盟最主要的人力资本组织化方式。

(2) 购买合约。购买合约指联盟以货币形式一次性买断个人人力资本最具使用价值的部分(如专利、生产诀窍、管理理念等),也包括人力资本的专业性劳动能力,从而获得购买到的人力资本个人产权中的全部或部分产权,实现人力资本产权组织化。联盟采用的外聘专家、虚拟人力资本、技术成果交易等一般适合采用购买合约方式。

(3) 出资合约。人力资本个人所有者将具有使用价值的人力资本投入联盟,获得与其人力资本出资比例相对等的股权性收益和股权性控制权,个人投入组织的人力资本全部归属于组织所有。出资合约也是联盟进行核心员工激励的一种主要方式。

5.3.1.3　联盟人力资本产权组织化的实现方式

组织进行人力资本产权组织化,采用哪一种或哪几种方式是个人与组织之间相互选择、利益均衡的结果。个人基于人力资本个人产权,对组织有经济收益、控制性权利等需求;而组织也有控制人力资本成本、提高质量及稳定性、获取稀缺人力资本的需求。为了简化分析,可以从个人及组织关注的主要方面出发,通过建立模型进行一般规律的分析,如图 5-5 所示。

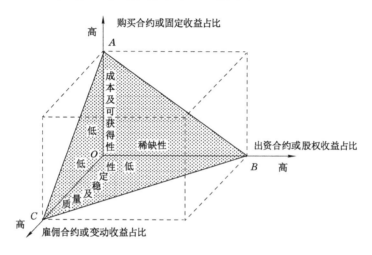

图 5-5　联盟人力资本产权组织化实现方式模型

图 5-5 中,OA 轴表示购买合约或固定收益占比、OB 轴表示出资合约或股权收益占比、OC 轴表示雇佣合约或变动收益占比。个人对知识资本产权权利的关注主要可以通过各种收益来表示。一般情况下,购买合约以获取固定收益为主,收益水平由市场价格决定;雇佣合约主要以固定收益、福利、绩效收益等为主;出资合约主要以股权收益为主。组织对知识资本产权权利的关注可以通过成本及可获得性、人力资本稀缺性及质量、稳定性三个方面表示。在保证组织正常运营的情况下,如侧重人力资本的成本及可获得性,则组织更倾向于签订购买合约;如侧重人力资本的质量及稳定性,则组织更倾向于签订雇佣合约;如侧重人力资本的稀缺性,则组织会签订出资合约。

图 5-5 中的△ABC 平面,体现了采用不同的人力资本组织化方式个人获得的收益构成。其中,B 点及 AB 线段(A 点除外,A 点表示单一的购买合约,组织支付固定成本)表示单一雇佣合约,组织支付固定成本及变动成本,即员工收益由固定收益及变动收益构成,如固定工资、股权收益等,一般情况下,人力资本质量越高,变动收益占比越大;AC 线段表示组织支付固定成本及个人股权性收

益;C 点表示单纯的股权合约,组织支付个人股权收益;BC 线段表示组织支付变动成本及个人股权性收益。△ABC 三角形平面中,除 A 点、B 点、C 点及 AB 线段外,其他区域表示的人力资本产权包括雇佣合约或出资合约,视个人是否出资的具体情况而定。

基于人力资本产权组织化实现方式模型,按照不同合约类型特点及不同合约下个人产权收益的不同组合,联盟人力资本产权组织化可划分为不同类型,具体如表 5-1 所示。

表 5-1　联盟人力资本产权组织化类型

分类标准	合约形式	购买合约	雇佣合约		出资合约		
	收益组合	市场价格	高固定收益/低变动收益	低固定收益/高变动收益	低股权变动收益/高固定收益	高股权变动收益/低固定收益	全股权收益
组织化类型		成本型	保障型	激励型	维稳型	风险型	合作型
人力资本稀缺性		低 →　　　　　　　　　　　　　　　　　　　高					

从表 5-1 中可以看出,三种合约可划分成六种人力资本产权组织化类型。联盟选择哪种类型进行人力资本产权组织化主要取决于人力资本的稀缺性,当然,组织偏好、人力资本的可获得性、人力资本个人产权载体的需求偏好等都会对人力资本组织化类型产生影响。

5.3.2　云计算产业联盟隐性人力资本显性化

基于隐性知识资本和显性知识资本的不同特性,从联盟知识资本积累的需求来看,显然显性知识资本比隐性知识资本更适宜组织积累和留存。对联盟来说,隐性知识资本主要是指以个体和团队为承载体的隐性人力资本。

5.3.2.1　联盟隐性人力资本的分类

为了便于分析联盟隐性人力资本如何向显性人力资本转化,有必要对隐性人力资本的类别进行细分,参考 Nonaka 的分类方法,本书将联盟隐性人力资本从个体角度分为技能类和认知类两类;从团队角度分为团队认同类、团队文化类和团队理念类,具体如表 5-2 所示。

表 5-2　联盟隐性人力资本分类

对象	类型	具体内容
个体隐性人力资本	技能类	操作技能、专业技术技能、管理技能
	认识类	信仰、思维模式、职业精神、价值观念
团队隐性人力资本	团队认同类	合作精神、团队意识、创新精神、风险分担
	团队文化类	价值观念、共同愿景、行为规范、思维模式
	团队理念类	核心价值观念、团队使命

表 5-2 中,技能类隐性人力资本是指个体通过对知识经验的模仿,而逐步形成的能够完成某些任务的能力,根据性质和特点的差别又可细分为操作技能、专业技术技能及管理技能;认识类隐性人力资本是个体精神层面的产物,受个体成长环境的影响较大,主要包括信仰、思维模式、职业精神、价值观念;团队认同类隐性人力资本是团队成员一致性价值观念的具体体现,是团队需要沉淀和传承的价值观念,一般包括合作精神、创新精神、团队意识、风险分担;团队文化类隐性人力资本是团队在长期发展过程中所形成的并且为成员所普遍遵循的价值观念、共同愿景、行为规范、思维模式的总和,一般具有独特个性;团队理念类隐性人力资本是一种把团队聚合起来的黏合剂,主要包括核心价值观和团队使命。

5.3.2.2　联盟隐性人力资本显性化模型

不同类型的人力资本可编码性不同,即显性化的难度存在差异,可用黏滞度来表示。1994 年,学者 Von Hipple 提出了黏滞信息的存在,将其定义为单位数量的信息以某种方式转移到特定距离的额外成本,这种成本导致了知识转移和流动过程中的阻滞[147]。后续一些学者提出"黏滞知识"的概念,用以表示知识的难流动性[148]。本书用黏滞度这一指标来表示人力资本进行显性化的难易程度。

人力资本按黏滞度可划分为四个层次,由低到高依次为无黏滞、低度黏滞、中度黏滞和高度黏滞。其中,无黏滞和低度黏滞的人力资本属于本书中界定的显性人力资本范畴;中度黏滞和高度黏滞的人力资本属于本书中界定的隐性人力资本范畴。

无黏滞人力资本是指容易进行编码,获取、转移和共享基本无门槛的人力资本,如一般常识性知识、法律意识等,无黏滞人力资本很容易显性化,甚至无需显性化;低度黏滞人力资本是指显性人力资本中剔除无黏滞人力资本之外的部分,这部分人力资本可以实现显性化,但需要具备一定的专业知识和技术,如个人或团队的专利、组织规章制度等;中度黏滞人力资本是指通过长期的归纳总结,其核心部分可以实现显性化的隐性人力资本,包括个人长期积累的经验、技能等,对应表5-2中的技能类个体隐性人力资本,这类隐性人力资本必须选择合适的途径和科学的方法才能实现显性转化;高度黏滞的隐性人力资本是指个人或团体在长期实践、学习和研究过程中逐渐形成的心智、精神类人力资本,对应表5-2中的认识类个体隐性人力资本及团队隐性人力资本的全部类型,这类隐性人力资本的显性化情景依赖程度高,虽可以提炼出一般性的显性化途径和方法,但结果的不确定性较高。上述四种黏滞度的隐性人力资本在显性化的过程中存在一定的逻辑关系,具体如图5-6所示。

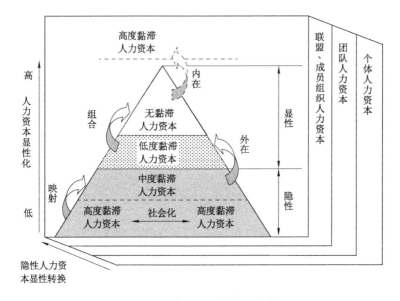

图 5-6　联盟隐性人力资本显性化模型

　　图5-6中显示了人力资本在个体、团队和组织三个层面上的转化过程,转化过程中也伴随着知识资本整合,个体和团队的隐性人力资本显性转化后,成为联盟组织结构资本存量的一部分。高度黏滞隐性人力资本在经历了社会化阶段后,在映射、外在化及组合阶段都会有显性化结果产生,最终又通过内在化形成新的高度黏滞人力资本,以循环的方式开始下一轮的隐性人力资本显性化过程。对整个联盟来说,隐性人力资本显性化是一个螺旋过程,由个体层次开始,逐渐上升并扩大转化范围,超越团队、成员组织、联盟,直至联盟外部。

5.3.2.3　联盟隐性人力资本显性化途径

　　对于促进联盟知识资本存量增长来说,无黏滞和低度黏滞的人力资本主要涉及如何进行组织化的问题,前文中已有相关论述,因此,本部分仅针对中度黏滞和高度黏滞隐性人力资本的显性化途径进行分析。

（1）中度黏滞隐性人力资本显性化的途径。中度黏滞隐性人力资本显性化存在较大难度，但仍可以通过外部化途径将核心部分或关键环节进行外部明示。首先，联盟要通过一定的激励机制和云平台发现并定位这类人力资本的位置，可以通过人力资本路径图和专家索引表等途径实现，这一过程本身也是显性化过程，其结果可直接保存至联盟知识资本存量库中；其次，联盟个体通过干中学、师徒制、虚拟技术等方法，将个体隐性人力资本转化为团队隐性人力资本；再次，经培训推广、规范化、数字化等整合过程，对中度黏滞隐性人力资本进行逐步整理和更新，实现隐性人力资本的编码化，即实现显性化，并最终存入联盟知识资本存量库，如图 5-7 所示。

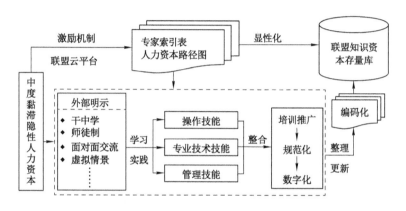

图 5-7　联盟中度黏滞隐性人力资本显性化途径

当然，中度黏滞隐性人力资本的显性化过程是一个非线性过程，会随着人们认识的深入、整合能力和技术的增强而逐渐显性化的过程，按此路径，随着联盟发展，联盟知识资本存量将不断增长。

（2）高度黏滞隐性人力资本显性化的途径。精神、观念、思维模式等层面的隐性人力资本显性化的难度最大。高度黏滞隐性人力资本显性化的途径包括以下两个阶段：一是通过过滤、选择和凝练，将其中一小部分具有传承、激励、引领价值的人力资本以合适的方式进行显性化，手段包括团队使命、模范事迹、行为规范、先进思想等的文本化；二是进行个体与个体、个体与团队、团队与团队间的"映射"，对于高度黏滞隐性人力资本来说，显性化并非最终目的，显性化仅是为了便于群体间共享和传递有价值的隐性人力资本的中介手段，是为了更好地实现此类人力资本群体认识的一致性。联盟高度黏滞隐性人力资本显性化途径如图 5-8 所示。

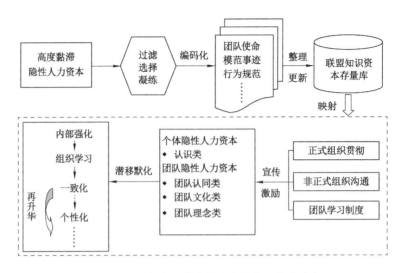

图 5-8   联盟高度黏滞隐性人力资本显性化途径

5.3.3   云计算产业联盟结构资本知识产权保护

从联盟知识资本积累的影响因素来看,对联盟结构资本(显性知识资本)进行知识产权的适当保护,能够有效减少联盟知识资本流失,促进联盟知识资本存量增长。

5.3.3.1   联盟结构资本知识产权保护的特点

(1)知识产权保护过程更加复杂。云计算具有将"分散资源集中使用"的技术特征,从而实现"集中资源分散服务"的服务模式,这种特征和模式造成了知识产权主客体认定困难,版权、商业秘密、专利等知识产权的侵权风险增大,且侵权行为的认定困难。因此,与传统知识产权保护相比,联盟知识产权保护过程更加复杂。

(2)知识产权保护利益相关主体的稳定性低。联盟的任意参与主体都有可能是知识产权的利益相关主体,并在不同角色之间转换,导致利益相关者组成的知识网络的松耦合,从而在知识产权保护过程中产生较多不稳定因素,影响联盟知识产权保护的有序性。

(3)知识产权保护的跨界性。由于云计算产业联盟由多行业、多地域的成员构成,同时又具备一定的公众开放性,这导致了知识产权获取、交易、追责等保护环节的跨界性。

5.3.3.2   联盟结构资本知识产权保护的途径

针对联盟知识产权保护的特点,结合联盟所处的云计算环境,本书提出"知识产权保护云服务"的途径,通过对逻辑架构的设计,提出对联盟知识产权保护的解决方案。联盟知识产权保护云服务是指基于联盟云平台,按照联盟知识资本生产循环及知识产权保护的客观需求,将知识产权数据管理、沟通交流、协调管理、金融服务等内容以"子云"的形式模块化于云平台之中,向联盟用户提供"云"式的知识产权保护服务,即将知识产权保护作为联盟一项云服务产品,如图 5-9 所示。

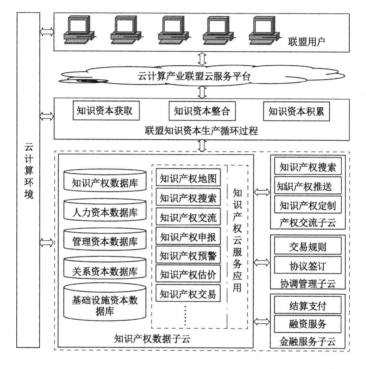

图 5-9　联盟知识产权保护云服务逻辑框架

以契约的形式对联盟成员进行相应的知识产权管理,包括存储、获取、分类、关联等。产权交流子云主要提供以联盟内部拥有所有权为主的知识产权搜索、推送、定制等服务;协调管理子云主要提供交易规则制定、协议签订等服务;金融服务子云提供结算支付、融资等服务[149-151]。

联盟知识产权保护云服务具有如下优势:一是实行联盟知识产权综合管理,实时、便捷地匹配用户需求。通过知识产权数据子云对联盟知识产权从时间、地域、行业等维度进行分类,并且按照知识产权保护的内在逻辑和用户需求,基于一定的工具、方法,对知识产权进行诸如收集、整理、表示、交易、推送、定制等一系列系统化活动。二是通过联盟知识产权虚拟化,实现多种交易方式并存。基于云计算技术的虚拟化、按需自助、通用性等特征,对知识产权进行不同粒度的虚拟划分,提供知识产权转让、许可使用、信托等多种交易方式,并通过契约自动生成、电子签名、自动存储等技术保证交易的合法性和有效性,可满足不同用户的需求,并节约交易成本。三是面向联盟知识资本生产循环全过程提供服务。联盟知识产权保护云服务的运作面向知识资本获取、整合及积累三个阶段,为生产循环提供原材料支持、生产技术支持及生产成果权益保障。

综合上述分析,通过联盟知识产权保护云服务途径的设计,可以较好地解决联盟结构资本产权保护中反映的新问题,有效促进联盟知识资本存量的增长。短期来看,新技术、新服务模式与现行知识产权保护法制的冲突在所难免,需要联盟采取相关策略进行应对,如联盟及成员本身要建立完善的知识产权保护体系,在法律框架下加强知识产权契约管理,引导相关云计算服务商自律和用户自治,以及加强联盟知识产权保护监管等,可以进一步促进联盟知识产权保护。

5.4 云计算产业联盟知识资本质量提升机制

质量是知识资本价值和适用性的直接体现。从联盟知识资本积累的目的来看,既是新一轮知识资本生产原材料的来源,又是成员自身知识资本再生产的基础生产资料,可见,知识资本积累的数量直接影响联盟知识资本增值的数量,而质量直接影响联盟知识资本增值的层次水平。从作为知识资本生产原材料的角度来看,影响联盟知识资本质量的因素主要包括两个方面,一是知识资本的结构,二是知识资本的适配度。

5.4.1 云计算产业联盟知识资本结构优化

云计算产业联盟知识资本结构是指一定时期内,联盟主体在云服务领域内所反映的知识资本的构成类别、来源情况(自产/外部获取)和关联关系(价值大小)。联盟知识资本结构优化的目的是确保联盟及其成员始终保持具有竞争力的核心知识资本,并且所有类型的知识资本相互关联后能够有效支持知识资本增值循环的进行。

知识资本结构可以从载体、价值、属性等不同角度进行划分,根据本部分的研究需要,可以侧重从知识资本价值的角度进行结构划分,分为公共知识资本、基础知识资本和核心知识资本三类[152],如图 5-10 所示。

联盟公共知识资本价值相对最低,是联盟内部所有成员共有或联盟外部公开共享的知识资本,一般以显性状态存在,主要包括通用基础知识、政府政策、联盟公开共享知识资本等,它不能构成组织的核心竞争优势,一般可以免费获得。联盟基础知识资本是具有行业专业特征的知识资本,主要包括管理类、关系类和

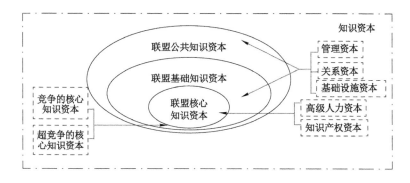

图 5-10　基于价值视角的联盟知识资本结构

基础设施类的知识资本。联盟基础知识资本对联盟及成员核心能力的形成及竞争优势的获得起奠基作用。联盟基础知识资本虽具有一定的个性化差异,但组织独占性一般,可以通过市场交易途径获得。联盟核心知识资本是联盟及其成员完全个性化的知识资本,具有独占性,主要包括知识产权和高级人力资本。核心知识资本又可分为竞争的核心知识资本和超竞争的核心知识资本。竞争的核心知识资本是组织现行竞争优势的来源,是组织当前核心能力的本质内容;超竞争的核心知识资本是隐性人力资本中的高度黏滞部分,是对组织未来发展的技术、战略等方面的一种科学设想,代表着组织未来的潜在核心能力。联盟核心知识资本主要通过联盟及成员自身的知识资本生产活动获得。

　　本书在分析知识资本结构内涵和类型的基础上,按照知识资本构成要素的关联关系,从价值对应关系、成本收益、转化方向及主动淘汰四个方面分析联盟知识资本结构的优化机制。

5.4.1.1　基于价值对应关系的知识资本结构优化

　　联盟的知识资本结构均直接或间接对应着联盟的人力资本结构,人力资本结构的优化直接影响着联盟知识资本结构的优化。从人力资本结构方面来优化联盟知识资本结构,主要任务是明晰人力资本结构和知识资本结构的对应关系,然后使联盟人力资本结构不断调整优化去适应联盟知识资本结构,保持数量和质量上的合理性。基于联盟以云计算技术为主的特征并参考人力资本结构的一般分类方法,本书将联盟人力资本结构分为普通型人力资本、技术型人力资本、专家型人力资本和企业家型人力资本等四种类型,根据其各自职能作用与联盟不同类型的知识资本存在基本的对应关系,如图 5-11 所示。

　　(1)普通型人力资本与联盟公共、基础知识资本的强对应关系。普通型人力资本是指组织中普通员工拥有的人力资本,包括中层以下管理人员和一般技术人

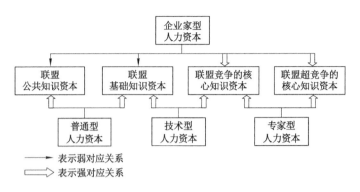

图 5-11 基于价值对应关系的联盟知识资本结构优化模型

员。普通型人力资本一般以常规、程序性劳动为主,稀缺性低,对知识资本增值的贡献度较小。对联盟而言,普通型人力资本市场供给充沛,可从质量和成本控制角度进行优化,也可采用虚拟人力资本形式满足联盟组织正常运营需求。

(2)技术型人力资本与联盟基础、竞争的核心知识资本的强对应关系。技术型人力资本是指组织中技术人员拥有的人力资本,主要掌握基础和竞争的核心知识资本,具有高价值,主要执行具体的知识生产任务。对联盟而言,技术型人力资本可以通过组织内部培养和市场交易两种途径获得,主要以对组织的忠诚度和工作积极性角度进行优化,保证组织运行的稳定性。

(3)专家型人力资本与核心知识资本的强对应关系。专家型人力资本是指对某一专业知识特别精通,有独到见解,或在某一领域有很高造诣的人力资本。此类人力资本具有社会稀缺的创新能力,属于高价值和高独特性的人力资本。对联盟而言,应从战略上对其进行内部开发,加大投资力度和团队建设,保证组织核心竞争力的持续性。

(4)企业家型人力资本与组织整体知识资本结构相对应。企业家型人力资本是指以企业家为载体,满足组织运转的经营、管理、创新等能力和各种经验的总称,位于人力资本最高层次。此类人力资本增值能力和独特性都很大。对联盟而言,可从内部培养和聘用的途径获得。

5.4.1.2 基于成本收益的知识资本结构优化

联盟进行知识资本增值循环力图用最小的成本获取最大的收益。合理的成本收益水平也是联盟知识资本结构优化的主要表现。因此,提高联盟成本收益率可作为知识资本结构优化的方法,根据不同类别知识资本的特点,采用适当的途径来源以降低成本,如图 5-12 所示。

(1)公共知识资本应主要通过联盟外部市场交易及网络平台途径获取。公

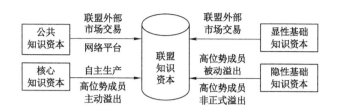

图 5-12 基于成本收益的联盟知识资本结构优化模型

共知识资本价值较低,市场供给充分,且部分内容可通过网络免费或低成本获得。如由联盟内部来进行生产和运作,其成本会大于收益。

(2)基础知识资本是联盟日常运行的常规知识,也是维持核心竞争力的基础。基础知识资本包括显性、隐性基础知识资本。对于显性基础知识资本而言,通过市场交易获得显然比组织自行创造更能节约时间、资金成本;而隐性基础知识资本难以通过市场途径获取,适合通过联盟溢出途径获取,如人力资本流动、知识模仿等联盟高位势成员的被动溢出途径,私下交流、公共数据资源等联盟高位势成员的非正式溢出途径,都能有效提高成本收益率。

(3)核心知识资本应通过成员自主生产为主,溢出途径获取为辅。核心知识资本对任何组织来讲都决定着其竞争力和发展水平,因此,对联盟来说,只能以成员自主生产创造为主获取。在联盟已有的知识存量中,对于成本收益率低的自主生产知识资本应尽可能交还市场解决,对于已经显性化的核心知识资本,要进行及时有效的知识产权保护。

5.4.1.3 基于转化方向的知识资本结构优化

联盟应促进公共知识资本向基础知识资本的转化,并加速基础知识资本向核心知识资本转化,最终实现核心知识资本的内部生产循环持续进行,即通过结构优化,使组织知识资本价值增值潜力最大化。尽量阻止或延缓核心知识资本向公共知识资本的逆向转化,使联盟不断生产创造核心知识资本,并长时间地持有核心知识资本,从而保持持续的核心竞争优势,如图 5-13 所示。

(1)促进公共、基础知识资本向核心知识资本正向转化。公共知识资本和基础知识资本是核心知识资本的运行基础,也是核心知识资本进行生产循环的基本原材料,这个转化过程由于有人力资本的加入,因此也伴随着知识资本的一次生产过程,生产的结果可视为竞争的核心知识资本。同时,竞争的核心知识资本又以原材料的身份与超竞争的核心知识资本之间通过社会化、外部化、组合化、内在化等环节进行着二次知识资本生产,从而不断扩大核心知识资本数量,并得以不断更新。

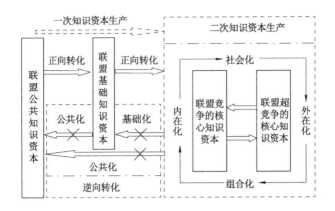

图 5-13　基于转化方向的联盟知识资本结构优化模型

（2）阻止或延缓核心知识资本到公共知识资本的逆向转化。联盟的云服务产品上市销售实际上就是联盟的核心知识资本直接变成公共知识资本的过程，人力资本的流失也可以使联盟的一些核心知识资本变为产业内的基础知识资本或公共知识资本。为了使核心知识资本尽可能为联盟独有，就必须阻止或延缓其逆向转化。联盟可采取的有效措施一是做好知识产权保护；二是采取激励、文化认同等方式减少技术型、专家型、企业家型等高价值人力资本流失。

5.4.1.4　基于主动淘汰的知识资本结构优化

联盟面临的技术、市场、政策等环境在不断变化，导致联盟知识资本存量中的部分内容使用价值随之改变，如发生贬值、冲突，甚至对联盟发展有害，成员合作过程中出现了知识资本相似性，竞争市场出现了替代效应等。当发生上述情况时，这部分知识资本不再适合作为联盟知识资本生产的原材料，继续留存会对联盟知识资本增值产生负效应，因此，应当主动作为，有选择、有目的地进行淘汰，以优化联盟知识资本结构，提升联盟知识资本存量的质量，如图 5-14 所示。

（1）联盟知识资本淘汰的执行主体。图 5-14 中，联盟自身、联盟成员及联盟个人都是知识资本淘汰执行的主体。联盟自身及联盟成员作为组织机构，对结构资本、人力资本都要进行价值辨别及淘汰，而联盟个人主要进行个体自身人力资本的价值辨别及淘汰更新。联盟自身、联盟成员及联盟个人三者间在知识资本淘汰方面关系紧密。联盟收集和共享各类环境变化的基本信息，协调联盟成员达成一致的产业发展方向和目标；联盟成员依据联盟提供的共享信息，结合自身发展目标和实际，对自身知识资本进行价值辨别，确定淘汰范围；联盟个人主要依据所在联盟成员组织的战略定位、生产导向，自主更新个体人力资本。

（2）知识资本淘汰的价值辨别。联盟知识资本存量中哪些应该被划定为淘

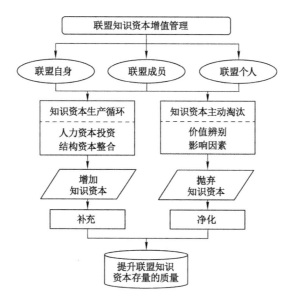

图 5-14　知识资本淘汰对联盟知识资本结构优化的作用

汰对象,主要依据其使用价值的大小,需要采用适当的价值辨别的方法,如德尔菲法、知识地图、定量测量等。不同的方法适用于不同特性知识资本价值的判定,各类方法的应用需根据具体情况而定,本书不进行深入论述,但进行价值辨别的基本流程可以确定,如图 5-15 所示。

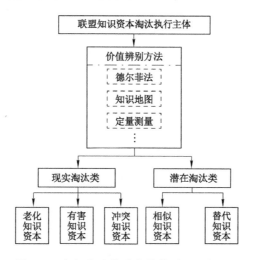

图 5-15　知识资本淘汰价值辨别的基本流程

　　联盟主体通过适当的知识资本价值辨别方法,可将使用价值发生负向变化的知识资本分为两类:一类是现实淘汰类,包括因老化价值贬值的、对联盟主体发展有害的及与主体发展目标冲突的三种子类型,这类知识资本对联盟发展无益,应及时从存量中清理;另一类是潜在淘汰类,包括成员合作过程中出现的相似知识资本和替代知识资本,这类知识资本当前可能仍存在一定的使用价值,但长期来看存在较大的贬值风险,需要结合成本收益、对核心竞争力的贡献度、市场需求情况、技术发展趋势等各类影响因素进一步判定,是潜在的淘汰对象,联盟应重点关注该类知识资本的使用价值状况[153-154]。

5.4.2　云计算产业联盟知识资本适配度优化

　　适配是指两个主体之间具有的切合或互补关系,进而更好地实现某种结合目标的有效性[155]。对于云计算产业联盟知识资本来说,人力资本是知识资本价值形成和增值的本源,结构资本为人力资本价值形成和增值提供不可或缺的支撑条件。显然,人力资本与结构资本之间存在一种适配关系,二者的匹配程度制约着知识资本增值效能的发挥。联盟知识资本适配对应关系如图 5-16 所示。

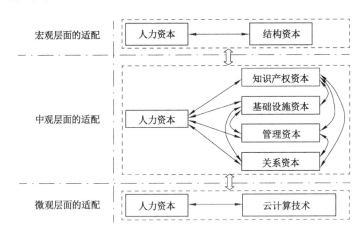

图 5-16　联盟知识资本适配对应关系

　　从图 5-16 中可以看出,联盟知识资本适配问题可以从宏观、中观和微观三个层面进行分析。宏观层面是人力资本与结构资本的匹配;中观层面即人力资本与知识产权资本、基础设施资本、管理资本及关系资本的匹配,同时,知识产权、基础设施、管理及关系资本彼此之间也存在匹配关系;但上述四者的核心要素均可以用"技术"来概括,对于云计算产业联盟来说,知识资本的重点内容均是云计算技术,因此,从微观层面分析联盟知识资本适配问题重点就是分析人力资本与云计算技术选择的适配问题[156]。

　　人力资本与云计算技术之间的适配,意味着二者之间能够有效切合与匹配,其有效性表现为适配时能够实现知识资本的边际生产率最大化,此时人力资本与选择的技术都可得到充分利用。否则,就会造成人力资本使用价值无法充分发挥作用、价值贬值及投资失败等问题;同时,云计算技术也会出现无法有效利用、闲置浪费等问题。

5.4.2.1　人力资本与云计算技术选择的相互作用关系

　　人力资本与云计算技术存在相互作用的关系,人力资本水平决定着云计算技术选择决策及其效果,同样,云计算技术更新也影响人力资本水平的提升,具体如图 5-17 所示。

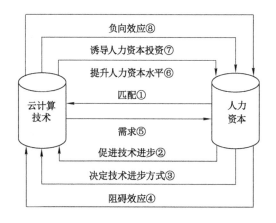

图 5-17　人力资本与云计算技术选择的相互作用关系

　　(1)人力资本对云计算技术选择及发展的影响。一是人力资本现有水平决定了可选择的适当技术,水平越高,对云计算技术的理解、消化能力越强,选择空间也就越大,即人力资本水平决定了适宜的匹配技术,关系如图 5-17 中①所示[157]。二是人力资本水平会影响云计算技术创新。在对云计算技术利用的过程中,"干中学"伴随始终,而"干中学"是人力资本重要的投资形式,如云计算技术水平相对人力资本水平过高,则理解、消化的难度太大,云计算技术水平相对人力资本水平过低,则失去了借鉴、吸收价值,两种情况都不利于人力资本水平的提升。一般情况下,联盟应该选择在一定程度内高于现有人力资本水平的云计算技术,通过人力资本的消化、吸收,为技术创新打下基础,关系如图 5-17 中②所示[158]。三是人力资本会影响云计算技术进步的方式。技术进步的主要方式可分为"干中学"和 R&D 两种,而组织采取哪一种方式,取决于当前知识资本

水平,关系如图 5-17 中③所示。四是人力资本会对云计算技术更新产生一定的
阻碍效应。人力资本水平的提升需要不断投资,而云计算技术的更新则会使人
力资本加速折旧,因此,从维持人力资本价值、降低成本的角度来看,个人及组织
对云计算技术更新存在抵触,有阻碍更新的动机,当然,人力资本水平越高,这种
阻碍效应越弱,关系如图 5-17 中④所示。

(2) 云计算技术对人力资本水平提升的影响。一是云计算技术是人力资本
中隐性部分的主要来源。人的隐性知识主要来源于特定技术及应用情境的积
累,因此,云计算技术的选择不同,隐性人力资本的形成也会存在差异,关系如
图 5-17 中⑤所示。二是云计算技术水平影响人力资本提升速度。Lucas、Autor
等[159-160]对人力资本溢出的相关研究结果表明,技术水平越高,"干中学"的外溢
效应越大,人力资本的积累速度越快,长期来看,云计算技术选择的差异会造成
主体间人力资本水平的差异,关系如图 5-17 中⑥所示。三是云计算技术更新会
促使人力资本投资行为的发生。新的云计算技术的出现及应用,使得原有人力
资本发生贬值,此时,个人或组织会进行预期收益和现值收益的比较及被淘汰的
风险评估,如预期收益更大,则会选择进行人力资本投资,关系如图 5-17 中⑦所
示。四是云计算技术更新对人力资本积累质量具有一定的负向效应。学者
Reis 等[161]研究表明,人力资本的折旧率与技术进步率呈正相关。因此,技术进
步对人力资本积累质量存在负向影响,关系如图 5-17 中⑧所示。

5.4.2.2 人力资本与云计算技术选择的动态适配过程

在人力资本与云计算技术的适配状态下,二者相互作用、彼此促进,使双方
均产生了一定的升级和增长,这个过程是一个不断发展的动态适配过程,如
图 5-18 所示。

图 5-18 中体现了人力资本与技术的动态适配过程:在初始适配情况下,云
计算技术 1 得到了充分利用、消化和吸收,促进了人力资本在"干中学"中有效积
累,并在其他人力资本投资方式的共同作用下,推动人力资本 1 升级至更高水平
的人力资本 2;而人力资本 1 通过对云计算技术 1 的充分理解和利用,具备了进
行技术更新的能力,通过技术改进、新技术引进、自主 R&D 等形式,推动云计算
技术 1 升级至与人力资本 2 水平相适配的云计算技术 2,达到新的均衡状态。
以此方式,人力资本与云计算技术相互促进、彼此增强,实现动态适配的良性
循环。

通过图 5-18 可以得出,云计算产业联盟知识资本适配度优化应该从动态发
展的角度,做好战略性规划与适时调整,使二者间实现持续的动态适配。同时,
要重视两个方面的问题:一是保持合理的适配差距。适配不等于水平相等,应该
保持一定的差距,保持差距是为了给人力资本和云计算技术的未来发展预留空

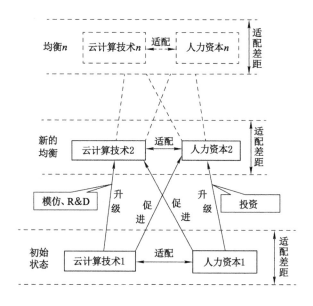

图 5-18　人力资本与技术选择的动态适配模型

间,充分实现均衡状态下边际生产率最大化,对个人及组织都更具有经济性。当然,差距的大小要考虑二者的提升速度、现有水平、增长能力等因素。二是采用多种方式主动弥补差距。处于相对低位势的一方要采取措施主动弥补差距,因为差距弥补的过程即水平提升的过程,由此实现更高层次的适配。

总之,联盟可以借助人力资本与云计算技术适宜的适配差距,以人力资本或云计算技术为驱动力,通过主动弥补适配差距,使二者间产生良性提升循环,促成二者实现水平动态提升的适配。

5.4.2.3　人力资本与云计算技术选择的适配均衡

从人力资本与云计算技术的动态适配长期过程来看,每次二者适配水平的跃迁,都可以看作一定期间内的均衡状态。可以用两种均衡来概括:一是低人力资本水平—低技术水平的低度适配均衡;二是高人力资本水平—高技术水平的高度适配均衡。

云计算产业联盟在组建及成长前期一般处于低度适配均衡状态。低度适配均衡尽管也实现了人力资本与云计算技术的适配,短期来看,能够创造相应的价值,但由于技术竞争力弱、可替代性高,没有长期动态比较优势,因此,低度适配均衡应尽快向高度适配均衡跃迁。

高度适配均衡状态一般出现在云计算产业联盟成长的中期及后期,原因既可能是初始状态即为高人力资本水平—高技术水平的适配状态,也可能是以低

度适配均衡为初始状态,再经联盟主动介入人力资本和云计算技术升级,二者间
互相促进,最终实现人力资本和云计算技术在高位水平上的高度适配均衡。高
度适配均衡会实现持续的人力资本和云计算技术水平提升,并形成长期竞争优
势,是联盟的努力方向。联盟由低度适配均衡向高度适配均衡的跃迁路径可以
通过模型来表示,如图 5-19 所示。

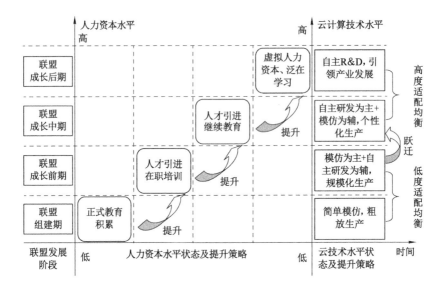

图 5-19 人力资本与技术适配均衡跃迁路径模型

在联盟的不同发展阶段,人力资本和云计算技术的提升策略侧重不同,但同
一阶段的人力资本和技术是保持适配状态的,联盟由低级阶段向高级阶段的提
升过程必然伴随着新一轮的知识资本生产循环,当知识资本增值积累到一定水
平时,低度适配均衡将跃迁为高度适配均衡。

5.4.2.4 人力资本与云计算技术选择的适配策略

首先,联盟技术引进要依据人力资本现有水平,且要具有前瞻性,可适度高
于现有人力资本水平,但应在合理差距范围内。其次,联盟要主动作为,促使低
度适配均衡向高度适配均衡跃迁。低度适配均衡只是短期、小范围内的权宜之
计,联盟要主动采取多种措施,以平台跃升的方式向高度适配均衡过渡。再次,
联盟应采取多种人力资本投资方式提升人力资本水平。联盟应在技术发展水平
的不同阶段,采用侧重不同的人力资本投资策略,并通过虚拟、引进、自培养等途
径改变人力资本结构,营造适宜人力资本水平提升的环境。最后,联盟应制定有
效制度激励 R&D 行为。

第6章　云计算环境下知识资本领域
知识图谱管理机制

伴随着云计算产业联盟的蓬勃发展,面对源自各机构的多源异构知识资本呈现爆发式增长趋势,如何通过信息化、数字化、智能化的手段高效统筹知识资本,并精准满足知识资本的共享需求,成为云计算产业联盟知识资本增值的关键要素。知识图谱作为一种语义化、结构化的知识表达框架,通过其精准检索、关联分析,提供了一种细颗粒知识组织与共享的方法,因此,本章以煤矿安全专利型知识资本、财务科目标准化知识图谱软件著作型知识资本为例,阐述云计算环境下知识资本领域图谱管理机制对知识资本增值的有效性。

6.1　知识资本领域知识图谱管理相关理论

本书基于领域知识图谱的云计算产业联盟知识资本智能管理,首先依据知识自动化理论,为知识资本增值提供有效的存储方式;其次,依据信息链理论,为云计算产业联盟知识资本的演化提供科学的方法;最后,依据领域知识图谱理论,为云计算产业联盟知识资本的存储提供有效的信息化管理方式。

6.1.1　知识自动化理论

数据转化为知识的形式可以有效地推动知识资本增值,知识自动化是一种有效的标准化方法,因此,本节阐述知识自动化理论,奠定云计算产业联盟知识资本智能管理的基础。

6.1.1.1　知识自动化理论的产生

首先,知识自动化颠覆了知识的传播、获取、分析、影响和生产方式,是信息自动化的扩展与延伸,是物理世界的自动化控制向人类智能化管理转变的基础[162]。人们需要更加方便快速地获得想要的知识,物联网、大数据、云计算和各种智能技术使得知识自动化应运而生,知识自动化是科技时代发展所带来的奇迹和挑战,由此才能更加接近于真正意义上的人工智能。

知识自动化的历史可以追溯到古希腊亚里士多德的描述性知识和原始的形式逻辑。半个世纪前人工智能的正式提出,以及随后而来的知识表示、专家系统、知识工程、智能系统等,构成了知识自动化完整的进度发展历史[163]。

麦肯锡全球研究所在 2013 年所发布的报告《颠覆技术:即将变革生活、商业和全球经济的进展》指出知识工作泛指那些需要专门知识、复杂分析、细致判断及创造性解决问题技巧才能完成的任务。报告还提出对未来的发展将产生颠覆性力量的 12 种技术,其中知识自动化被放在了第二位。2013 年中国学者提出了知识自动化技术。2015 年 9 月,由中国工程院、国家自然科学基金委员会联合下达,哈尔滨工业大学、中南大学、中国科学院沈阳自动化研究所等 9 所科研院所联合对我国流程工业"大数据与旨在流程知识自动化发展战略"项目进行了深入探讨,明确了大数据和知识自动化对我国发展流程工业智能优化制造的重要意义和我国智能制造工业的发展方向。2016 年 6 月,国家自然科学基金委员会发布的《国家自然科学基金"十三五"发展规划》,在优先发展领域中包括了"流程工业知识自动化系统理论与技术"。2017 年 5 月,东北大学柴天佑教授以《大数据与知识自动化驱动的制造流程智能化》为题开展学术报告。2020 年 11 月,国家自然科学基金委员会第 267 期双清论坛在北京举办,会议对机器学习自动化与元学习等前沿研究问题进行了深入探讨。生产领域特别是复杂系统领域,知识自动化已经逐渐开始应用[164]。

知识自动化是智能化、人机化和自动化的有机结合。知识自动化简单来讲就是知识工作的自动化,它是通过计算机、网络和平台来自动执行之前只有人可以完成的知识型工作任务,将人从一些重复烦琐的脑力劳动中解放出来,最大限度提高机器的生产力。该技术是指以机器学习、深度学习及软件工程等相关自动化的技术来实现知识表示、获取、分析、联结和使用的智能系统,是对知识工程和专家系统的进化与迭代[164],是从物理世界的自动化向人类智慧自动化发展的过程。王飞跃教授认为,知识自动化可以狭义地理解成为基于知识的服务,与基于位置的服务类似;知识自动化关键在于如何把信息、情报等与任务、决策无缝、准确、及时、在线地结合起来,在时间和空间上,实现"所要即所需,所得即所用";其广义理解很难描述,可以粗略地认为是一种以自动化的方式变革性地改变知识产生、获取、分析、影响、实施的有效途径[164]。

知识自动化通过对多尺度时空信息的组织和特征化,揭示数据的低层次内在特征,而后进行知识对象及知识对象属性的提取,获取有知识价值的对象及其属性,构建知识空间,最终实现知识的表示和知识功能的实现[164]。

6.1.1.2　知识自动化理论的发展

近年来,由于人工智能技术的不断创新,机器学习、深度学习及增强学习等理论研究不断成熟,为知识自动化发展技术打下了更坚实的基础,认知计算、大数据分析和理解及云计算等为自动化提供了新的技术支持与广阔的发展前景。

机器自动化过程会通过模式识别、图像识别及深度学习等算法对各种实时数据进行自我分析、自我判断,从而产生自我的行为决策。

以 Alpha Go 为代表的认知计算系统,通过对大数据进行实时运算和分析,能够从自身与数据、与人的交互中学习,从而具有洞察、理解、推理、分析的能力和解决问题的能力,拥有智库和决策功能,能够不断自我提高[165]。知识自动化将自动问答系统从基于文本关键词的层面提升到基于知识的层面,升级为实现个性化、智能化的知识机器人。如微软小冰,它通过理解对话的语境和语义来实现人机问答的自然交互,再通过自然语言长时间的学习和理解,又增加了情感计算、自主学习以及意图对话引擎,可以更加精准地识别用户意图。

彭伟等[166]对基于 BPMN 2.0 的智慧决策知识自动化关键技术进行研究,运用知识自动化技术辅助指挥员完成决策,提出了在决策点中嵌入决策服务,由决策服务来调用领域知识解决知识与指挥决策流程的结合问题,并建立知识管理系统来完成知识发现、知识处理、知识向服务转化的工作。

程乐峰等[167]通过知识自动化技术研究一个能够感知外界环境、自我学习记忆,并具有自主行为能力决策的、以实现其设计目标的调度机器人群体,其知识自动化过程是一个从单智能体到多智能体的知识分散提取、知识平行学习、问题分散并行求解的群体智慧诞生的过程,在现有的单一广域调度机器人中有了拓展和提升。

6.1.2　信息链理论

知识资本领域知识图谱管理是从信息中提取知识的信息智能组织与管理过程,是把知识资本信息从一般的数据到信息,再到知识及智慧的形式演化而来,符合信息链理论。因此,本节阐述信息链的基本概念、由来及信息链的重构等相关理论。

6.1.2.1　信息链的概念及由来

信息链［数据(Data)、信息(Information)、知识(Knowledge)、智慧(Wisdom),简称 DIKW]溯源于 1948 年诺贝尔文学奖得主托马斯·艾略特诗中提及的"我们丢失在知识中的智慧何在? 我们丢失在信息中的知识何在?"。1982 年,克利夫兰在《未来学家》杂志中发表文章"信息即资源",创制 DIKW 原型;后经泽勒尼等扩展,2007 年由劳力强调集成为 DIKW 层级模型,又称知识金字塔,构成关于数据、信息、知识和智慧的定性层级结构。它的概念体系有合理的逻辑:数据是一种基础信息,信息经过处理提炼可构成知识,知识的应用彰显智慧[168]。依据概念逻辑,科学合理地进行量化,形成 DIKW 概念链。可见,DIKW 的信息链反映了图书情报学的核心是对数据和信息进行组合和处理,最后得到知识和智慧。钱学森曾提出情报是被激活了、活化了的知识或从信息中分析出的具有价值的信息。由于每个人知识基础和思维能力不同,在面对同样的客观信息时会获得不同的主观信息,因此可以把情报定义为主观信息。通过将 DIKW 模型与对数透视原理相结合,并将香农信息论与布鲁克斯情报学思想相贯通,就有了将 DIKW 概念链用作情报学的基础概念。嵌入情报学的概念链如图 6-1 所示,该序列兼容了钱学森先生提出的"情报是活化的知识"及化柏林教授提出的"数据(检索)—信息(分析)—情报"的定性模型[169]。

图 6-1 信息链模式

信息链由"事实(Facts)—数据(Data)—信息(Information)—知识(Knowledge)—情报(智能)(Intelligence)"五个链环构成,是一个连续体的概念。信息链中信息的上游是面向物理属性的,下游是面向认知属性的。通常认为,数据、信息、知识、智能是构成信息科学的研究基础。随着情报和智慧概念的分离,信息链由事实、数据、信息、知识、情报五个要素构成。数据是事实的数字化、编码化、结构化,信息是有意义的数据,数据在信息媒介上的映射,从某种意义上来讲是突出了事物状态变化的规律。而作为一种事物特征的表达形式——知识,是通过技术对信息进行加工、分析等的结果实现了对事物运动的特征表述。而情报作为有用的知识,也是激活了、活化了的知识,反映人们如何运用知识去解决实际问题。所以,数据、信息、知识与情报存在层次关系[170]。

从信息链出发,情报学的研究路径大致在信息—情报、知识—情报、情报—智慧三条路径上前进。其中,情报学由文献学发展而来,文献又是知识的载体,因而情报学自诞生起便与知识有了联系。以布鲁克斯为代表的情报认知理论流派产生的知识基础论,其不断发展和完善,为情报学的知识研究维度提供了基础性的支持。

6.1.2.2 知识资本管理的信息链重构理论

相对过去信息链的模型结构,大数据、云计算、人工智能的出现与快速发展在方方面面都使其发生了翻天覆地的变化。在这个新时代,更多的脑力劳动及人力劳动很大程度上被机器所取代,高效便捷的人工智能发展使得知识自动化、情报自动化逐渐成为现实。计算机运算能力的指数级提升和存储技术的快速进步为人们解决问题提供了更加强大的工具——云计算技术和大数据技术等新型信息技术。在这样的背景下,DIKW 的关系也发生了变化,从原本的单链转化关系逐渐向跨越式转化关系转变,逐步实现可以从任意点深度分析挖掘情报,不再拘泥于"事实-数据-信息-知识-情报",从而形成了以数据为中心,更加灵活和多元的网状结构。

卢艺丰等[171]结合"互联网＋"时代 DIKW 关系的变化,探讨了信息链模型的重构,提出有针对性的交互式信息链。重构信息链中,出现了数据—情报、数据—知识、信息—情报等的直接跨越式转化。信息链中的数据也不再仅仅是对事实的描述,而是在大数据时代最基本的资源之一。交互式信息链知识属性在情报和其他概念之间产生了变化,单一从知识中提取情报越来越难以满足人们对情报时效性的需求,这使得在一定条件下人们会直接从信息和数据中提取情报来解决问题,这在事实上也已经拓展了情报的来源。交互式信息链可以更好地表达现在各概念之间的相互关系,更加贴合实际情况,增加的概念之间联系可以承载更丰富的信息,增强了交互式信息链的理论适用性,其结合"互联网＋"时代国家重点关注领域新技术的发展潮流,体现了近几年社会进步和科技发展所带来的变化,与时俱进地丰富和发展了信息链理论,从而具有更佳的理论预见性和指导实践作用。

陆伟等[172]通过分析每一轮技术革命对情报学发展的影响,证明了情报学与技术发展的紧密联系。进而在数智赋能时代下,提出情报学信息链发展重构。重构的信息链从整体上形成了更为多元的情报价值生成路径,理论上形成了以数据为核心的学科范式,引导了情报工作流程再造,以及情报研究过程中广泛收集的信息资源数据化,组织与评价方法智能化,服务内容的精细化与模式的工程化。数智赋能的情报学将吸纳智能感知、协同分析、视觉搜索、自然语言处理、边缘计算等新技术和新方法,赋能情报学理论与方法的变革。从信息链角度,大数据、人工智能技术强大的数据处理能力改变了"事实—数据—信息—知识—情报(智慧)"信息链逐级提炼升华的情报产生模式,可以从信息链上的任意节点深度分析挖掘情报。

可见,当情报处于载体之中,尚未被人识别、利用时,只是潜在的价值。情报的识别是指在情报传递过程中,情报接收者从情报载体中辨认出有价值的新的信息,获取情报的过程[173]。根据情报自动化理论:对于情报而言,技术的意义是使情报能够借助自然的力量实现活动的自动化[174]。所谓自动化,就是情报活动逐步以自然因素作为活动中介从而替代社会成员作为情报活动的中介。而知识图谱技术是人工智能技术的重要组成部分,它提供了一种更好地组织、管理和理解互联网海量信息的能力,将互联网的信息表达成更接近于人类认知世界的形式。

综合以上对信息链中情报的前世来生回顾,从情报价值的演进视角看,情报是活化的知识,或是有价值的信息;知识的应用彰显智慧。虽然智慧不是知识,但能运化知识;反之,知识不是智慧,但能彰显智慧。因此,情报在"数据—信息—知识—智慧"这个生产过程中的价值演进决定着整个情报产品的价值,也体现在每一个要素的情报演变进化环节,各个环节的智能加工方法是提供增值产品和服务的核心所在[175]。同时,虽然从数据到智慧所蕴含的意义及价值从低到高,但是其价值的可编程计算性是从高到低的[176]。显然,在信息链重构、可计算的同时,提升其智慧性的特征,对信息链中的情报价值演进具有重要意义。

6.1.3 领域知识图谱理论

知识图谱理论是云计算产业联盟知识资本领域知识图谱理论的研究基础,因此,本节首先探讨知识图谱理论,再阐述领域知识图谱理论。

6.1.3.1 知识图谱理论

自 2012 年谷歌正式提出知识图谱(Knowledge Graph,KG)并成功运用到搜索中以来,知识图谱通过使用统一形式描述语义化、网络化、结构化的知识描述框架,通过"符号具化"表征物理世界和认知世界的对象,并作为不同个体对认知世界中信息和知识进行描述和交互的桥梁,展现出其在描述复杂、多样和海量异构数据方面的巨大优势,成为人工智能最重要的基础手段之一。

知识图谱以结构化的形式描述客观世界中的实体、属性及实体间的关系,其作为关系的最有效的表示方式,提供了从关系的角度去分析问题的能力,是一种可直观、高效地进行知识检索与推理的方式。本质上,知识图谱描述了客观世界中事物单元作为实体,事物单元之间关系语义的一种网络的描述。三元组是知识图谱的一种通用表示方式,它作为信息的一种表达形式,其本身不是信息的替代品,而是在信息的基础上从实体层面进行更加丰富的描述,同时信息的动态特性也赋予了知识图谱动态支持数据模式的能力。知识图谱为我们提供了一种更好地组织、管理和理解海量信息的能力。

目前,知识图谱已经在金融、医疗、电商、教育、科技等知识密集型领域发挥着重要的作用[177-178]。它可以看作为情报工作建模的基础知识模型,支撑在情报信息分析基础上的服务。针对分析场景的描述对象及对象之间的关系,进行第一步本体结构的构建,从结构化与非结构化信息中提取出海量信息中隐藏的所需的实体、属性、关系等信息,识别事件类别、事件触发词及事件相关要素,进而构建基于领域的知识图谱,为进一步的情报服务工作提供底层知识基础[179-180]。

6.1.3.2　领域知识图谱

知识图谱属于人工智能重要研究领域——知识工程的研究范畴,知识图谱与大数据和深度学习一起,成为推动互联网和人工智能发展的核心驱动之一。大数据时代,知识工程是从大数据中自动或半自动获取知识,建立基于知识的系统,以提供互联网智能知识服务。此时,利用知识工程为大数据添加语义/知识,使数据产生智慧,从而完成从数据到信息到知识,最终到智能应用的转变过程[181]。知识图谱分为通用知识图谱与领域知识图谱,通用知识图谱是面向通用领域的结构化的百科知识库,而领域知识图谱又称为行业知识图谱或垂直知识图谱,通常面向某一特定领域,可看作一个基于语义技术的行业知识库[182]。知识图谱技术是指知识图谱建立和应用的技术。追溯知识图谱技术的历史发展脉络如下:

1960 年,认知科学家柯林斯(Collins)提出了由节点和边连接而成的语义网络。其中,描述对象、概念为节点,边表示节点之间的关系。此时的语义即万事万物之间的关系,没有定义节点的含义层的语义。所以,与后来的"语义网"不同。

1965 年,费根鲍姆开发的专家系统,开启了基于专家大脑的知识加工而来的、计算机符号表示的知识,并通过推理机模仿人脑对知识进行处理。其对由专家知识组成的知识库构建知识表示更为重视。

1989 年,伯纳斯-李(Berners-Lee)发明了万维网技术。

1998 年,伯纳斯-李又提出了语义网。语义网是一种传统人工智能与 Web 网络融合的结果,由元数据框架(1995 年,Guha Apple)到 RDF,到 RDFS,再到加入语义的 RDF1.1。RDF 的基础是三元组,由主语、谓语和宾语组成。RDF/OWL 都是面向 Web 的知识表示的语言[183]。

2006 年,伯纳斯-李提出链接数据,鼓励大家遵循一定的原则将数据公开发布到互联网上,起初的定义为如何利用语义网技术在网络上发布数据,强调的是在不同的数据间创建链接[183]。链接数据促进了大型数据项目的迅速发展,包括国外的 DBpedia、Wikidata、Freebase,中文社区清华的 XLore、复旦大学的 CN-pedia 等。

2012 年,谷歌公司在对收购的 Freebase 加入了模式层的扩充和改进基础上,提出了知识图谱,其目标是通过返回更为精准的、结构化的信息,洞察用户查询的语义信息,提升搜索引擎返回答案的质量和用户查询的效率,从而更好地满足用户的查询需求。

知识图谱可以理解为大规模的语义网,而链接数据更强调不同 RDF 数据集(知识图谱)之间的相互链接。知识图谱可以称之为存储知识的一种数据结构,本身不具有语义,可以通过 RDFS 或者 OWL 的规则应用于知识图谱进行推理,从而赋予知识图谱形式化语义。知识图谱与本体都通过定义元数据以支持语义服务。本体是知识图谱上层的模式层的抽象层表示;而知识图谱是本体的实例化,是基于本体的知识库[184]。

知识图谱从适用范围上分为通用知识图谱和领域知识图谱,通用知识图谱的覆盖范围较大,但针对不同领域的数据及本体信息都有着很大的区别,因此针对特定领域进行领域知识图谱的研究是非常有必要的。通用知识图谱与领域知识图谱的主要区别就是实体的范围。领域知识图谱在构建过程中,只构建特定领域内的实体,实体之间的关系描述与抽取则需要熟练的专业知识作为支撑。同时,领域知识图谱通常为解决特定领域内专业人员的检索需求而构建,具有很强的针对性。

当然,在实际的语言环境中,三元组的知识图谱难于驾驭丰富的思想内容。语义理解的知识来源除了实体以外,更重要的是与实体相关的行为、状态、转换等具体动作信息。因此,事件知识图谱应运而生。事件作为一种高层次的语义单位,能够准确地表述人、物和事在特定时间和地点相互作用的客观事实。事件相较于实体,可以更加清晰、精确地表示发生的各种事实信息。基于此,事件图谱的构建与应用有助于帮助人类更好地理解语义获取知识。事件知识图谱多采用"自顶向下"的构建方法,先定义数据模式,再添加实例内容向下细化;其构建技术包括事件知识表示、事件知识抽取、事件关系抽取等。事件知识图谱从自然语言文本中抽取事件和实体、属性、关系等并进行知识融合,然后通过本体构建体系框架,以结构化的三元组形式存储[185]。知识图谱的研究对象主要是名词性实体及其属性和关系,因而缺乏对事理逻辑这类重要知识的描述。哈尔滨工业大学的刘挺团队提出了"事理图谱"这一概念[186],它的提出为针对谓词性事件及其逻辑关系的研究提供了帮助。事理图谱能够很好地展示事件演化的过程及其发展规律,进而实现对人的行为活动的刻画。事理图谱本身是一个有向有环的图结构,图的节点用来表示事件,有向边表示事件之间的演化关系。事理图谱从本质上来说是一个描述事件之间演化规律和模式的事理逻辑知识库[187]。

6.1.3.3 时序知识图谱

真实的世界是动态的,而不是静态的、一成不变的,现存的大多数知识表示模型都只聚焦于静态的知识,或者默认所有的知识都是静态的。然而现实世界中的大多数知识都是有时效性的,即一条知识只在特定的时间段或者时间点内有效,这段时间也叫做有效时间[188]。一般地,知识图谱模型使用三元组模型(头实体、关系、尾实体)表示知识,而带了时间信息的知识也叫做时序知识,如果使用常规的知识图谱表示模型表示这一知识,就会丢失掉重要的时间信息。

(1) 信息的缺失。一条信息丰富的知识,在使用知识图谱表示之后,重要的时间信息丢失了,不仅如此,时间信息的缺失会带来其他蕴含信息的一并丢失。

(2) 信息表达上的混乱。有一些知识是分先后顺序的,这和真实世界中时间的一维属性以及其单向性相对应,而无时间信息的知识则无法表达这种时间上的先后顺序,从而造成混乱。

(3) 错误的知识存在。由于现实世界是动态的,而非一成不变的,由此产生的知识也大部分是有时效性的,而非永恒的。有一些构建知识图谱时正确的知识,经过一段时间之后就成了错误的。

随着事件的不断发展,时序知识图谱可通过定期更新捕捉现实世界中的动态变化。然而,尽管部分时序知识图谱非常庞大,包含数百万甚至数亿个四元组,但这些时序知识图谱可能由于原数据集缺乏全面的信息,现实世界中不断发生的事件以及知识不断发展演化等原因,使得时序知识图谱补全成为一项极其重要的关键任务。时序知识图谱补全的目的是基于已知信息预测缺失知识,只有当知识图谱充分完整时,才能进一步提高下游应用的准确率。时序知识图谱补全在推荐系统、交通流量预测、金融投资决策等领域得到了广泛的应用。对于动态时序知识图谱的研究虽然起步较晚,但吸引了大量研究者的目光,时序知识图谱也逐步应用到了实际场景中。如在公安领域,北京百分点科技集团股份有限公司推出智能安全分析系统 DeepFinder,使用动态知识图谱帮助公安机关打击犯罪行为,提高公共管理能力[189];在风控领域,针对企业风险的管理与预测问题,杨波等[190]基于时序知识图谱构建了企业动态风险智能问答系统,该系统可以用于查询企业及其相关风险信息,以实现用户对企业风险的把控;在临床医学领域,陈德华等[191]基于 EMR 电子病历构建临床医学领域时序知识图谱,描述实际临床场景中的概念和实体;在军事领域,Palantir 将时序知识图谱引入情报分析场景中,将多情报领域数据关联分析,用于战场态势分析和预测。

本研究中的知识资本同样具备时间范围的有效性特征,因此,常规知识图谱默认真实世界是静态的,只能表达静态知识资本,而时序知识图谱以时间本体为语义模型,以时序四元组为存储格式表示知识资本,满足随时间变化,原来的知识资本的有效性变化,每条知识自带有效时间,基于此带有时序特征的知识资本领域知识图谱进行知识关联分析及其他应用。

6.1.3.4 领域知识图谱生命周期理论

知识图谱对知识服务有重要的支撑作用,能够将传统基于浅层语义分析的信息服务范式提升到基于深层语义分析的知识服务[188]。知识图谱的生命周期包括知识体系的构建、知识获取、知识融合、知识存储、知识推理及知识应用,其中知识获取是构建和应用知识图谱的关键和核心。知识获取是指从杂乱无序、海量的结构化、半结构化和非结构化文本数据中通过基于模型的知识抽取方式获取知识。学术界的研究重点主要集中在对非结构化文本信息进行知识抽取方面,相关非结构化数据的知识抽取模型又包括实体抽取模型、关系抽取模型、事件抽取模型。

（1）本体模型构建

本体是用于描述一个领域"概念化的规范"的术语集合,本体采用层次结构化的形式,作为一个知识库的骨架和基础,组成由一系列概念、关系和推理规则构成的集合,具体包括实体类型、属性、关系、规则及实例等。所谓领域本体是用于描述指定领域知识的一种专门本体,它给出了领域实体概念、相互关系领域活动以及该领域所具有的特性和规律的一种形式化描述。本体的构造需要完整的工程化、系统化的方法来支持,目前特定领域本体还需要专家进行参与。

基于本体技术构建在某个领域建模是一个复杂的过程,其实质是研究领域概念化,本研究采用斯坦福大学七步法完成本体建模过程,如图 6-2 所示。

阶段一：定义本体识别范围	第二阶段：定义本体结构和模式,并确定本体元属性及关系	第三阶段：本体及实例化管理
第一步：定义本体识别范围,即确定本体的用途,包括它的功能、作用和应用领域	第二步：本体的结构和模式定义了本体的基本元素以及它们之间的关系结构和模式。 第三步：为确定的本体元素和属性提供实际可用的信息。 第四步：确定本体之间的关系	第五步：测试和优化本体。 第六步：发布本体。 第七步：维护本体

图 6-2　本体模型构建七步法

依据本建构理论方法,本书按照以下三个阶段完成本体建模过程。

第一阶段:根据本体的领域需求确定本体的识别范围,对研究领域要素进行标准化表示,应用知识图谱构建。

第二阶段:基于研究领域的本体实体要素和属性,确定本体关系等,支持本体的结构及作用模式。

第三阶段:对研究领域本体及实例进行信息管理。

（2）实体抽取

实体是知识图谱的基本单元,也是文本中承载信息的重要语言单位,实体抽取和分析是支持知识图谱构建和应用的重要技术。实体抽取又称命名实体识别,其目的是通过自然语言处理技术中实体抽取模型从文本中抽取实体信息元素,包括国家、区域、机构等领域本体构建所需的实体。它是解决很多自然语言处理问题的基础,也是知识图谱中最基本的任务。将通过实体抽取模型得到研究领域所需实体信息,以图谱节点的形式构成知识图谱的实体节点。针对特定领域知识图谱构建常伴有数据不多的问题,数据增强的方法可以有效地解决领域实体抽取的数据稀疏问题,解决深度学习完成实体抽取的优质领域应用[192]。

(3)关系抽取

关系抽取是自动识别实体之间的语义关系,通过自然语言处理相关技术构成关系抽取模型,得到领域相关实体间关系信息及实体的属性信息,将实体关系信息以图边形式存储,实体属性以节点属性形式构成知识图谱。

(4)知识融合

通过上述实体、关系等知识抽取识别后所得的知识,由于其来源广泛,且不同来源的知识质量高低不同,表达形式不统一,会导致知识冗余、低精准度等问题。融合多源异构的知识,解决知识重复等问题,是提高知识图谱构建质量的关键。知识融合是保证知识图谱质量的关键步骤,实体对齐是知识融合过程中的关键技术。首先,知识融合是将多个数据源表示同一个实体概念的不同表达方式的实体进行融合,获得统一的知识。其次,由于知识是不断增长的,完整的知识图谱构建包含着图谱的知识维护,知识图谱应定时与外部知识库进行知识融合,实现图谱扩充与知识更新。

(5)知识存储

本书采用 Neo4j 完成领域知识资本知识图谱的存储,Neo4j 图数据库遵循属性图模型来存储和管理实体、属性及关系等数据,为知识资本智能管理提供细颗粒的信息存储。

鉴于上述领域知识图谱生命周期理论,结合不同领域信息自动化需求,即可实现不同领域知识图谱的自动构建,并基于领域知识图谱的知识组织方式,完成不同领域信息的图谱关联分析等不同应用[193-194]。

6.2　知识资本领域知识图谱的本体模式

以领域知识资本高效共享需求为例,设计领域知识资本的本体逻辑结构,确定领域知识资本元数据模型,并基于万维网本体语言(Ontology Web Language,OWL)构建一种领域知识资本的本体模型,且以煤矿安全领域知识图谱构建为例,验证知识资本领域知识图谱对信息资源组织与共享等智能管理的有效性,为煤矿领域知识资本高效增值提供必要的数字化手段。

6.2.1 云计算产业联盟知识资本领域本体模式设计

6.2.1.1 知识资本本体基本内涵

知识资本蕴藏于知识之中,当知识用户交换,并成为商品生成和流通过程中价值形成和增值的手段或载体时,知识就等同于知识资本。知识资本作为煤矿产业创新发展的关键要素之一,在数智技术时代背景下呈现出更新速度快、生命周期短、研发成本高、创新风险大等特点,对于煤矿科研院所、企业、高校等机构,知识资本如果能够高效共享,在煤矿产业即可弥补滞后企业的知识缺口,降低其研发成本,从而实现加速煤矿产业知识资本增值的目标[195]。因此,为满足精准知识共享需求,加速知识资本增值,如何通过语义网络高效地组织煤矿产业知识资本"孤岛",是一种重要的数字化手段。本体作为一种知识管理模型已经被广泛地应用于人工智能及知识工程领域[196],支持语义网技术的核心概念,通过一系列的概念、属性、关系组成的集合,被定义为概念化的规范。20世纪90年代至21世纪初,学者们从不同角度对本体进行定义[197],并达成本体是概念化、形式化、可共享、明确描述领域知识的一致性理解。本书针对煤矿产业知识资本共享需求,首先完成知识资本的逻辑结构设计,为知识资本领域知识图谱构建、存储与应用等奠定基础。

6.2.1.2 知识资本本体逻辑结构设计

根据本体是"特定领域中某套概念及其相互之间关系的形式化表达",结合本书中知识资本的描述范畴,设计机器可以理解的逻辑形式组织知识资本,形成知识资本本体逻辑结构定义为:

$$KC-ontology=<C,H,P,PR,I>$$

知识资本本体模型中各参数的界定如下:

C 代表类(Class)概念,是指知识资本本体中一组共享某些相同属性的对象的集合,可以表示知识资本中的结构资本、主题及学科领域等;

H 代表类之间的层次关系(Hierarchy)概念,主要表示煤矿安全知识资本中概念的逻辑关系,可以表示为属于、继承等;

P 代表属性(Property)概念,在知识资本中用以描述个体特征概念的集合,例如,结构资本属性包括发明人、申请人、摘要、申请(专利)号、授权公告号、申请日、公开日等;

PR 代表属性的限制(Restriction of Property),主要是对属性取值的类型、范围等的限制,例如,结构资本的发明人、申请人的类型为字符串;

I 代表个体(Individual)概念,即知识资本中某个实体概念的具体对象,可以表示领域中某一项具体的发明型专利知识资本等。

6.2.2　云计算产业联盟知识资本领域本体元数据模型

全面、形式化地表征知识资本语义描述,利用本体逻辑结构建立面向语义的元数据模型,可以将元数据中实体类的含义、类间的关系更明确地表达出来。元数据是数据的数据,本研究设计的知识资本元数据模型八元组的定义如下:

$$CoalSafeKC-ontology-MetaData:=E,A,L,H^c,R,I,F,P$$

本书煤矿安全知识资本本体元数据的各个参数的界定如下:

(1) E 是知识资本描述中实体类的集合: $\forall c \in E, c=(Name, A^c), Name(c)$ 表示 c 的命名词汇, $Name(c) \in T$,其中 $A^c=\{x | x \in A$ 且 $Att(x)=c\}$, Att 是函数集中的属性映射函数。

(2) A 是定义到煤矿安全知识资本描述中实体类的属性集合, $\forall a \in A, a=(Name, dt), Name(a)$ 表示 a 的命名词汇, $Name(a) \in T$。

(3) L 为煤矿安全知识资本的实体属性的取值域集, $L=dt$。

(4) H^c 是煤矿安全知识资本的实体类间的一种二元层次关系。

(5) R 是煤矿安全知识资本的实体类间的二元语义关系集(关联关系)。

(6) I 为实例集,是煤矿安全知识资本信息单元实体类对象集合。

(7) F 表示函数集,主要包括如下函数:

$Att:A \rightarrow E \cup R$,即属性函数,将属性分配给某实体类或关系;

$val:V \rightarrow (E, A)$,即属性取值函数,属性具有数据类型;

$Inst:E \rightarrow 2^I$,即信息单元实例化函数,可以写为 $Inst(E)=I$ 或 $E(I)$;

$Instr:R \rightarrow 2^I I$:关系实例化函数,可以写为 $Instr(R)=\{I1, I2\}$ 或 $R(I1, I2)$。

6.2.3　基于 OWL 的知识资本本体模式实现

按照上节中,煤矿安全知识资本的元数据模型构建,本节基于 OWL 完成煤矿安全知识资本本体模型的构建。OWL 建立在 XML/RDF 等已有标准的基础上,通过添加大量基于描述逻辑语义的原语来描述和构建各种本体。以煤矿安全知识资本的部分元模型的本体构建为例,基于 OWL 的煤矿安全知识资本本体标准化表述实现,包括煤矿知识资本的规范化描述中的实体类集合 E、实体类的属性集合 A、二元语义关系集(关联关系) R 等,本节完成基于 OWL 的知识资本本体模式,整体概述情况如表 6-1 所示。

表 6-1 本体二元语义关系集合示意

基于 OWL 本体 Object Data properties

```
<? xml version="1.0"? >
<rdf:RDF xmlns="owlapi:ontology#ont3#"
    xml:base="owlapi:ontology#ont3"
    xmlns:rdf="http://www.w3.org/1999/02/22-rdf-syntax-ns#"
    xmlns:owl="http://www.w3.org/2002/07/owl#"
    xmlns:xml="http://www.w3.org/XML/1998/namespace"
    xmlns:xsd="http://www.w3.org/2001/XMLSchema#"
    xmlns:rdfs="http://www.w3.org/2000/01/rdf-schema#">
<owl:Ontology rdf:about="owlapi:ontology#ont3"/>
```

6.2.3.1 本体的二元语义关系集(关联关系)R

基于 OWL 的 Object Properties 表示知识资本本体模式的二元语义关系, 以煤矿安全领域知识资本本体构建为例, 如表 6-2 所示, 分别实现"结构资本"与"主题"、"结构资本"与"单位机构"、"结构资本"与"学科领域"等的"属于"二元语义关系。

表 6-2 本体二元语义关系集合示意

基于 OWL 本体 Object Properties	含义

`<! -- www.cmkg.com/ontologies/relation#属于 ->`
`<owl:ObjectProperty`
`rdf:about="www.cmkg.com/ontologies/relation#属于">`
	二元语义
	"属于"关系

`<rdfs:domain rdf:resource="www.cmkg.com/ontologies/object#结构资本"/>`	头实体

`<rdfs:range rdf:resource="www.cmkg.com/ontologies/object#主题"/>`
`<rdfs:range rdf:resource="www.cmkg.com/ontologies/object#单位机构"/>`
`<rdfs:range rdf:resource="www.cmkg.com/ontologies/object#学科领域"/>`
`</owl:Object Property>`
	尾实体

6.2.3.2 本体实体类的属性实现

基于 OWL 的 Object Data Properties 表示知识资本本体模式的实体属性概念, 以煤矿安全领域知识资本本体实体类的属性构建为例, 如表 6-3 所示, 分别实现"专利""主题""单位机构""发明型""外观设计""学科领域""实用新型""知识产权资本""结构资本""软件著作"以及"Top Thing"等属性的构建。

表 6-3　本体实体类属性集合示意

基于 OWL 本体 Object Data Properties

```
<! - www.cmkg.com/ontologies/property#别名 -->
<owl:DatatypeProperty rdf:about="www.cmkg.com/ontologies/property#别名">
    <rdfs:domain rdf:resource="www.cmkg.com/ontologies/object#专利"/>
    <rdfs:domain rdf:resource="www.cmkg.com/ontologies/object#主题"/>
    <rdfs:domain rdf:resource="www.cmkg.com/ontologies/object#单位机构"/>
    <rdfs:domain rdf:resource="www.cmkg.com/ontologies/object#发明型"/>
    <rdfs:domain rdf:resource="www.cmkg.com/ontologies/object#外观设计"/>
    <rdfs:domainrdf:resource="www.cmkg.com/ontologies/object#学科领域"/>
    <rdfs:domain rdf:resource="www.cmkg.com/ontologies/object#实用新型"/>
    <rdfs:domain rdf:resource="www.cmkg.com/ontologies/object#知识产权资本"/>
    <rdfs:domain rdf:resource="www.cmkg.com/ontologies/object#结构资本"/>
    <rdfs:domain rdf:resource="www.cmkg.com/ontologies/object#软件著作"/>
    <rdfs:domain rdf:resource="www.cmkg.com/ontologies/object#Top Thing"/>
</owl:DatatypeProperty>
```

```
<! - www.cmkg.com/ontologies/property#成果完成人 -->
<owl:DatatypeProperty rdf:about="www.cmkg.com/ontologies/property#成果完成人">
    <rdfs:domain rdf:resource="www.cmkg.com/ontologies/object#知识产权资本"/>
    <rdfs:range rdf:resource="http://www.w3.org/2001/XMLSchema#string"/>
</owl:DatatypeProperty>
```

6.2.3.3　本体的实体类集合

基于 OWL 的 Classes 表示知识资本本体模式的实体概念集合,以煤矿安全领域知识资本本体实体类的概念构建为例,如表 6-4 所示,分别实现"专利""主题""单位机构""发明型""外观设计""学科领域""实用新型""知识产权资本""结构资本""软件著作"以及"Top Thing"等概念的构建。

表 6-4　本体实体类概念集合示意

基于 OWL 本体 Classes

```
<! -- www.cmkg.com/ontologies/object#专利 -->
    <owl:Class rdf:about="www.cmkg.com/ontologies/object#专利"/>
        <! -- www.cmkg.com/ontologies/object#主题 -->
            <owl:Class rdf:about="www.cmkg.com/ontologies/object#主题"/>
            <! -- www.cmkg.com/ontologies/object#单位机构 -->
    <owl:Class rdf:about="www.cmkg.com/ontologies/object#单位机构"/>
            <! -- www.cmkg.com/ontologies/object#发明型 -->
                <owl:Class rdf:about="www.cmkg.com/ontologies/object#发明型"/>
            <! -- www.cmkg.com/ontologies/object#外观设计 -->
    <owl:Class rdf:about="www.cmkg.com/ontologies/object#外观设计"/>
            <! -- www.cmkg.com/ontologies/object#学科领域 -->
    <owl:Class rdf:about="www.cmkg.com/ontologies/object#学科领域"/>
            <! -- www.cmkg.com/ontologies/object#实用新型 -->
    <owl:Class rdf:about="www.cmkg.com/ontologies/object#实用新型"/>
            <! -- www.cmkg.com/ontologies/object#知识产权资本 -->
<owl:Class rdf:about="www.cmkg.com/ontologies/object#知识产权资本"/>
            <! -- www.cmkg.com/ontologies/object#结构资本 -->
    <owl:Class rdf:about="www.cmkg.com/ontologies/object#结构资本"/>
            <! -- www.cmkg.com/ontologies/object#软件著作 -->
    <owl:Class rdf:about="www.cmkg.com/ontologies/object#软件著作"/>
            <! -- www.cmkg.com/ontologies/object#Top Thing -->
    <owl:Class rdf:about="www.cmkg.com/ontologies/object#Top Thing"/>
</rdf:RDF>
```

6.3　专利型知识资本领域图谱构建

本节选择中国知网专利知识资本文献数据,通过南京柯基数据科技有限公司提供知识系统管理工具,实现知识资本领域知识图谱构建,支持煤矿安全知识资本领域关联分析知识服务。

6.3.1　数据来源

本研究中的知识资本图谱构建的数据来自中国知网"专利"类型文献,以"煤矿安全"为关键词,选择时间为 2013—2023 年区间内的授权"发明型""矿业工程"学科,获取 97 个数据,具体分布如图 6-3 所示。

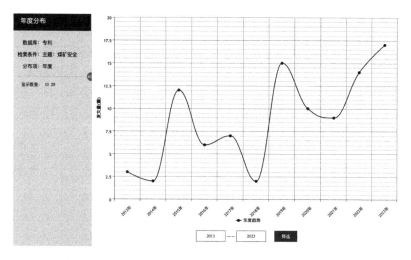

图 6-3　近十年内的煤矿安全知识资本数据来源统计表

获取的数据中,关于煤矿安全生产主题的有 12 个、煤矿井下主题的有 7 个、预警方法主题的有 6 个、煤矿安全监控系统主题的有 6 个、煤矿安全监测主题的有 4 个、除尘装置主题的有 4 个、煤矿安全监测系统主题的有 3 个、煤矿安全监控主题的有 2 个、瓦斯涌出异常主题的有 2 个、瓦斯涌出主题的有 2 个。

基于上述发明型专利文献文本数据主要特征信息,结合知识资本领域知识图谱本体模型,完成煤矿安全领域知识资本知识图谱构建,支持知识资本的关联分析,为煤矿安全领域知识资本的知识增值提供有效的决策信息。

6.3.2　专利型知识资本领域知识图谱本体模型

6.3.2.1　煤矿安全知识资本生产系统图谱智能管理

根据知识资本生产系统的构成要素,本书将联盟知识资本划分为人力资本和结构资本两类。从知识资本生产环节来看,人力资本和结构资本既是生产系统的构成要素,因此,本文构建煤矿安全知识资本生产系统知识图谱,支持知识资本的智能管理,如图 6-4 所示。

图 6-4　煤矿安全知识资本生产系统的智能管理服务

6.3.2.2 煤矿安全知识资本本体层次结构

面向煤矿安全知识资本生产系统管理需求,实现基于知识图谱的知识资本知识图谱管理服务。结合领域知识资本特征(包括结构资本、人力资本、学科领域、主题等实体概念),以结构资本为例,其子类为知识产权资本,下一层子类为专利,再下一层子类为发明型。因此,知识资本本体的树形层次结构如图6-5。

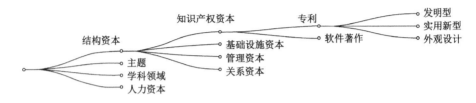

图 6-5 知识资本本体的树形层次示意图

6.3.2.3 煤矿安全知识资本本体实体概念

以结构资本为例,包括知识产权资本、基础设施资本、管理资本及关系资本等实体概念;其中知识产权资本包括继承关系的专利、软件著作两类实体概念;而专利包括发明型、实用新型以及外观设计等实体概念,如图6-6所示。

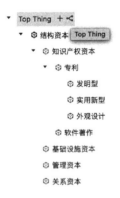

图 6-6 煤矿安全知识资本生产系统本体实体概念

6.3.2.4 煤矿安全知识资本本体实体关系概念

结合上述本体属性层次结构,知识产权资本、管理资本、关系资本、基础设施资本属于结构资本,同时,发明型、实用新型等属于专利实体概念,发明型专利与主题构成"属于"关系,因此,本体概念中实体与实体形成关联,如图6-7所示。通过这种关联关系,可以辅助获取对煤矿安全某个主题的知识资本细颗粒支持,从而快速匹配到知识共享需求,实现知识增值的目标。

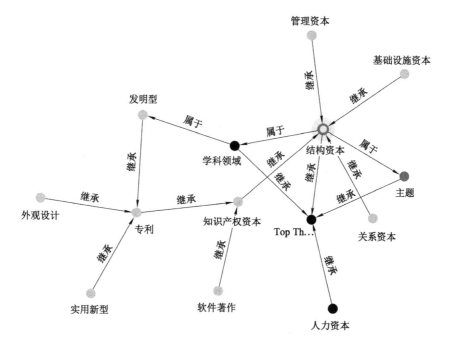

图 6-7　煤矿安全知识资本的关联关系

6.3.2.5　煤矿安全知识资本本体实体属性概念

以结构资本为例,根据结构资本知识产权的特征,定义其属性概念包括发明人、申请人、摘要、申请(专利)号、授权公告号、申请日、公开日等,如图 6-8 所示。

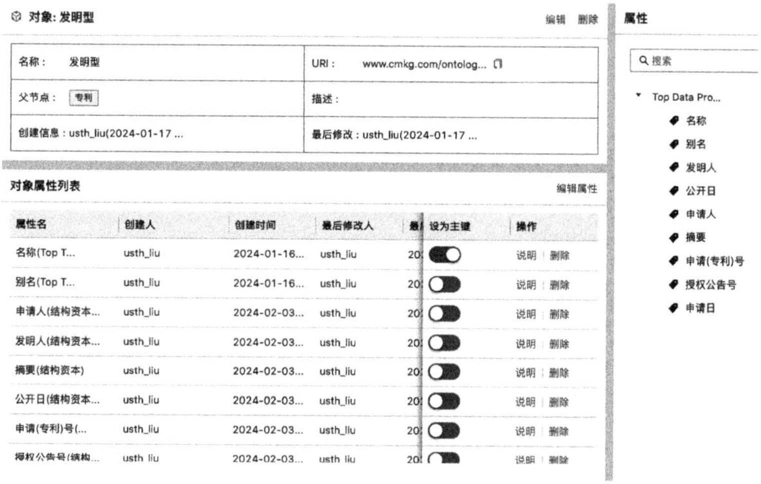

图 6-8　煤矿安全知识资本生产系统本体中属性概念

6.3.3 专利型知识资本领域知识图谱构建

根据上节知识资本本体模型构建,将"煤矿安全"领域的"发明型"知识资本非结构化数据,通过半自动方式实现煤矿安全相关的发明型专利的知识图谱,如图 6-9 所示。"矿业工程"学科领域、"煤矿安全生产"主题实例的发明型专利图谱球茎相对比较大,代表数量比较多。此外,还包括"煤矿安全监测""煤矿安全监控""除尘器""除尘装置"等主题的发明型专利,可以通过检索方式精准获取不同主题的发明型专利的具体信息。

6.4 软件著作型知识资本领域图谱构建

本节基于财务科目标准化领域,阐述软件著作型知识资本的知识图谱构建,说明软件著作型知识资本图谱构建对知识资本增值的作用。

6.4.1 软件著作型知识资本领域知识图谱本体模型

财务科目即会计科目,它是对企业会计核算过程中会计要素的具体内容进行分类核算的项目。对财务科目标准化的管理软件,即可构成财务科目标准化软件著作型知识资本,结合财务科目分析,完成财务科目标准化知识图谱本体树、实体概念与关系概念统计,如图 6-10 所示,本体实体概念主要包括知识资本—软件著作权、学科领域、主题、科目管理、科目子类及子类类目等;以软件著作权实体概念与主题概念、软件著作权实体概念与学科领域概念、软件著作权实体概念与科目管理概念构成三元组关系概念,如图 6-11 所示。

以科目管理概念关系构建视角查询可见,科目管理实体概念与科目子类实体概念构成划分类别三元组关系概念,同时,也查询到软件著作权与科目管理的关系,如图 6-12 所示。

以科目子类概念关系构建视角查询可见,科目子类概念与科目子类概念构成划分类别三元组关系概念,同时,也查询到科目管理与科目子类的关系,如图 6-13 所示。

6.4.2 软件著作型知识资本领域知识图谱构建

依据财务科目标准化图谱本体模型构建,结合具体业务管理需求,完成著作型知识资本领域知识图谱构建。以科目子类、子类类目的实例构建为例,构建的实例列表分别如图 6-14 和图 6-15 所示。

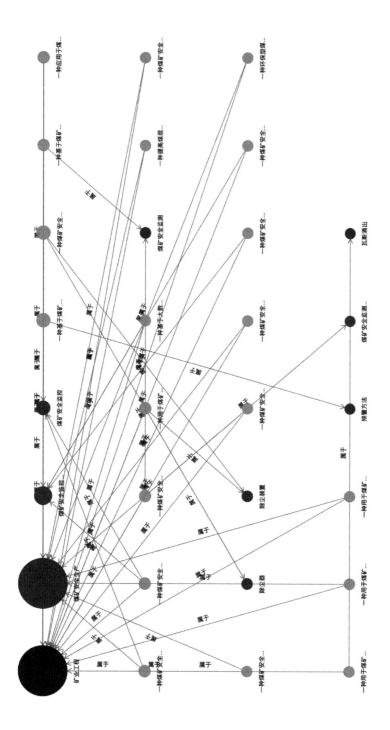

图6-9　煤矿安全知识资本生产系统的图谱管理

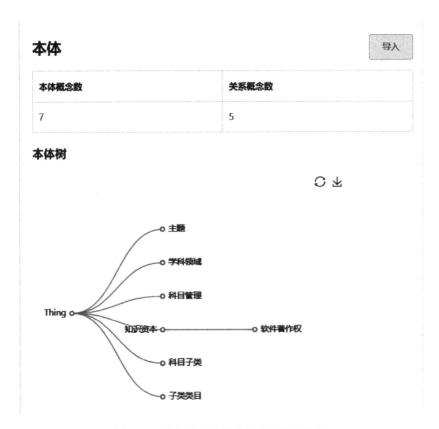

图 6-10 财务科目标准化知识图谱本体树

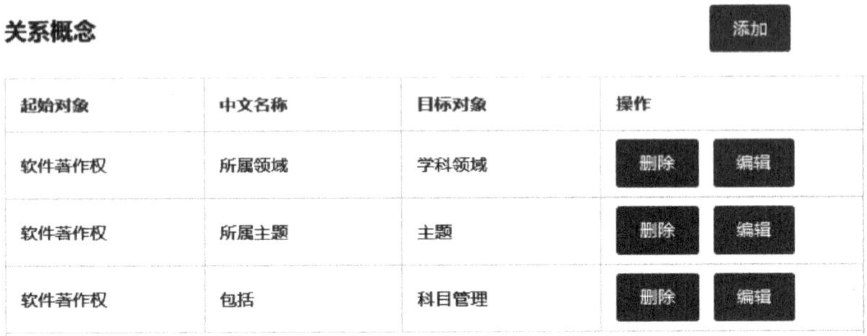

关系概念

添加

起始对象	中文名称	目标对象	操作
软件著作权	所属领域	学科领域	删除 编辑
软件著作权	所属主题	主题	删除 编辑
软件著作权	包括	科目管理	删除 编辑

图 6-11 财务科目标准化图谱——软件著作权关系概念

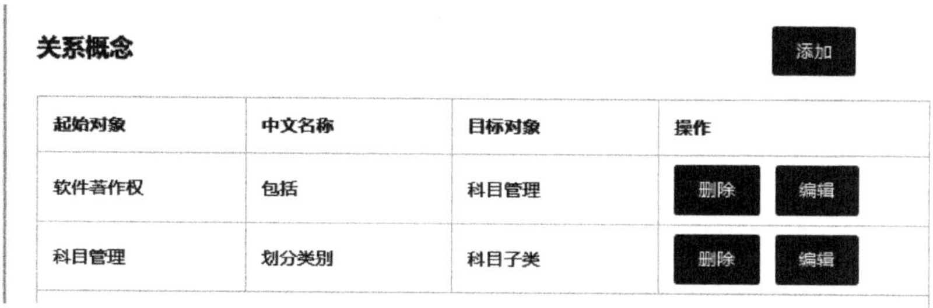

关系概念

起始对象	中文名称	目标对象	操作
软件著作权	包括	科目管理	删除 编辑
科目管理	划分类别	科目子类	删除 编辑

添加

图 6-12 财务科目标准化图谱——科目管理关系概念

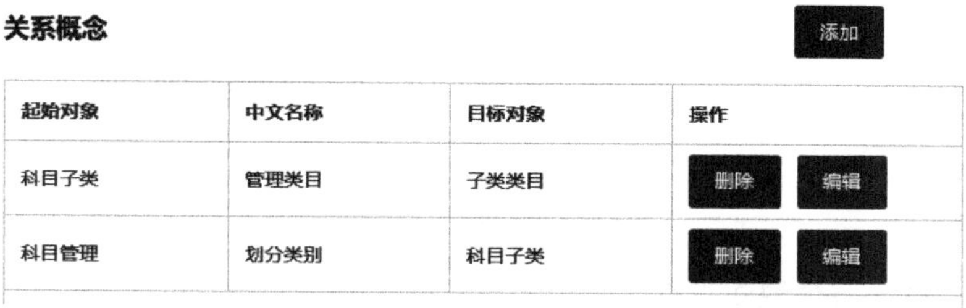

关系概念

起始对象	中文名称	目标对象	操作
科目子类	管理类目	子类类目	删除 编辑
科目管理	划分类别	科目子类	删除 编辑

添加

图 6-13 财务科目标准化图谱——科目子类关系概念

图 6-14 财务科目标准化知识图谱——科目子类实例列表

图 6-15　财务科目标准化知识图谱——子类类目实例列表

6.4.3　软件著作型知识资本领域知识图谱关联

根据上节财务科目标准化管理的知识图谱构建,实现财务科目的关联可视化,以"科目标准化"实例为例,分别实现其一层及两层关联可视化,分别如图 6-16 和图 6-17 所示。

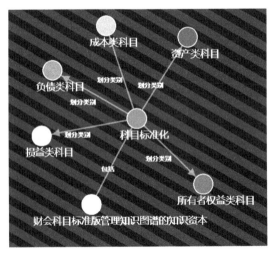

图 6-16　财务科目标准化知识图谱——科目标准化一层关联可视化

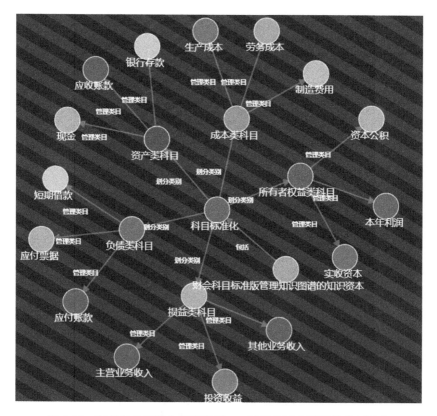

图 6-17　财务科目标准化知识图谱——科目标准化两层关联可视化

6.5　知识资本领域知识图谱其他关联分析

通过知识资本领域知识图谱构建支持精细化知识关联,满足知识资本的知识共享信息获取,加速知识产权知识资本的知识价值增值,从而为煤矿企业知识创新促进发展提供数字化管理机制。

6.5.1　基于图结构的关联分析方法

领域知识资本关联方式可以分为广度优先遍历与深度优先遍历两种。其中广度优先遍历的智能情报分析借鉴了图遍历的一种经典图论算法思想,从目标顶点出发,依次访问与顶点相邻的节点,直到图中所有顶点均被访问过为止;是一种图节点精细知识的智能情报获取方式。而深度优先遍历的智能情报借鉴了图遍历的另一种经典图论算法思想,从目标顶点出发,依次访问第一个没有被访问的下一级节点,基于递归算法的思想,直到搜索到该节点的所有边都被遍历完为止；是另一种精细知识的智能情报获取方式。

6.5.2 领域知识资本的关联分析实例

本节通过"煤矿安全"相关的发明型专利知识资本展开关联分析，为知识资本增值提供直接的关联指导与信息获取。发明型专利知识资本属于"矿业工程"主题，如图 6-18 所示。完成的实例信息包括 28 个。

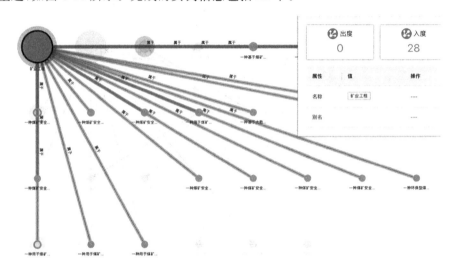

图 6-18　煤矿安全发明型专利知识资本关联分析

煤矿安全领域的"一种煤矿安全生产用瓦斯监控装置"的发明型专利知识资本关联分析如图 6-19 所示：一是展示属于"煤矿安全生产""煤矿安全监控"主题，属于"矿业工程"学科领域；二是包括摘要、公开日、申请（专利）号、授权公告号、申请日等。

6.5.3 领域知识图谱时序分析

围绕知识资本的公开日走位时序分析维度，针对知识资本知识图谱实例的时序分析可以表示知识资本动态时间特征，如图 6-20 所示。2023 年之前与 2017 年之后的煤矿安全领域发明型知识资本授权时间维度展开时序分析，"一种提高煤层气采收率与煤矿安全生产的方法"为 2022 年 3 月 1 日授权，同时，显示该专利的发明人、摘要、公开日、申请（专利）号、授权公告号等具体精细化的知识信息。

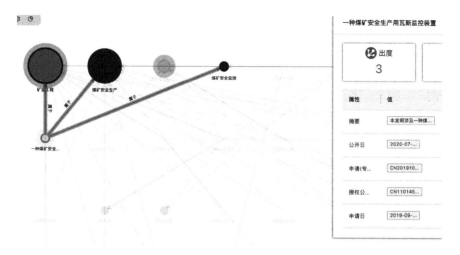

图 6-19　煤矿安全知识资本实例关联分析

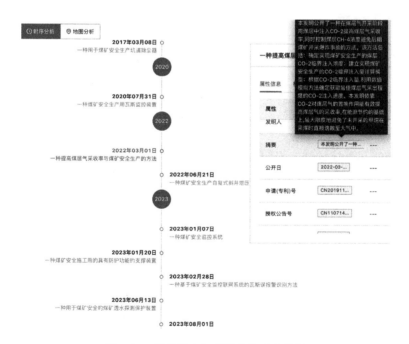

图 6-20　煤矿安全知识资本的时序分析

第7章 云计算环境下的知识资本智能推荐机制

云计算环境下知识资本智能推荐是人机交互知识增值服务的有效服务机制。该服务机制可以为知识增值提供及时、精准的知识资本信息。煤矿安全是一个关乎人民生命财产安全的重要问题,然而当今社会,信息爆炸式增长使得人们在面对复杂问题时往往感到困惑和无助。因此,本书基于大模型人工智能技术,以煤矿安全领域为例,基于煤矿安全领域知识资本知识库,从大模型问答技术角度进行智能推荐的可行性、需求分析、系统设计、服务平台实现与智能应用等论证,为知识资本的增值提供有效的保障。

7.1 需求分析

为保障知识资本增值的有效性,首先,分析知识资本智能问答服务机制的可行性;接着,采用面向对象的统一建模语言(UML)的用例建模与活动建模方法,完成基于大模型的领域知识资本智能问答需求分析。

7.1.1 智能问答服务机制的可行性分析

本节采用外挂领域知识图谱智库及领域文本知识库作为大模型的领域知识来源,在推荐答案召回率的同时,保障大模型问答知识的正确性。

一方面,为提升大模型领域服务能力,并保持微调带来的灾难性遗忘问题,本书应用领域知识库的基于提示学习与大模型相结合模式,并选中在硬件资源不足的情况下,ChatGLM6B的小参数模型部署专业领域的问答系统,实现能和较大的大模型在专业领域的应用效果。另一方面,为避免大模型的幻觉性,除了推荐出文本知识库的答案文档出处及具体的文本内容以外,本书结合领域知识图谱的可解释性,作为外挂知识库,推荐答案相关关联的节点,对文本知识库的答案进行一致性匹配验证。大模型问答作为智能推荐服务机制的可行性分析如图 7-1 所示。

7.1.2 用例建模需求分析

7.1.2.1 总体用例需求分析

用例建模需求分析主要完成用户与系统人机交互问答功能模块的需求分

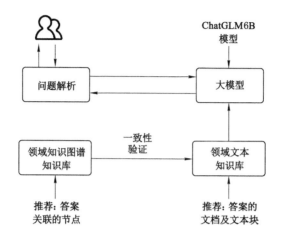

图 7-1　大模型问答作为智能推荐服务机制的可行性分析

析。领域知识资本的智能问答系统用户包括两种用户角色：一是管理员，支持问答的知识库管理；二是问答用户，支持"问"与"答"的"人机交互"，如图 7-2 所示的总体用例分析。

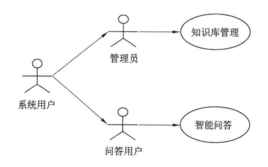

图 7-2　总体用例分析

7.1.2.2　面向大模型智能问答的知识库管理需求分析

系统通过知识图谱技术知识库、文本向量技术知识库两种类型完成。

第一种是基于知识图谱管理技术实现的知识库，具体功能需求如图 7-3 所示，包括"用户登录""知识领域管理""知识库管理""知识库应用""知识模型管理"等功能，具体如下：

（1）用户登录：支持用户安全管理对应知识库。

（2）知识领域管理：支持不同领域知识的管理。

（3）知识库管理：一是支持领域知识库知识概览，包括知识模式的关键指标

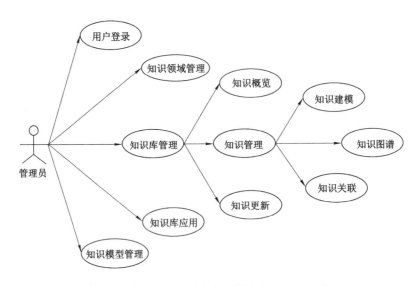

图 7-3 领域知识资本知识图谱知识库用例需求

数值及本体数等；二是知识本体建模、知识图谱构建以及知识关联的领域知识管理；三是知识库知识自动更新的知识抽取、知识融合以及知识存储等。

（4）知识库应用：基于构建的领域知识图谱知识库，实现知识问答应用需求。

（5）知识模型管理：支持知识半自动更新的相关算法，如实体、关系同时抽取和知识融合模型等。

第二种是对非结构化的各种文本数据来源，文本向量技术可以提供效率较高的知识问答需求，具体功能需求如图 7-4 所示。

7.1.2.3 人机问答的交互需求分析

用户通过自然语言提问获取答案的过程，完成人机交互自如问答交互过程，具体功能需求如图 7-5 所示。

7.1.3 活动建模需求分析

结合上述的需求分析，用户与领域知识资本智能问答人机交互活动包括输入问题、问题解析、答案获取、答案生成及答案输入等几个阶段，如图 7-6 所示。

（1）用户泳道：用户需以"语音""文字"两种方式完成问题输入；支持以"语音""文字"两种模式完成问题答案的输出。

（2）问答系统泳道：由"Prompt 提示工程""大模型 ChatGLM"完成问答的解析；调用 ChatGLM 大模型完成自然语言的答案生产。

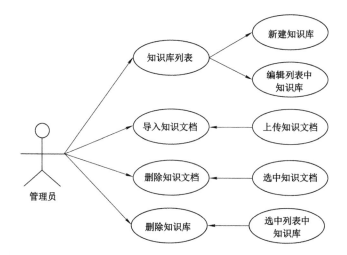

图 7-4　领域知识资本文本向量知识库用例需求

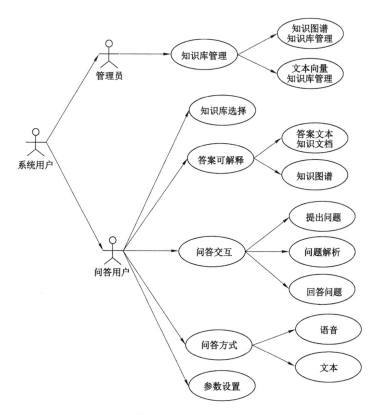

图 7-5　领域知识资本文本知识库用例需求

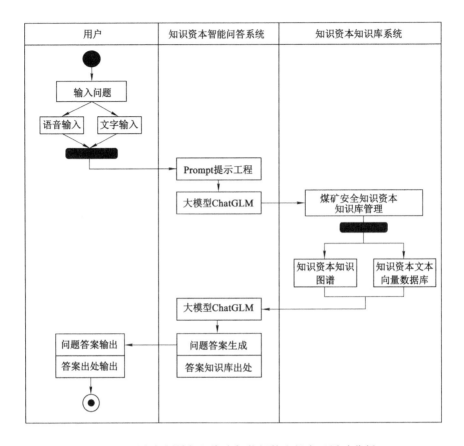

图 7-6   用户与领域知识资本智能问答人机交互活动分析

（3）知识库系统泳道：结合知识资本知识库系统的"知识图谱"及"文本向量数据库"两种方式，完成问答知识的获取。

7.2   基于大模型的领域智能问答技术现状

7.2.1   传统智能问答技术

传统的知识图谱问答系统研究有基于语义解析的方法和基于信息检索的方法两类[198-201]。前者主要通过模板构建查询语句，然后在知识库中进行查询，赵赛等[202]采用这种方法构建了基于马铃薯病虫害知识图谱的问答系统；王慧欣等[203]采用 BERT-BiLSTM 的关系抽取模型构建了基于医疗知识图谱的智能问答系统；杜春[204]提出了一种采用意图识别模板匹配的方法构建了基于知识图谱的乐山旅游智能问答系统。基于信息检索的方法是链接问句主题实体临近的子图,应用排序算法选择最高位置的实体检索答案,潘茹等[205]面向火灾应急知识图谱设计了一种基于传统信息检索式的知识问答 Pipeline 改进方法;陈跃鹤等[206]提出了一种基于知识图谱和语义相似度匹配的问答系统,新增了一个语义相似度匹配模块,通过微调 SBERT 模型,让模型在中医药方面有更强的问答能力。

7.2.2　基于大语言模型的问答技术

基于大语言模型(LLM)的微调方式实现了多个领域的问答应用[207]。医学 GLM 使用 LoRA 对只有 700 万个可训练参数的 ChatGLM 进行微调,实现了医学领域中英双语的问答,对模型理解中文有显著提升[208]。ChatDoctor 使用来自斯坦福大学羊驼项目的 52K 指令跟随数据,训练了一个基于 LLaMA 的通用会话模型[209]。张鹤译等[210]基于 LLM 和知识图谱设计了一套中医药领域的问答系统,提出大型语言模型+专业知识库的基于提示学习的问答系统范式,以解决专业领域问答系统数据+微调范式带来的灾难性遗忘问题。

随着 LLM 技术研究的迅猛发展,自 ChatGPT 推出以来,越来越多的大模型犹如雨后春笋般破土而出,目前国外在各个方面表现出色的大模型有 OpenAI 的 GPT-3、GPT-4,Google 的 PaLM 2,由 Google 支持的 Anthropic 开发的 Claude2,由阿联酋的技术创新研究所(TII)开发的 Falcon 大模型,Meta 的 LLaMA 开源大模型,由 LLaMA 开源大模型衍生的 Guanaco-65B、Vicuna、MPT-30B,由 CalderaAI 开发的 30B-Lazarus 大模型。GPT-4 模型于 2023 年 3 月发布,展示了其强大的能力,包括复杂的推理能力、高级编码能力、多种学术学习能力、可媲美人类水平表现的能力等。Google 在 PaLM 2 模型上专注于常识推理、形式逻辑、数学和 20 多种语言的高级编码。最大的 PaLM 2 模型已经在 5 400 亿个参数上进行了训练,最大上下文长度为 4 096 个令牌。Claude 是一个强大的大模型,由 Google 支持的 Anthropic 开发。它是由前 OpenAI 员工共同创立的,其方法是构建有用、诚实和无害的人工智能助手。在多个基准测试中,Anthropic 的 Claude v1 和 Claude Instant 模型显示出了巨大的前景。根据斯坦福 HELM 的说法,Cohere Command 模型的准确性在同行中得分最高。除此之外,Spotify、Jasper、HyperWrite 等公司都在使用 Cohere 的模型来提供人工智能体验。LLaMA 是由 Meta AI 发布的一个开放且高效的大型基础语言模型,共有 7B、13B、33B、65B(650 亿)四种版本。

同样,国内外相继发布了许多的大模型,如百度的文心大模型、抖音的云雀大模型、智谱 AI 的 GLM 大模型、中科院的紫东太初大模型、百川智能的百川大模型、商汤的日新大模型、科大讯飞的星火大模型、阿里的通译千问等、华为的盘古大模型等。百度的"文心一言",能与人进行对话互动,协助创作,帮助人们获取信息、知识和灵感,功能强大多样。阿里的"通义千问",是国内较大的中文预训练模型之一,支持多种自然语言处理任务,适用于各种实际应用场景。华为的"盘古",除了在自然语言处理、计算机视觉和文本领域有着强大能力外,还能帮助企业构建自己的模型,提升开发效率。商汤的"日日新",涵盖自然语言处理、内容生成、自动化数据标注等多种大模型及能力。科大讯飞的"星火认知",旨在适用于教育、医疗、人机交互等多个行业领域。由此可见,国内大模型的发展较为迅速,并且有一部分大模型已经开放并开始商用,各家产品在不同领域都有自己的卓越之处。本书选择智普轻言 ChatGLM2 大语言模型完成问答系统。

虽然基于以上大模型分析的技术为主流的应用技术,然而,在煤矿安全知识资本知识图谱的领域问答技术方面,现有研究成果较少。因此,本书提出基于大模型的领域知识资本智能问答的解决策略,确定煤矿安全领域知识资本的信息精准获取方式,促进知识资本增值效率的提升。

7.2.3 面向知识库智能问答的 Text2Cypher 技术

基于知识库问答系统的系统内部本质上就是 Text2Cypher。传统的 Text2Cypher 任务是当一个问题语句发送过来之后,它首先要做意图识别、实体识别,然后再利用 NLP 模型或者代码把相应的意图和实体构造成知识图谱的查询语句,最终查询图数据库,并根据返回结果构造答案。在大模型时代,Text2Cypher 方法不依赖于实体的子图检索,而是将问题翻译成面向答案的特定图查询,只需要基于通用模型与 Prompt 提示学习,再通过大模型生成 Cypher 语句对煤矿安全的知识图谱数据卡 Neo4j 查询。主要通过以下两种方法直接将问题转化为 Cypher 语句处理:一是优化 Promote,使模型根据所提供的自然语言信息尽可能了解数据库结构;二是把图数据库中的数据保存到本地,运用自然语言处理技术,将问题中的实体、属性、关系替换为正确的,再进行后续查询。并将结果以及问题作为第二条链的输入再次调用大模型。

7.2.4 面向大模型的知识库智能问答的 LangChain 技术

由于大语言模型存在诸多限制,例如:无法及时更新知识、理解能力有限,对于复杂任务的处理通常需要引入专门用于深度理解的算法、业务、系统,并且没有办法根据上一层推导出的结果进行下一层的推导,事实准确性不能保证(即幻觉),且存在偏见和公平性等问题。因为大语言模型存在诸多限制,这就难免需要像常规信息系统一样,将复杂任务拆解成诸多步骤执行。LangChain 是一个由语言模型 LLMs 驱动的应用程序框架,它允许用户围绕大语言模型快速构建应用程序。例如:通过基于 LangChain 调用其他大语言模型,并结合知识图谱进行实体链接程序的开发;基于 LangChain 为信息抽取任务添加纠错步骤;基于 LangChain 为大语言模型引入新知识;等等。

从应用领域需求来说,基于 LangChain 与大模型技术的智能问答,可从历史事故数据、煤矿设备状态、环境监测数据等多个维度获取信息,并通过深度学习和模式识别技术进行分析和预测。这样,系统可以提前发现潜在的安全隐患和风险,预测可能发生的事故类型和时间,并向相关人员发出预警信息,帮助煤矿管理者和工作人员更好地了解煤矿安全态势,及时采取措施预防事故的发生。可见,通过 LangChain 与大模型技术的结合,实现智能问答对煤矿安全态势的预测预警具有必要性。

7.2.5　面向大模型的知识库智能问答提示学习技术

提示学习大模型应用是一种最新的预训练模型范式,通过在预训练过程中提供特定任务的提示信息来指导模型学习,帮助模型更好地利用任务的上下文信息,从而提高模型的性能,也使得模型可以在 Few-shot、Zero-shot 等低资源场景下保持良好的表现。本研究使用 Few-shot 模式,提供少数的示例让模型学习到正确的语法。并且引入图数据库的 Schema 来限制模型的输出,防止输出数据库以外的知识。为了提高大语言模型在复杂任务上的性能,人们采用了 Few-shot Prompt 技术,通过提供少量示例来引导模型进行上下文学习,从而改进 Zero-shot 设置的表现。Few-shot Prompt 包括文本、图片、语音等形式的示例,模型通过学习这些示例中的模式和规律来生成更多信息,需要具备较强的泛化能力以推断出更多信息。

在 AI 大模型中,Prompt 提示学习的作用主要是给 AI 大模型提示输入信息的上下文和输入模型的参数信息。在训练有监督学习或无监督学习的模型时,Prompt 可以帮助模型更好地理解输入的意图,并做出相应的响应。为了完成不同的任务,需要定义不同的大模型输入 Prompt,对每种任务的 Prompt 进行准确性与稳定性测试以及异常结果处理。运用提示工程的核心在于如何结合自己的问题或任务编写合适的 Prompt,最大限度地激发模型的潜能。Prompt 是用户与大语言模型交互的自然语言,如同与人交互,用户与大语言模型交互时,也需要掌握一定的技巧,尤其是用户想让大语言模型执行一些复杂任务的时候,编写 Prompt 的技巧一定程度决定了模型给出怎样的回答,当然同一Prompt 对不同模型提升的效果也并不相同,所以提示工程很有必要存在。经大量文献[5-10,24-26]研究与实践,对于复杂任务,通常进行如下操作:

(1)将问题描述清晰以减少二义性。

(2)描述任务求解过程或执行步骤,即在 Prompt 中加入思维链。

(3)将复杂任务拆分为简单的多个子任务,一方面是为了防止超出大语言模型所能处理的最长 token,另一方面是大语言模型毕竟没有人类智能,直接回答复杂问题往往不尽如人意。

(4)擅长使用标点符号,构造结构清晰的 Prompt,而不是单纯地组织成一段文本。例如,有学者通过将 Prompt 转换成代码格式,以提高模型对任务的理解。这样做的原因是转换成结构清晰的形式有助于消减二义性,也有助于模型更好地理解问题的各个部分,比如哪些是问题求解或结果约束、哪些是问题、哪些是额外知识等。

(5)为模型提供一些例子,关于大语言模型是否真正地理解了问题或任务,目前还没有定论。理解能力可能是人类的一个高级技能,大语言模型并没有通过计算模型的形式实现,但是人类的模仿能力是可以通过概率计算模型实现的,当用户在 Prompt 中添加少量例子之后,大语言模型则可以通过 Few-shot 实现"照猫画虎"。例如,F-16、B-2 的实体类型都是飞机,而不是更具体的战斗机、轰炸机,则大语言模型在识别 F-22 时就会认为它是一架飞机。

7.3 云计算环境下的知识资本领域智能问答设计

结合大模型领域知识资本智能问答需求分析,本节完成知识资本领域智能问答设计。

7.3.1 基于大模型的领域知识资本智能问答框架

基于大模型的煤矿安全知识资本领域智能问答总体设计框架如图 7-7 所示。

知识资本智能问答系统总体设计分为两个部分:一是知识库管理部分,有煤矿安全领域文本知识库、煤矿安全领域知识图谱的知识库两种;二是基于大语言模型部分,结合用户的问题以及得出的答案,基于 LangChain 框架将上述的两部分进行封装。

7.3.2 基于大模型的输入/输出模型应用设计

输入/输出模块是与大语言模型进行人机交互的基本组件,也是大语言模型

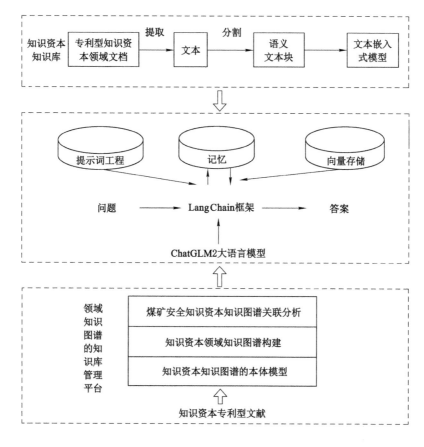

图 7-7　领域知识资本智能问答总体框架

应用的核心元素。结合煤矿安全知识资本智能问答的需求,进行 Prompt(实现用户原始输入与模型和示例进行组合)、Language Model(输入给大语言模型)以及 Output Parsers(再根据大语言模型的返回结果进行输出或者结构化处理)三个部分设计,基于 LangChain 模型输入/输出模块框架图如图 7-8 所示。

7.3.2.1　人机交互的 Prompt

结合知识资本问答业务需求,根据从用户获取的一组参数生成提示词,参数包括模板、示例和用户输入,应用 LangChain 的 PromptTemplate 类根据模型生成提示词,其中包括一个文本字符串("模板"),代码如表 7-1 所示。

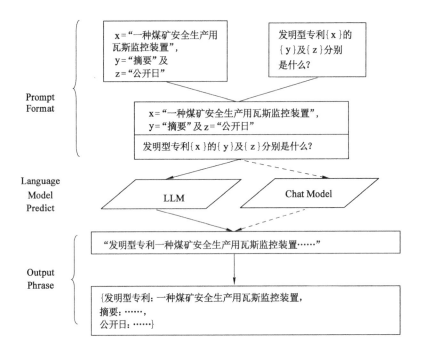

图 7-8 用户与领域知识资本智能问答框架设计

表 7-1 Prompt 提示词

代码实现	注释
from langchain import PromptTemplate	导入 PromptTemplate 类
template = """\ 你是一个知识资本领域专家,煤矿安全发明型专利知识资本{patent name}的"摘要"是什么? """ prompt = PromptTemplate. from_template(template) prompt. format(patent name="一种煤矿安全生产用瓦斯监控装置")	通过左边代码,可以获取得到最终的提示词为"你是一个知识资本领域专家,煤矿安全知识资本发明型专利一种煤矿安全生产用瓦斯监控装置的'摘要'是什么?"

7.3.2.2 人机问答的 Language Model predict

结合知识资本问答业务需求,根据 LangChain 提供的 LLMs 和 Chat Model 两类接口,其中 LLMs 接受知识资本问答的文本字符串作为输入并返回文本字符串;Chat Model 应用于知识资本问答的会话交互设计,由大语言模型支持,但接受 Chat Messages 列表作为输入并返回 Chat Message。如表 7-2 所示,选择 LangChain 调用 ChatGLM API 的代码。

表 7-2　langchain 调用 ChatGLM API

代码实现	注释
from langchain. chat_models import ChatGLM from langchain. schema import（AIMessage, HumanMessage, SystemMessage)	从 LangChain 导入 ChatGLM
chat ＝ ChatGLM(ChatGLM_api_key＝"···", temperature＝0, model＝'ChatGLM2') messages ＝ [SystemMessage(content＝"你是一个知识资本领域专家"), AIMessage(content＝"有什么可以帮您?"), HumanMessage(content＝"我想知道煤矿安全知识资本发明型专利一种煤矿安全生产用瓦斯监控装置的"摘要"是什么?"),] res ＝ chat(messages) print(res. content)	SystemMessage 表示煤矿安全知识资本领域专家设置的 AI 大模型应该遵循的目标; AIMessage 表示系统回复用户的消息; HumanMessage 表示系统用户输入的消息; ChatMessage 表示任务角色的消息。
煤矿安全知识资本发明型专利一种煤矿安全生产用瓦斯监控装置的"摘要"···	调用了 ChatGLM AI 提供的 GhatGLM2 模型接口,可能返回结果

7.3.2.3　人机交互 Output Phrase

Output Phrase 辅助大模型 ChatGLM 输出更为结构化的信息,主要包括两种方法:① 获取格式化指令,返回包含语言模型输出应如何格式化字符串的方法。② 接受字符串(假设为语言模型的响应)并将其解析为某种结构的方法。另外还有一种可选的方法:带提示解析,即接受字符串(假设为语言模型的响应)和提示(假设为生成此响应的提示),并将其解析为某种结构的方法。本研究中选择 PydanticOutputParser 输出设计,允许用户指定任意的 JSON 模式,并通过构建指令的方式与用户输入结合,使得大语言模型输出符合指定模式的 JSON。Output Phrase 结构化输出如表 7-3 所示。

表 7-3　**Output Phrase 结构化输出**

代码实现
from langchain. prompts import PromptTemplate,ChatPromptTemplate, HumanMessagePromptTemplate from langchain. llms import GhatGLM from langchain. chat_models import GhatGLM from langchain. output_parsers import PydanticOutputParser

7.4　基于大模型的领域知识资本智能问答平台原型

本节阐述领域知识资本知识图谱知识库和领域文本知识库的智能问答服务。其中,文本知识库灵活、高效的知识文档更新模式可以有效地支持问答对领域知识的交互,而领域知识资本知识图谱知识库则有效地支持智能问答的可解释性,可见,两者共同支持基于领域知识资本的高效率、可解释的人机交互智能问答服务。

7.4.1　基于领域文本的知识资本知识库

领域知识资本知识库管理一是实现不同领域知识库管理,例如新建、删除领域知识库等;二是实现领域知识库的文档管理,例如添加、删除知识库文档等。

7.4.1.1　领域文本知识资本知识库新建

选择"选择或者新建知识库"下拉组件的"新建知识库",添加"新建知识库名称"——专利知识资本知识库,点击"新建"按钮,完成领域专利知识资本知识库的新建,如图 7-9 所示。

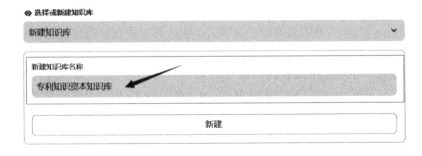

图 7-9　新建知识库

7.4.1.2　领域文本知识资本知识库文档管理

1. 领域文本知识资本知识库文档添加

在"选择或新建知识库"下拉框中选择"专利知识资本知识库",通过"Browse files"载入煤矿安全领域发明型专利的知识资本,点击"添加文件到知识库",显示"文档添加成功",如图 7-10 所示。

图 7-10　文本知识资本知识库文档添加

2. 领域文本知识资本知识库文档删除

如图 7-11 所示,在知识库文件列表中显示"专利资本知识库"已经添加的文档,选中预删除的文档,点击"从知识库中删除选中的文档",即可完成知识库文档中删除文档。

图 7-11　删除知识库文档

3. 领域文本知识资本知识库删除

如图 7-11 所示，在"选择或新建知识库"下拉框中选择"专利知识资本知识库"，点击"删除知识库"，即可完成知识库的删除。

7.4.2　基于领域知识图谱的知识资本知识库

7.4.2.1　领域知识图谱知识库管理

领域知识图谱知识库管理可实现对不同领域知识进行图谱化管理，包括领域添加、编辑及删除等。

（1）领域添加：如图 7-12 所示，可以根据知识资本研究领域范畴，添加领域知识图谱项目"知识资本知识图谱管理系统"。

图 7-12　添加领域知识图谱项目

（2）领域编辑/删除：如图 7-13 所示，知识资本领域知识图谱添加完成后，可以进行"编辑""删除"等操作。

图 7-13　知识资本领域的知识图谱

7.4.2.2　基于知识图谱的领域知识建模管理

知识建模即根据知识资本领域本体特征,完成领域知识建模中实体概念、属性概念及关系概念的管理。

（1）实体概念管理:首先,根据知识资本领域本体特征构建本体层次结构,接着,进行本体树中某一实体的查询,例如,输入"专利"查询,即可得到专利相关的本体树层次结构,如图 7-14 所示。

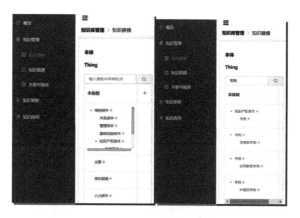

图 7-14　知识资本领域的知识图谱知识建模——实体概念管理

（2）实体关系概念管理:完成领域知识建模中实体关系概念管理,如图 7-15 所示。例如,选择本体树"专利",在"关系概念"中"添加"关系概念,即可以完成"专利"与"主题"所构成"属于"关系和"专利"与"学科领域"所构成"属于"关系等。

图 7-15　知识资本领域的知识图谱知识建模——关系概念管理

（3）知识建模的其他管理：完成领域知识建模（本体概念），包括本体概念、属性概念及关系概念各类管理，如图 7-16 所示。通过"删除""编辑"功能完成相应的知识建模管理。

图 7-16　知识资本领域的知识图谱知识建模

7.4.2.3　基于本体的知识资本领域知识图谱构建

基于上节的知识资本领域本体构建，完成知识资本领域知识图谱构建，包括实体添加、实体属性添加及实体关系添加。

（1）实体管理：包括实体添加与查询等。如图 7-17 所示，在"知识图谱"的本体树列表中，选中相应的实体概念，通过"添加"完成实体添加。

图 7-17　知识资本领域的知识图谱构建——实体添加

在已添加的实体列表中进行实体实例的管理,同时,还可以在实体列表上方的"查询"框中输入关键词,例如输入"瓦斯"进行查询,如图 7-18 所示,可见瓦斯相关的发明专利实例。

图 7-18　知识资本领域的知识图谱构建——实体查询

（2）实体属性管理:添加完实体后,可对已添加的实体完成实体属性的添加管理。即可在实体列表中选中"查看"完成知识资本领域的知识图谱构建——实体属性添加,如图 7-19 所示,在"发明型专利实体属性信息"的"实体属性"列表中,依次对属性进行"操作",完成实体属性键值的编辑。

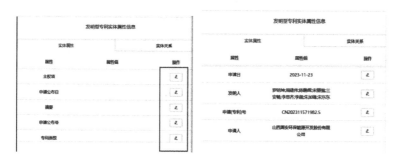

图 7-19　知识资本领域的知识图谱构建——实体属性添加

（3）实体关系管理:添加完实体后,可对已添加实体完成实体关系管理。如"一种煤与瓦斯突出防治方法"实体,选择其"关系添加"操作,跳转到如图 7-20 所示的"添加关系"页面。页面中显示"发明型专利———一种煤与瓦斯突出防治方法"的全部关系的关系列表。首先,在"关系列表"下拉框中,选中某一待编辑的关系;接着,在下方的(尾实体)实体列表中,勾选相应的关系完成添加;最后,可以重复选择"关系列表"中其他待编辑的关系,完成"一种煤与瓦斯突出防治方法"实体的所有关系编辑。

图 7-20　知识资本领域的知识图谱构建——实体关系添加

7.4.3　基于大模型的知识资本领域问答平台原型

7.4.3.1　知识资本领域智能问答参数设置

基于大模型的知识资本领域问答参数设置决定了问答结果的质量与数量等。一是 Temperature 用于调整随机从生成模型中抽样的程度,因此,每次点击"生成"时,相同的提示可能会产生不同的输出;当该参数为 0 时将始终产生相同的输出,反之该参数值越大则随机性越大。二是影响答案召回结果的 K 与匹配关系阈值。搜索最相似的文档前 K 个表示当前问题返回的文档最相似的个数;K(最终保留的文档数)过小或相似度阈值过大,会导致某些有效知识答案无法命中,反之,很多无效知识、不相关内容与噪声会被引入。本书问答平台原型的参数设置如图 7-21 所示。

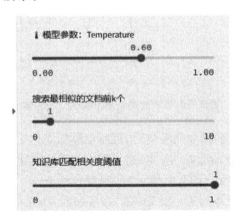

图 7-21　问答平台原型的参数设置

7.4.3.2　知识资本领域智能问答的推荐服务

当设置完大模型的参数后,即可应用问答完成推荐服务。用户可根据关注的知识资本特征,例如,输入"关于瓦斯的专利有哪些信息?",可见输出结果包括以下 3 个发明公开申请(专利)号及出处的相关文本,如图 7-22 所示。

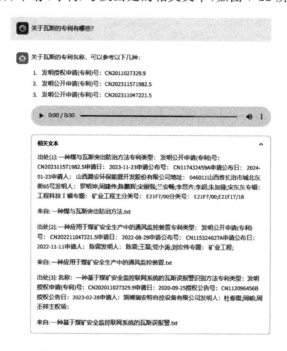

图 7-22　知识资本领域问答的智能推荐服务

7.5　基于大模型的领域知识资本智能推荐机制

本节以矿业工程学科领域(煤矿安全)为例,阐述基于大模型的外挂领域知识资本知识库模式,完成辅助知识资本增值的智能推荐机制。

7.5.1　煤矿安全知识资本智能推荐机制的应用架构

根据领域知识图谱知识库中的知识资本本体模式,构建煤矿安全知识资本知识图谱和煤矿安全知识资本文本知识库作为外挂知识库,基于 ChatGLM6B 大模型领域智能问答平台,完成煤矿安全风险创新技术需求的智能推荐服务。煤矿安全知识资本领域问答的智能推荐架构如图 7-23 所示。

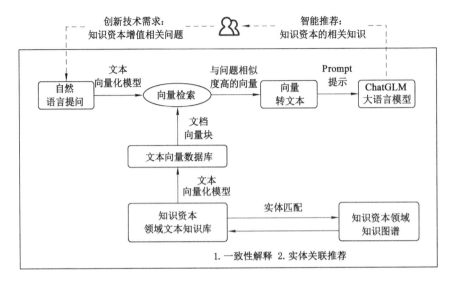

图 7-23 煤矿安全知识资本领域问答的智能推荐架构

智能推荐架构具体运行过程：首先，当煤矿企业对煤矿安全风险创新技术产生需求时，即可通过自然语言的方式，结合 Prompt 设计，由内嵌的 ChatGLM6B 大模型调用外挂的领域知识图谱、文本知识库，完成问题解析及答案检索；接着，由生成的答案提取实体，调用煤矿安全知识资本知识图谱，一是通过实体关联分析对答案进行一致性解释，二是对与实体相关的其他节点进行推荐。

7.5.2 煤矿安全知识资本智能推荐的知识库

知识库是问答实现智能推荐的基础保障。因此，本节阐述以煤矿安全知识资本发明专利完成的知识库构建，主要包括煤矿安全知识资本领域图谱知识库与煤矿安全知识资本领域文本知识库。

7.5.2.1 煤矿安全知识资本领域知识图谱知识库

构建包括关系资本、管理资本、基础设施资本及知识产权资本的结构资本、主体、学科领域以及人力资本等的知识资本本体，针对该本体实体概念，构建完成关系及属性本体。知识资本领域的知识图谱知识库概览如图 7-24 所示。

基于知识图谱知识本体模型，完成知识资本领域实体、关系及属性的知识图谱。煤矿安全发明型专利知识资本知识图谱示例如图 7-25 所示。

本体

本体概念数	关系概念数
11	4

本体树

图 7-24 知识资本领域的知识图谱知识库概览

实体列表

本体	实体
发明型专利	一种煤与瓦斯突出防治方法
发明型专利	一种基于大数据分析的煤矿安全监控系统及其工作方法
发明型专利	一种基于煤矿安全监控联网系统的瓦斯误报警
发明型专利	一种基于煤矿人员位置监测的煤矿安全生产区域人员管理系统及方法
发明型专利	一种应用于煤矿安全生产中的通风监控装置

图 7-25 煤矿安全发明型专利知识资本知识图谱示例

7.5.2.2 煤矿安全知识资本领域知识文本知识库

基于知识图谱的知识本体范畴,构建煤矿安全发明型专利知识资本文本知识库,如图 7-26 所示。

7.5.3 煤矿安全知识资本智能推荐应用与评估

7.5.3.1 煤矿安全知识资本领域智能推荐应用

基于上述外挂知识库,对系统提出"基于大数据分析的煤矿安全监控系统及

知识库 专利知识资本知识库 中已有文件：

序号	文档名称	
1	一种煤与瓦斯突出防治方法.txt	
2	一种基于大数据分析的煤矿安全监控系统及其工作...	
3	一种应用于煤矿安全生产中的通风监控装置.txt	
4	一种基于煤矿人员位置监测的煤矿安全生产区域人...	
5	一种基于煤矿安全监控联网系统的瓦斯误报警.txt	

图 7-26 煤矿安全发明型专利知识资文本知识库

其工作方法的申请人？"的问题，如图 7-27 所示。一是精准推荐问题的答案；二是直接推荐出专利知识资本申请人答案的出处、相关的知识资本的主要授权内容，便于对专利知识资本进行更全面地了解。

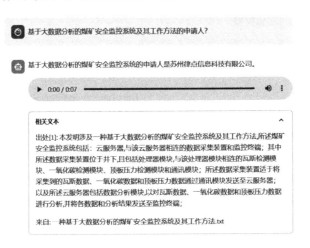

图 7-27 煤矿安全发明型专利知识资本问答智能推荐

7.5.3.2 煤矿安全知识资本领域知识图谱智能推荐的可解释性

针对上述提出的问题，基于煤矿安全知识资本知识图谱知识库推荐结果如图 7-28 所示。第一，"一种基于大数据分析的煤矿安全监控系统及其工作方法"的实体节点，申请人属性为苏州律点信息科技有限公司，可以对 7-28 所示的文本知识库结果进行正确的结果解释；第二，从知识图谱关联分析图谱推荐结果可知，该发明专利属于"矿业工程"学科领域、"煤矿安全监控"主题；第三，其授权公告号信息也可推荐作为知识增值的有效信息参考。

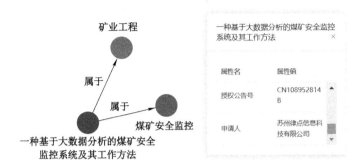

图 7-28　煤矿安全知识资本知识图谱与推荐可解释性

7.5.3.3　煤矿安全知识资本领域智能推荐应用评估

　　为评估本知识资本领域智能问答服务的有效性,调用 GLM-3 接口,如图 7-29 所示,提出"一种基于大数据分析的煤矿安全监控系统及其工作方法的申请人?"的问题,在未外挂知识库的情况下,无法给出精准的答案推荐。

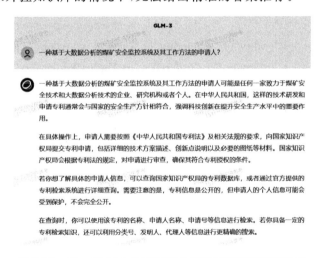

图 7-29　GhatGLM-3 的知识资本领域问答推荐结果对比

参 考 文 献

［1］ ARMBRUST M,FOX A,GRIFFITH R,et al. A view of cloud computing ［J］. Communications of the ACM,2010,53(4):50-58.

［2］ 何晓燕,高长元.高技术虚拟产业集群知识资本增值机制框架研究［J］.华东经济管理,2013,27(8):74-77.

［3］ MELL P,GRANCE T. Perspectives on cloud computing and standards ［EB/OL］. (2014-10-29)［2023-5-12］. http://csrc. nist. gov/groups/SMA/ ispab/documents/minutes/2008-12/cloud-computing-standards_ISPAB-Dec2008 _P-Mell. pdf.

［4］ 李德毅.云计算技术发展报告:2012［M］.2 版.北京:科学出版社,2012.

［5］ BUYYA R, YEO C S, VENUGOPAL S. Market-oriented cloud computing: vision,hype,and reality for delivering IT services as computing utilities［C］// 2008 10th IEEE International Conference on High Performance Computing and Communications. Dalian,China:IEEE,2008:5-13.

［6］ 刘鹏.云计算［M］.2 版.北京:电子工业出版社,2011.

［7］ FOSTER I,ZHAO Y,RAICU I,et al. Cloud computing and grid computing 360- degree compared［C］//2008 Grid Computing Environments Workshop. Austin, TX,USA. IEEE,2008:1-10.

［8］ BECKMAN B. Why LINQ matters:cloud composability guaranteed［J］. Queue,2012,10(2):20-31.

［9］ 周铭川.云计算环境下的商业秘密保护［J］.暨南学报(哲学社会科学版), 2014,36(1):43-53.

［10］ 高奇琦.云计算对公共管理的影响:以美国联邦政府云计算战略为例［J］. 西南民族大学学报(人文社科版),2015,36(6):111-118.

［11］ CRAGO S P,WALTERS J P. Heterogeneous cloud computing:the way forward［J］. Computer,2015,48(1):59-61.

［12］ YANG H B,TATE M. A descriptive literature review and classification of cloud computing research ［J］.Communications of the association for information systems,2012,31:35-60.

［13］ KLEMS M,NIMIS J,TAI S. Do clouds compute? A framework for estimating the value of cloud computing［J］.Lecture notes in business information processing,2009,22:110-123.

［14］ ALI M,KHAN S U,VASILAKOS A V.Security in cloud computing:opportunitiesand challenges［J］. Information sciences,2015,305:357-383.

［15］ 肖晶,吕世旻,张晓丹.云计算环境下面向用户的科技信息资源整合和服务浅析［J］. 现代情报,2014,34(3):63-67.

［16］ CHOU D C.Cloud computing:a value creation model［J］.Computer standards & interfaces,2015,38:72-77.

［17］ 林闯,苏文博,孟坤,等.云计算安全:架构、机制与模型评价［J］.计算机学报,2013,36(9):1765-1784.

［18］ ALHARBI F,ATKINS A,STANIER C,et al.Strategic value of cloud computing in healthcare organisations using the balanced scorecard approach［J］. Procedia computer science,2016,98:332-339.

［19］ CHEN C S,LIANG W Y,HSU H Y. A cloud computing platform for ERP applications［J］. Applied soft computing,2015,27:127-136.

［20］ PADILLA R S,MILTON S K,JOHNSON L W. Components of service value in business-to-business Cloud Computing［J］. Journal of cloud computing,2015,4(1):15.

［21］ QUWAIDER M,JARARWEH Y,AL-ALYYOUB M,et al. Experimental framework for mobile cloud computing system［J］. Procedia computer science,2015,52:1147-1152.

［22］ 樊会文.云计算的价值创造及其机理［J］. 中国科学院院刊,2015,30(2):162-169.

［23］ OUF S,NASR M. Cloud computing:the future of big data management［J］.International journal of cloud applications and computing,2015,5(2):53-61.

［24］ 齐二石,李天博,刘亮,等.云制造理论、技术及相关应用研究综述［J］. 工业工程与管理,2015,20(1):8-14.

［25］ 李玥,王宏起,李长云.云环境下区域科技资源共享平台智慧服务研究［J］.学习与探索,2015(7):112-115.

［26］ REZAEI H,KARIMI B,HOSSEINI S J. Effect of cloud computing systems in terms of service quality of knowledge management systems［J］.Lecture notes on software engineering,2016,4(1):73-76.

[27] NAVIMIPOUR N J,RAHMANI A M,NAVIN A H,et al. Expert cloud：a cloud-based framework to share the knowledge and skills of human resources[J].Computers in human behavior,2015,46:57-74.

[28] 董晓霞,吕廷杰.云环境下跨组织知识共享的系统动力学分析[J].技术经济与管理研究,2015(4):25-29.

[29] 周佳军,姚锡凡.先进制造技术与新工业革命[J].计算机集成制造系统,2015,21(8):1963-1978.

[30] 宋丽娜,齐润州.中国 SaaS 企业应用平台行业研究:在互联网风潮中稳步增长[J].上海管理科学,2015,37(4):96-102.

[31] 程平,段莹莹.云会计环境下高可信 AIS 行为特征影响研究[J].科技管理研究,2015,35(4):162-166.

[32] 魏豪,周抒睿,张锐,等.基于应用特征的 PaaS 弹性资源管理机制[J].计算机学报,2016,39(2):223-236.

[33] BHARDWAJ S,JAIN L,JAIN S. Cloud computing：a study of Infrastructure As A Service (IAAS)[J]. International journal of information technology and web engineering,2010,2(1):60-63.

[34] 刘雪梅.联盟组合:价值实现及治理机制研究[D].成都:西南财经大学,2013.

[35] JUDGE W Q,DOOLEY R. Strategic alliance outcomes：a transaction-cost economics perspective[J]. British journal of management,2006,17(1):23-37.

[36] HAMEL G. Competition for competence and interpartner learning within international strategic alliances[J]. Strategic management journal,1991,12(S1):83-103.

[37] INKPEN A C. Learning through joint ventures：a framework of knowledge acquisition[J]. Journal of management studies,2000,37(7):1019-1044.

[38] DYER J H,SINGH H. The relational view：cooperative strategy and sources of interorganizational competitive advantage[J]. Academy of management review,1998,23(4):660-679.

[39] PRAHALAD C,HAMEL G. The core competence of the corporation[J]. Harvard business review,1993,68:79-91.

[40] 王宏起,刘希宋.高新技术企业战略联盟的组织学习及策略研究[J].中国软科学,2005(3):72-76.

[41] 王雪原,王宏起,刘丽萍.产学研联盟运行机制分析[J].中国高校科技与产业化,2006(3):71-73.

[42] 苏靖.产业技术创新战略联盟构建和发展的机制分析[J].中国软科学，
　　 2011(11):15-20.

[43] GARG C P. A robust hybrid decision model for evaluation and selection of
　　 the strategic alliance partner in the airline industry[J]. Journal of air
　　 transport management,2016,52:55-66.

[44] 刘力钢,韩兰华.大数据背景下企业战略联盟伙伴选择模型研究[J].辽宁
　　 大学学报(哲学社会科学版),2015,43(6):71-80.

[45] 王发明,刘丹.产业技术创新联盟中焦点企业合作共生伙伴选择研究[J].
　　 科学学研究,2016,34(2):246-252.

[46] BOUNCKEN R B,FREDRICH V. Learning in coopetition:alliance orientation,
　　 network size,and firm types[J]. Journal of business research, 2016,69(5):
　　 1753-1758.

[47] 舒成利,胡一飞,江旭.战略联盟中的双元学习、知识获取与创新绩效[J].
　　 研究与发展管理,2015,27(6):97-106.

[48] SHEN H,HU B. Revenue distribution mechanism based on resource for
　　 collaborative innovation alliance[J]. International journal on advances in
　　 information sciences and service sciences,2013,5(5):669-676.

[49] 汪翔,孟卫东,吴国东.不确定性条件下研发联盟的收入分配[J].系统工
　　 程,2014,32(7):63-68.

[50] 曾德明,张丹丹,张磊生.高技术产业技术创新战略联盟利益分配研究[J].
　　 经济与管理研究,2015,36(7):119-126.

[51] 马克思,恩格斯.马克思恩格斯文集(第5卷)[M].编译局编译.北京:人民
　　 出版社,2009.

[52] 陈则孚.知识资本理论、运行与知识产业化[M].北京:经济管理出版社,2003.

[53] TEECE D J. Strategies for managing knowledge assets:the role of firm
　　 structure and industrial context[J]. Long range planning,2000,33(1):35-54.

[54] 李玲娟,张晓东,刘丽红.科技型中小企业的知识资本形成机理研究[J].湖
　　 南大学学报(社会科学版),2012,26(3):53-56.

[55] ROMER P M. The origins of endogenous growth[J]. Journal of economic
　　 perspectives,1994,8(1):3-22.

[56] MORONE P,TAYLOR R. Knowledge diffusion dynamics and network
　　 properties of face-to-face interactions[J]. Journal of evolutionary economics,
　　 2004,14(3):327-351.

[57] 杨皎平,侯楠,王乐.集群内知识溢出、知识势能与集群创新绩效[J].管理

工程学报,2016,30(3):27-35.

[58] HUNG H F,KAO H P,CHU Y Y.An empirical study on knowledge integration,technology innovation and experimental practice[J].Expert systems with applications,2008,35(1/2):177-186.

[59] 高畅.科研机构知识资本研究:从劳动价值论到知识资本论[D].呼和浩特:内蒙古大学,2015.

[60] 唐晓波,朱娟,杨丰华.大数据环境下的知识融合框架模型研究[J].图书馆学研究,2016(1):32-35.

[61] CARRILLO J E,GAIMON C.Managing knowledge-based resource capabilities under uncertainty[J].Management science,2004,50(11):1504-1518.

[62] 夏立明,张成宝.知识型服务企业知识存量的增长机理:工程咨询企业的扎根研究[J].科技管理研究,2015,35(8):114-120.

[63] INKPEN A C,CURRALL S C.The coevolution of trust,control,and learning in joint ventures[J].Organization science,2004,15(5):586-599.

[64] TSANG E W K.Acquiring knowledge by foreign partners from international joint ventures in a transition economy:learning-by-doing and learning myopia[J].Strategic management journal,2002,23(9):835-854.

[65] LIN J L,FANG S C,FANG S R,et al.Network embeddedness and technology transfer performance in R&D consortia in Taiwan[J].Technovation,2009,29(11):763-774.

[66] 高长元,程璐.高技术虚拟产业集群知识溢出机制研究[J].科技进步与对策,2011,28(6):55-59.

[67] 王凤莲,赵骅.集群最优隐性知识共享的动力机制分析[J].科学学与科学技术管理,2015,36(3):108-113.

[68] SZULANSKI G.Exploring internal stickiness:impediments to the transfer of best practice within the firm[J].Strategic management journal,1996,17(增刊2):27-43.

[69] 单子丹,李小雯.基于云计算的高技术产业创新网络知识传播模式分析[J].科技进步与对策,2016,33(5):127-132.

[70] CHIRICO F,SALVATO C.Knowledge integration and dynamic organizational adaptation in family firms[J].Family business review,2008,21(2):169-181.

[71] 孙彪,刘玉,刘益.不确定性、知识整合机制与创新绩效的关系研究:基于技术创新联盟的特定情境[J].科学学与科学技术管理,2012,33(1):51-59.

[72] CAMPBELL B A,COFF R,KRYSCYNSKI D.Rethinking sustained

competitive advantage from human capital[J]. Academy of management review, 2012,37(3):376-395.

[73] 郭丹,杨若邻.企业人力资本产权激励及实现[J].求索,2015(2):86-90.

[74] 赵振宽,邹昭晞.新常态下企业创新型人力资本投资研究[J].湖北社会科学,2016(5):84-91.

[75] NGAI E W T,CHAN E W C. Evaluation of knowledge management tools using AHP[J]. Expert systems with applications,2005,29(4):889-899.

[76] 张月花,薛平智,杨燕华.西安高新技术产业知识产权能力评价与比较分析[J].中国科技论坛,2016(6):88-95.

[77] GOROVAIA N,WINDSPERGER J. The use of knowledge transfer mechanisms in franchising[J]. Knowledge and process management,2010,17(1):12-21.

[78] 曾德明,文小科,陈强.基于知识协同的供应链企业知识存量增长机理研究[J].中国科技论坛,2010(2):77-81.

[79] 李从东,洪宇翔.云制造环境下的知识产权问题研究[J].现代管理科学,2014(12):70-72.

[80] 杨爽.人力资本在地区知识积累中的合适性分析[J].商业研究,2010(5):59-62.

[81] 姜雨,沈志渔.技术选择与人力资本的动态适配及其政策含义[J].经济管理,2012,34(7):1-11.

[82] 赵静杰,田芬芬.基于知识资本视角的企业创新集群成长模式研究[J].工业技术经济,2010,29(12):23-26.

[83] MACKE J,VALLEJOS R V,FACCIN K,et al. Social capital in collaborative networks competitiveness:the case of the Brazilian Wine Industry Cluster[J]. International journal of computer integrated manufacturing,2013,26(1/2):117-124.

[84] 何晓燕.高技术虚拟产业集群知识资本增值机制研究[D].哈尔滨:哈尔滨理工大学,2014.

[85] LIU C L E,GHAURI P N,SINKOVICS R R. Understanding the impact of relational capital and organizational learning on alliance outcomes[J]. Journal of world business,2010,45(3):237-249.

[86] 付向梅,曹霞.产学研联盟结构资本对创新绩效的影响研究[J].预测,2015,34(2):22-27.

[87] 董晓霞.云环境下跨组织知识共享机制研究[D].北京:北京邮电大学,2015.

［88］王嵘冰.云计算应用对企业组织变革影响研究［D］.沈阳:辽宁大学,2015.

［89］高长元,杨雨佳,何晓燕,等.云环境下 IT 产业联盟知识存量测度研究［J］.
情报科学,2016,34(4):124-128.

［90］郭萌,聂规划,陈冬林.基于利润场的云联盟合作伙伴动态选择机制研究
［J］.计算机应用研究,2017,34(5):1367-1370.

［91］高长元,于建萍,何晓燕.基于改进粒子群算法的云计算产业联盟知识搜索
算法研究［J］.数据分析与知识发现,2017,1(3):81-89.

［92］葛秋萍,曾国屏.知识资本化市场准入的跃迁机制［J］.当代财经,2006(9):
17-20.

［93］朱美光,韩伯棠.凯尼尔斯知识溢出蜂巢模型的修正与对比实证［J］.地域
研究与开发,2008,27(6):39-42.

［94］洪亮,石立艳,李明.基于系统动力学的多主体回应网络舆情影响因素研究
［J］.情报科学,2017,35(1):133-138.

［95］HONG L,GAO C.Mechanism and simulation of cloud computing federation
value-added knowledge capital［J］.Metallurgical and mining industry,
2015,7(2):80-87.

［96］HONG L,GAO C. Modeling and simulation of the system dynamics of
cloud computing federation knowledge sharing［J］.Metallurgical and
mining industry,2015,7(6):513-520.

［97］HONG L,GAO C. Knowledge transfer mechanism model and simulation
of knowledge alliance based on epidemic model［J］.Boletin tecnico/technical
bulletin,2017,55(3):16-22.

［98］李臻,王晓亚.Shapley 值法在官产学研联盟利益分配中的探索［J］.现代管
理科学,2016(4):75-77.

［99］PICCIARIELLO A,VERGARA C,RENESES J,et al. Electricity distribution
tariffs and distributed generation:quantifying cross-subsidies from consumers to
prosumers［J］. Utilities policy,2015,37:23-33.

［100］程卫萍,王衍,潘杏梅.基于科技云平台的跨系统图书馆联盟协同知识服
务模式研究:以浙江科技创新云服务平台为例［J］.图书馆理论与实践,
2016(6):70-74.

［101］任健,郭杨潇.科技期刊云平台构建:基于"内容即服务"核心理念的思考
［J］.编辑学报,2016,28(3):209-212.

［102］马克斯.布瓦索信息空间:认识组织、制度和文化的一种框架［M］.王寅通
译.上海:上海译文出版社,2007:130.

[103] 高鹏,安立仁,刘燕妮.隐性知识学习对企业创新自组织演化的传导机制研究[J].西北大学学报(哲学社会科学版),2013,43(2):107-111.

[104] 盛小平,魏春梅.强关系视角下开放获取合作行为的实证研究[J].图书馆论坛,2015,35(2):1-5.

[105] 闵庆飞,王莎莎,李源.基于社会化媒体的沟通管理研究[J].预测,2013,32(2):1-6.

[106] SUEYOSHI T,SHANG J,CHIANG W C. A decision support framework for internal audit prioritization in a rental car company:a combined use between DEA and AHP[J]. European journal of operational research,2009,199(1):219-231.

[107] HONG L,GAO C Y.Partner selection of cloud computing federation based on Markov chains[J]. Computer modelling and new technologies,2014,18(12):590-594.

[108] 陈明艺,李娜.基于完全信息静态博弈的专车补贴策略研究[J].财经论丛(浙江财经学院学报),2017(1):105-112.

[109] 赵娜,李香菊.企业类型、R&D溢出与环境税政策选择:基于完全信息动态博弈模型[J].科学学与科学技术管理,2016,37(7):65-76.

[110] 毕克克,牛占文,赵楠,等.基于不完全信息博弈的云制造环境下信任形成机制研究[J].计算机集成制造系统,2016,22(1):95-103.

[111] 王春梅,陆珂珂,程欣.知识生产模式Ⅱ国内外研究综述[J].管理现代化,2017,37(3):122-125.

[112] 许崴.试论知识生产的构成要素与特点[J].南方经济,2005(12):53-55.

[113] 彭小平.高校图书馆知识资本整合及效能[J].图书馆,2009(4):102-104.

[114] 王瑞,范德成.产业集群知识流动整合研究框架构建与仿真[J].情报科学,2017,35(4):138-144.

[115] AZAM M,AHMED A M. Role of human capital and foreign direct investment in promoting economic growth[J].International journal of social economics,2015,42(2):98-111.

[116] 周群英.知识增值视角的人力资本投资创新研究[J].科学管理研究,2013,31(3):113-116.

[117] 王亮,李秀峰.综合性知识平台中知识地图的构建研究[J].情报科学,2016,34(9):27-30.

[118] BALAID A,ABD ROZAN M Z,HIKMI S N,et al.Knowledge maps:a systematic literature review and directions for future research[J].

International journal of information management,2016,36(3):451-475.

[119] ABEL M H.Knowledge map-based web platform to facilitate organizational learning return of experiences[J].Computers in human behavior,2015,51: 960-966.

[120] 裘江南,武美君,念闯玲.组织知识缺口识别方法研究[J].科研管理,2013, 34(12):85-93.

[121] VOS J P, KEIZER J A, HALMAN J I M.Diagnosing constraints in knowledge of SMEs[J].Technological forecasting and social change, 1998,58(3):227-239.

[122] 李保强,吴笛.基于知识关联的学习资源混合协同过滤推荐研究[J].电化 教育研究,2016,37(6):77-83.

[123] 李力,熊炬成.基于技术界面开放的创新联盟知识融合机理研究[J].科技 进步与对策,2015,32(14):122-126.

[124] SMIRNOV A, PASHKIN M, CHILOV N, et al.Knowledge logistics in information grid environment[J].Future generation computer systems, 2004,20(1):61-79.

[125] 王亚娟,张钰,刘益.企业间技术耦合和关系耦合:知识获取效率对供应商 创新的中介作用研究[J].科学学研究,2014,32(1):103-113.

[126] 成全.基于协同标注的科研社区知识融合机制研究[J].情报理论与实践, 2011,34(8):20-25.

[127] 杨现民.泛在学习环境下的学习资源有序进化研究[J].电化教育研究, 2015,36(1):62-68.

[128] 王宏,王萍.基于泛在学习环境的主题探究学习案例设计与实践[J].中国 电化教育,2016(10):126-132.

[129] 洪亮,毕静,付娉娉.在线学习参与度影响因素及其提升策略研究[J].经 济研究导刊,2021(17):85-87,108.

[130] BENTE C, POLADIAN S M.Using virtual space in human resources management[J].National strategies observer,2015(2):102-108.

[131] 刘追,张佳乐,刘洪.虚拟员工人力资源管理的困境与策略[J].中国人力 资源开发,2015(3):14-19.

[132] 闫庆飞,王莎莎,李源.基于社会化媒体的沟通管理研究[J].预测,2013, 32(2):1-6.

[133] 杜鹏程,李敏,童雅.云计算时代企业人力资源管理的适应性变革[J].中 国人力资源开发,2013(15):14-18.

[134] NESSLER M. Three ways virtual technologies are making a difference in HR[J]. Employment relations today,2014,40(4):47-52.

[135] WU F,ZHANG X L. Employees' positions in virtual working community and their job performances:a social network analysis[J].Human resource development international,2014,17(2):231-242.

[136] HERRERA-VIEDMA E,HERRERA F,CHICLANA F,et al. Some issues on consistency of fuzzy preference relations[J].European journal of operational research,2004,154(1):98-109.

[137] WANG T C,CHANG T H.Application of consistent fuzzy preference relations in predicting the success of knowledge management implementation [J]. European journal of operational research,2007,182(3):1313-1329.

[138] 罗洪云,张庆普.知识管理视角下新创科技型小企业突破性技术创新能力评价指标体系构建及测度[J]. 运筹与管理,2016,25(1):175-184.

[139] 韩亚峰,樊秀峰,周文博.知识资本积累、集团化经营与高新技术企业研发绩效——基于知识资本动态积累模型[J].软科学,2015,29(8):14-19.

[140] 沈国琪,陈万明,辛永容.企业知识资本积累路径优化机制分析:基于产品生命周期理论[J].价值工程,2008,27(12):51-54.

[141] 骆以云,李海东.企业成长的知识存量模型及其启示[J].情报理论与实践,2011,34(1):18-22.

[142] DOZ Y L, HAMEL G.Alliance advantage:the art of creating value through partnering[J].Supply chain management,1998,6(1):242-243.

[143] 马费成,刘向.科学知识网络的演化模型[J].系统工程理论与实践,2013,33(2):437-443.

[144] 王铮,马翠芳,王露,等.知识网络动态与政策控制(Ⅰ):模型的建立[J].科研管理,2001,22(3):126-133.

[145] 郭丹,杨若邻,李荣,等.人力资本产权考核:理论及应用[J].管理评论,2016,28(10):169-180.

[146] 何亦名,姜荣萍.互联网行业人力资本产权的不确定性与知识隐藏的关系[J].广东社会科学,2016(2):20-28.

[147] VON HIPPEL E. "Sticky information" and the locus of problem solving:implications for innovation[J]. Management science,1994,40(4):429-439.

[148] 蒋一平.图书馆粘滞知识测度模型研究[J].现代情报,2015,35(2):36-40.

[149] 孙永生,陈维政.企业组织中人力资本产权实现的内涵及方式分析:股权激励不是"额外收益"[J].当代财经,2013(8):76-82.

[150] 冉从敬,李新来.信息消费视角下的云服务商知识产权归责原则[J].图书馆论坛,2018,38(7):33-39.

[151] 董少平.云计算知识产权问题研究[J].科技进步与对策,2014,31(9):136-141.

[152] 张发亮,谭宗颖.知识结构及其测度研究[J].图书馆学研究,2015(13):10-16.

[153] 吴新文,熊永豪,赵飒,等.基于知识增长规律的知识存量测度[J].科技进步与对策,2013,30(16):152-155.

[154] DE HOLAN P M,PHILLIPS N. Remembrance of things past? The dynamics of organizational forgetting[J]. Management science,2004,50(11):1603-1613.

[155] 廖毅,张薇.教育促进民族区域人力资本与经济发展适配的探析:以云南为例[J].云南民族大学学报(哲学社会科学版),2017,34(1):118-125.

[156] 王艳涛,萧鸣政.人力资本对技术创新的作用:述评与展望[J].科学管理研究,2019,37(2):132-134.

[157] ACEMOGLU D. Technical change,inequality,and the labor market[J]. Journal of economic literature,2002,40(1):7-72.

[158] RABE C. Capital controls,competitive depreciation,and the technological frontier[J]. Journal of international money and finance,2016,68:74-102.

[159] LUCAS R E JR. On the mechanics of economic development[J]. Journal of monetary economics,1988,22(1):3-42.

[160] AUTOR D H,KATZ L F,KRUEGER A B. Computing inequality:have computers changed the labor market? [J].The quarterly journal of economics,1998,113(4):1169-1213.

[161] REIS A B,SEQUEIRA T N. Human capital and overinvestment in R&D[J]. The scandinavian journal of economics,2007,109(3):573-591.

[162] 叶鹰.情报学基础教程[M].3版.北京:科学出版社,2018.

[163] 王飞跃.软件定义的系统与知识自动化:从牛顿到默顿的平行升华[J].自动化学报,2015,41(1):1-8.

[164] 杨曦宇.大数据时代知识自动化及知识使用方式的变革[J].中阿科技论坛(中英文),2021,(10):157-159.

[165] 曾帅,王帅,袁勇,等.面向知识自动化的自动问答研究进展[J].自动化学报,2017,43(9):1491-1508.

[166] 彭伟,曹雷,张永亮,等.基于BPMN2.0的指挥决策知识自动化关键技术研究[C]//第六届中国指挥控制大会论文集(上册).北京:电子工业出版

社,2018.

[167] 程乐峰,余涛,张孝顺,等.信息-物理-社会融合的智慧能源调度机器人及其知识自动化:框架、技术与挑战[J].中国电机工程学报,2018,38(1):25-40.

[168] 赵蓉英,魏绪秋.聚识成智:大数据环境下的知识管理框架模型[J].情报理论与实践,2017,40(9):20-23.

[169] 梁战平.情报学若干问题辨析[J].情报理论与实践,2003,26(3):193-198.

[170] 化柏林,郑彦宁.情报转化理论(上):从数据到信息的转化[J].情报理论与实践,2012,35(3):1-4.

[171] 卢艺丰,徐跃权."互联网+"环境下信息链的重构:交互式信息链[J].情报科学,2020,38(6):32-37.

[172] 陆伟,杨金庆.数智赋能的情报学学科发展趋势探析[J].信息资源管理学报,2022,12(2):4-12.

[173] 赵红.论情报的识别[J].新东方,2000(5):75-76.

[174] 赵冰峰.情报学[M].北京:金城出版社,2020.

[175] 刘宝珠,王鑫,柳鹏凯,等.KGDB:统一模型和语言的知识图谱数据库管理系统[J].软件学报,2021,32(3):781-804.

[176] SINGHAL A. Introducing the knowledge graph:things,not strings[EB/OL]. (2013-4-10) [2023-6-18]. http://googleblog. blogspot. co. uk/2012/05/introducing-knowledge-graph-things-not. html.

[177] LIU X L,ZHAO W,MA H Q. Research on domain-specific knowledge graph based on the RoBERTa-wwm-ext pretraining model [J]. Computational intelligence and neuroscience,2022,2022:8656013.

[178] 于海英,张昊洋,刘兴丽.融合预训练模型的中文事件抽取方法[J].黑龙江科技大学学报,2023,33(5):753-758.

[179] 王海玲,康华,刘兴丽,等.深度学习模型的矿业工程学科知识图谱构建[J].黑龙江科技大学学报,2023,33(4):561-566,580.

[180] 刘奕明,谢振杰,付伟等.基于检索和知识图谱的军事法规问答系统[J].指挥控制与仿真,2023,45(6):89-95.

[181] 李子祺.支持语义推理的学科知识库设计与实现[D].北京:北京交通大学,2019.

[182] 马超,温秀秀,田承东.一种面向城市服务资源的知识图谱系统架构[J].智能物联技术,2019,51(2):22-26.

[183] 陈瑞,曾桢.基于语义网技术的网络农业信息资源描述研究[J].信息技术

与信息化,2020(5):160-163.

[184] 漆桂林,高桓,吴天星.知识图谱研究进展[EB/OL].(2017-03-22)[2023-06-10].
https://blog.csdn.net/weixin_42197396/article/details/104959574.

[185] 项威.事件知识图谱构建技术与应用综述[J].计算机与现代化,2020(1):
10-16.

[186] DING X,LI Z,LIU T,et al.ELG:an event logic graph[EB/OL].(2019-08-07)
[2023-07-02].https://arxiv.org/pdf/1907.08015.pdf.

[187] 丁效,李忠阳,刘挺.事理图谱:事件演化的规律和模式[EB/OL].(2019-07-23)
[2023-07-06].https://cloud.tencent.com/developer/article/146957.

[188] 方拓迁.基于时序知识图谱的足球知识问答系统[D].广州:广州大
学,2021.

[189] 朱琨.百分点:智能＋智慧,打造动态知识图谱[J].软件和集成电路,2019
(1):16-19.

[190] 杨波,廖怡茗.面向企业动态风险的知识图谱构建与应用研究[J].现代情
报,2021,41(3):110-120.

[191] 陈德华,殷苏娜,乐嘉锦,等.一种面向临床领域时序知识图谱的链接预测
模型[J].计算机研究与发展,2017,54(12):2687-2697.

[192] 刘兴丽,范俊杰,马海群.面向小样本命名实体识别的数据增强算法改进
策略研究[J].数据分析与知识发现,2022,6(10):128-141.

[193] 韩娜,马海群,刘兴丽.基于知识图谱的政策文本协同性推理研究[J].情
报科学,2021,39(11):181-186.

[194] 马海群,刘兴丽,韩娜.基于关联规则的开放政府数据主题多政策协同性
研究[J].情报科学,2022,40(4):3-8.

[195] 姜春,李诗涵,程龙.知识资本国际研究:理论溯源、研究主题与未来展望
[J].科技进步与对策,2023,40(14):150-160.

[196] 张晓林,李宇.描述知识组织体系的元数据[J].图书情报工作,2002,46
(2):64-69.

[197] 李景.本体理论及在农业文献检索系统中的应用研究:以花卉学本体建模
为例[D].北京:中国科学院研究生院(文献情报中心),2004.

[198] 凌小蝶,李云鹏,宋潇潇.旅游智能问答服务:开启旅游知识挖掘与知识图
谱构建[J].旅游学刊,2023,38(10):9-11.

[199] 毕鑫,聂豪杰,赵相国,等.面向知识图谱约束问答的强化学习推理技术
[J].软件学报,2023,34(10):4565-4583.

[200] 李志东,罗琪彬,乔思龙.基于句粒度提示的大语言模型时序知识问答方

法[J].网络安全与数据治理,2023,42(12):7-13.

[201] 张志远,苏加恩.基于多跳检索和知识图谱嵌入的知识图谱问答[J].计算机工程与设计,2023,44(10):2997-3003.

[202] 赵赛,杨婉霞,王巧珍,等.基于马铃薯病虫害知识图谱的问答系统[J].农业工程,2023,13(8):29-37.

[203] 王慧欣,童向荣.融合知识图谱的推荐系统研究进展[J].浙江大学学报(工学版),2023,57(8):1527-1540.

[204] 杜春.基于知识图谱的乐山旅游智能问答系统研究及实现[J].电脑知识与技术,2023,19(29):46-48.

[205] 潘茹,查俊.火灾应急领域知识图谱问答方法研究[J].软件工程,2023,26(7):7-11.

[206] 陈跃鹤,贾永辉,谈川源等.基于知识图谱全局和局部特征的复杂问答方法[J].软件学报,2023,34(12):5614-5628.

[207] 赵鑫,窦志成,文继荣.大语言模型时代下的信息检索研究发展趋势[J].中国科学基金,2023,37(5):786-792.

[208] XIONG H L,WANG S,ZHU Y T,et al. DoctorGLM:fine-tuning your Chinese Doctor is not a Herculean Task[EB/OL](2023-04-17)[2023-08-02]. https://arxiv.org/pdf/2304.01097.pdf.

[209] Li Y,Li Z,Zhang K,et al. ChatDoctor:a medical chat model fine-tuned on a Large Language Model Meta-AI (LLaMA) using medical domain knowledge[J]. Cureus,2023,15(6):e40895.

[210] 张鹤译,王鑫,韩立帆,等.大语言模型融合知识图谱的问答系统研究[J].计算机科学与探索,2023,17(10):2377-2388.